빠른시작

빠작

중학 국어 **문법**

▍중학 국어 빠작 시리즈

비문학 독해 0, 1, 2, 3 ┃ 독해력과 어휘력을 함께 키우는 독해 기본서
문학 독해 1, 2, 3 ┃ 필수 작품을 통해 문학 독해력을 기르는 독해 기본서
문학x비문학 독해 1, 2, 3 ┃ 문학 독해력과 비문학 독해력을 함께 키우는 독해 기본서
고전 문학 독해 ┃ 필수 작품을 통해 고전 문학 독해력을 기르는 독해 기본서
어휘 1, 2, 3 ┃ 내신과 수능의 기초를 마련하는 중학 어휘 기본서
한자 어휘 ┃ 한자를 통해 중학 국어 필수 어휘를 배우는 한자 어휘 기본서
첫 문법 ┃ 중학 국어 문법을 쉽게 익히는 문법 입문서
문법 ┃ 풍부한 문제로 문법 개념을 정리하는 문법서
서술형 쓰기 ┃ 유형으로 익히는 실전 TIP 중심의 서술형 실전서

▍이 책을 쓰신 선생님

허단비(전 인화여중) 이은정(신천중)

빠른 시작

빠작

중학 국어
문법

빠른 시작

이 책의 차례

Ⅰ 음운

01 ㅣ음운 체계ㅣ 모음 체계 ·· 10

02 ㅣ음운 체계ㅣ 자음 체계 ·· 14

• 실력 향상 문제 ·· 18

03 ㅣ음운 변동ㅣ 음절의 끝소리 규칙 ····················· 22

04 ㅣ음운 변동ㅣ 음운 동화 ·· 26

05 ㅣ음운 변동ㅣ 음운 축약, 탈락, 첨가 ·················· 30

• 실력 향상 문제 ·· 34

Ⅱ 단어, 어휘

06 ㅣ품사ㅣ 체언 ·· 40

07 ㅣ품사ㅣ 용언 ·· 44

08 ㅣ품사ㅣ 수식언 ··· 48

09 ㅣ품사ㅣ 관계언과 독립언 ·· 52

• 실력 향상 문제 ·· 56

10 ㅣ단어의 짜임ㅣ 형태소, 어근과 접사 ·················· 60

11 ㅣ단어의 짜임ㅣ 단일어와 복합어 ·························· 64

12 어휘의 체계와 양상 ··· 68

13 ㅣ어휘의 의미 관계ㅣ 유의 관계, 반의 관계 ········· 72

14 ㅣ어휘의 의미 관계ㅣ 상하 관계, 다의 관계, 동음이의 관계 ····· 76

• 실력 향상 문제 ·· 80

III 문장

15 ㅣ문장 성분ㅣ 주성분 ·· 86

16 ㅣ문장 성분ㅣ 부속 성분과 독립 성분 ·· 90

17 ㅣ문장 구조ㅣ 이어진문장 ··· 94

18 ㅣ문장 구조ㅣ 안은문장과 안긴문장 ··· 98

• 실력 향상 문제 ··· 102

19 ㅣ문법 요소ㅣ 종결 표현, 높임 표현, 시간 표현 ························ 106

20 ㅣ문법 요소ㅣ 피동 표현과 사동 표현 ····································· 112

21 ㅣ문법 요소ㅣ 부정 표현, 중의적 표현 ····································· 116

• 실력 향상 문제 ··· 120

IV 언어와 국어

22 언어의 본질과 기능 ·· 126

23 ㅣ어문 규범ㅣ 한글 맞춤법과 표준어 규정 ······························· 130

24 담화의 맥락 ·· 134

25 한글의 창제 원리와 가치 ·· 138

• 실력 향상 문제 ··· 142

실력 완성 문제

1회 I 단원 종합 문제 ·· 146

2회 II 단원 종합 문제 ·· 150

3회 III 단원 종합 문제 ··· 154

4회 IV단원 종합 문제 ··· 158

[책 속의 책] 정답과 해설 ·· 1~48

이 책의 구성과 특징

✔ 개념 학습

문법의 필수 개념 25개를 엄선하여 쉽게 이해할 수 있도록 깔끔하게 정리하였습니다.

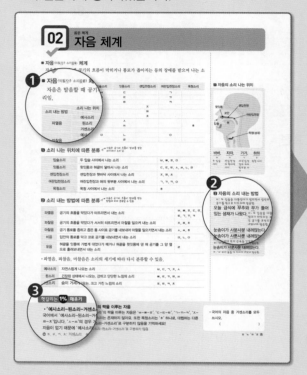

❶ 개념 설명
꼭 알아야 할 핵심 내용들을 표와 도식을 활용하여 쉽게 설명했습니다.

❷ 예시로 이해하기
실례에서 개념이 어떻게 적용되는지 보여 주어 개념을 쉽고 빠르게 이해하도록 하였습니다.

❸ 헷갈리는 1% 채우기
헷갈리기 쉬운 내용이나 자주 틀리는 내용을 문제와 함께 제시하여 항상 틀리는 한 문제까지 확실히 잡을 수 있도록 하였습니다.

1단계 개념 확인 문제

간단한 문제를 통해 학습한 필수 개념을 제대로 이해했는지 바로 확인할 수 있습니다.

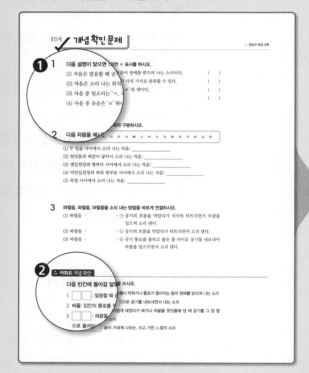

❶ 개념 확인 문제
줄긋기, O X 넣기, 단답식 유형의 연습 문제를 반복 학습하여 개념을 바로 이해하도록 하였습니다.

❷ 어휘로 개념 확인
문법의 주요 개념을 어휘로 확인하여 어휘와 개념을 함께 익힐 수 있도록 하였습니다.

2단계 내신 실전 문제

필수 개념과 관련된 다양한 내신형 문제를 제시하여 시험 유형을 파악하고 실전에 대비할 수 있도록 하였습니다.

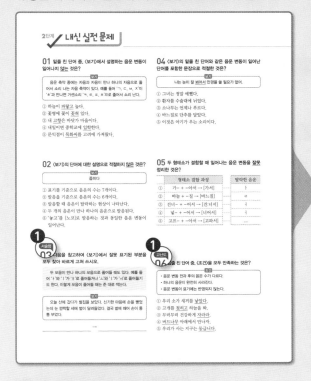

3단계 실력 향상 문제

각 필수 개념들을 아우르는 통합형 문제를 통해 심화 학습을 하고, 기출 문제를 수록하여 이에 대비할 수 있도록 하였습니다.

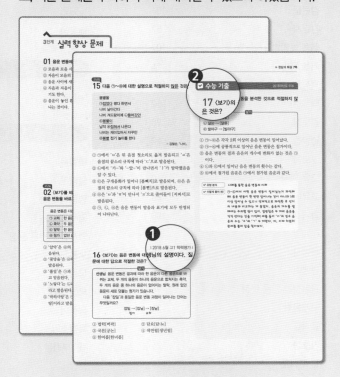

❶ 신유형, 고난도, 서술형

신유형, 고난도, 서술형 문제를 제시하여 다양한 유형의 내신형 문제를 접해 볼 수 있도록 하였습니다.

❶ 기출 유형

'중3 학업성취도평가', '고1 학력평가'를 제시하여 기출 문제의 유형과 난이도를 살펴볼 수 있도록 하였습니다.

❷ 수능 기출

최근 5개년 수능 기출 문제를 수록하여 수능 유형을 미리 접해 볼 수 있도록 하였습니다.

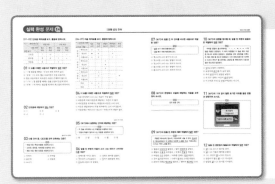

실력 완성 문제

- 단원별 종합 문제를 추가로 제공하여 내신 대비뿐만 아니라 문법 실력을 완성할 수 있습니다.
- 출제가 많이 되는 유형에는 '출제 지수'를 표시하였습니다.

핵심 용어 찾아보기

ㄱ

가변어	40
가획의 원리	138
가획자	138
간접 높임	107
감탄문	106
감탄사	52
객체 높임법	107
거센소리	14
격식체	107
격 조사	52
겹문장	94, 98
겹받침	22
고모음	10
고유 명사	40
고유어	68
과거 시제	108
관계언	52
관형사	48
관형어	90
관형절을 안은 문장	98
구개음화	26
규칙성	126
기호성	126
긴 부정문	116

ㄴ

'ㄴ' 첨가	30
높임말	107
높임 표현	107
능동 표현	112

ㄷ

다의 관계	76
다의어	76
단모음	10
단어	60
단일어	64
담화	134
대등하게 이어진 문장	94
대등 합성어	64
대명사	40

독립 성분	90
독립어	90
독립언	52
동사	44
동음이의 관계	76
동음이의어	76
동작상	108
된소리	14

ㄹ

'ㄹ' 탈락	30

ㅁ

마찰음	14
명령문	106
명령적 기능	126
명사	40
명사절을 안은 문장	98
모음	10
모음 축약	30
모음 탈락	30
목적어	86
목청소리	14
'못' 부정문	116
문장	86
문장 부사	48
문장 성분	86, 90
미래 시제	108

ㅂ

반의 관계	72
반의어	72
발화	134
발화시	108
보어	86
보조사	52
보통 명사	40
복합어	64
부사	48
부사어	90
부사절을 안은 문장	98
부속 성분	90

부정 부사	48
부정 표현	116
불변어	40
비격식체	107
비음	14
비음화	26
비통사적 합성어	64

ㅅ

사건시	108
사동 표현	112
사회 · 문화적 맥락	134
사회 방언	68
사회성	126
상대 높임법	107
상의어	76
상하 관계	76
상형의 원리	138
상황 맥락	134
서수사	40
서술어	86
서술어의 자릿수	86
서술절을 안은 문장	98
설명 의문문	106
성분 부사	48
성상 관형사	48
성상 부사	48
성상 형용사	44
센입천장소리	14
수 관형사	40, 48
수사	40
수사 의문문	106
수식언	48
시간 표현	108
시제	108
실질 형태소	60

ㅇ

안긴문장	98
'안' 부정문	116
안은문장	98
양수사	40

양태 부사 48
어간 44, 60
어근 60
어미 44, 64
언어 126
여린입천장소리 14
역사성 126
연결 어미 94
예사말 107
예사소리 14
완료상 108
외래어 68
용언 44, 52
운소(비분절 음운) 10
원순 모음 10
유음 14
유음화 26
유의 관계 72
유의어 72
유행어 68
융합 합성어 64
은어 68
음소(분절 음운) 10
음운 10
음운 교체 26
음운 동화 26
음운 변동 22
음운 첨가 30
음운 축약 30
음운 탈락 30
음절 22
음절의 끝소리 규칙 22
의문문 106
의존 명사 40, 52
의존 형태소 60
이어진문장 94
이중 모음 10
이체자 138
인용절을 안은 문장 98
인칭 대명사 40
입술소리 14
잇몸소리 14

ㅈ

자동사 44
자립 명사 40
자립 형태소 60
자음 14
자음 축약 30
자음 탈락 30
자의성 126
재출자 138
저모음 10
전문어 68
전설 모음 10
접두사 60
접미사 60, 64
접사 60
접속 부사 48
접속 조사 52
정보적 기능 126
정서적 기능 126
조사 52
종결 어미 106
종결 표현 106
종속 합성어 64
종속적으로 이어진 문장 94
주동 표현 112
주변적 의미 76
주성분 86
주어 86
주체 높임법 107
중모음 10
중심적 의미 76
중의적 표현 116
지시 관형사 40, 48
지시 대명사 40
지시 부사 48
지시 형용사 44
지시적 기능 126
지역 방언 68
직접 높임 107
진행상 108
짧은 부정문 116

ㅊ

창조성 126
청유문 106
체언 40, 52
초출자 138
친교적 기능 126

ㅌ

타동사 44
통사적 합성어 64

ㅍ

파생어 64
파열음 14
파찰음 14
판정 의문문 106
평서문 106
평순 모음 10
표준 발음법 131
표준어 규정 131
품사 40, 90
피동 표현 112
필수적 부사어 90

ㅎ

'ㅎ' 탈락 30
하의어 76
한글 맞춤법 130
한글의 우수성과 가치 138
한자어 68
합성어 64
합성의 원리 138
현재 시제 108
형식 형태소 60
형용사 44, 48
형태소 60
홑문장 94
홑받침 22
활용 44
후설 모음 10
훈민정음 138

30일완성! 권장 학습 계획표

※ 다음 계획표를 참고해서 자신만의 학습 계획을 세워 보세요. 한 달이면 문법 공부를 끝낼 수 있어요!

공부한 날			공부한 내용	중점 학습 내용
1일	월	일	01 모음 체계	
2일	월	일	02 자음 체계	
3일	월	일	03 음절의 끝소리 규칙	
4일	월	일	04 음운 동화	
5일	월	일	05 음운 축약, 탈락, 첨가	
6일	월	일	01~05 실력 향상 문제	
7일	월	일	06 체언	
8일	월	일	07 용언	
9일	월	일	08 수식언	
10일	월	일	09 관계언과 독립언	
11일	월	일	06~09 실력 향상 문제	
12일	월	일	10 형태소, 어근과 접사	
13일	월	일	11 단일어와 복합어	
14일	월	일	12 어휘의 체계와 양상	
15일	월	일	13 유의 관계, 반의 관계	
16일	월	일	14 상하 관계, 다의 관계, 동음이의 관계	
17일	월	일	10~14 실력 향상 문제	
18일	월	일	15 주성분	
19일	월	일	16 부속 성분과 독립 성분	
20일	월	일	17 이어진문장	
21일	월	일	18 안은문장과 안긴문장	
22일	월	일	19 종결 표현, 높임 표현, 시간 표현	
23일	월	일	20 피동 표현과 사동 표현	
24일	월	일	21 부정 표현, 중의적 표현	
25일	월	일	15~21 실력 향상 문제	
26일	월	일	22 언어의 본질과 기능	
27일	월	일	23 한글 맞춤법과 표준어 규정	
28일	월	일	24 담화의 맥락	
29일	월	일	25 한글의 창제 원리와 가치	
30일	월	일	22~25 실력 향상 문제	

1 다음 설명이 맞으면 ○, 틀리면 × 표시를 하시오.

(1) 자음은 발음할 때 공기의 흐름이 장애를 받으며 나는 소리이다.   (   )

(2) 자음은 소리 나는 위치에 따라 다섯 가지로 분류할 수 있다.   (   )

(3) 자음 중 된소리는 'ㄲ, ㄸ, ㅃ, ㅉ' 네 개이다.   (   )

(4) 자음 중 유음은 'ㄹ' 하나이다.   (   )

2 다음 자음을 제시된 설명에 따라 구분하시오.

> ㄱ ㄲ ㄴ ㄷ ㄸ ㄹ ㅁ ㅂ ㅃ ㅅ ㅆ ㅇ ㅈ ㅉ ㅊ ㅋ ㅌ ㅍ ㅎ

(1) 두 입술 사이에서 소리 나는 자음: _____

(2) 윗잇몸과 혀끝이 닿아서 소리 나는 자음: _____

(3) 센입천장과 혓바닥 사이에서 소리 나는 자음: _____

(4) 여린입천장과 혀의 뒷부분 사이에서 소리 나는 자음: _____

(5) 목청 사이에서 소리 나는 자음: _____

3 파열음, 파찰음, 마찰음을 소리 내는 방법을 바르게 연결하시오.

(1) 파열음 ·

(2) 파찰음 ·

(3) 마찰음 ·

· ㉠ 공기의 흐름을 막았다가 서서히 터뜨리면서 마찰을 일으켜 소리 낸다.

· ㉡ 공기의 흐름을 막았다가 터뜨리면서 소리 낸다.

· ㉢ 공기 통로를 좁히고 좁은 틈 사이로 공기를 내보내어 마찰을 일으키면서 소리 낸다.

✅ **어휘로 개념 확인**

다음 빈칸에 들어갈 알맞은 말을 쓰시오.

1 [ ][ ] : 발음할 때 공기의 흐름이 막히거나 통로가 좁아지는 등의 장애를 받으며 나는 소리

2 **비음**: 입안의 통로를 막고 [ ](으)로 공기를 내보내면서 내는 소리

3 [ ][ ] : 혀끝을 잇몸에 가볍게 대었다가 떼거나 혀끝을 윗잇몸에 댄 채 공기를 그 양 옆으로 흘려보내면서 내는 소리

4 [ ][ ][ ][ ] : 숨이 거세게 나오는, 크고 거친 느낌의 소리

01 자음에 대한 설명으로 적절한 것은?

① 국어의 자음은 모두 14개이다.
② 모음 없이 홀로 소리 날 수 있다.
③ 목청이 울리지 않고 나는 소리이다.
④ 소리 내는 방법에 따라 나눌 수 있다.
⑤ 공기의 흐름이 장애를 받지 않고 나는 소리이다.

02 〈보기〉와 같이 자음을 분류할 때, ㉠에 들어갈 분류 기준으로 알맞은 것은?

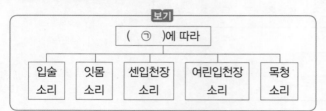

> ──────── 보기 ────────
> (㉠)에 따라
> 입술소리 / 잇몸소리 / 센입천장소리 / 여린입천장소리 / 목청소리

① 소리의 성질
② 소리의 세기
③ 소리 나는 위치
④ 소리 내는 방법
⑤ 목청의 울림 여부

신유형

03 다음 노래를 듣고 나눈 〈보기〉의 대화에서 빈칸에 들어갈 내용으로 적절한 것은?

> 왕밤빵 왕밤빵 왕밤빵 왕밤빵
> 그립다 그리워 그립다 그리워
> – 정형돈 작사, 데프콘·프랙털 작곡, 「한 번도 안 틀리고 누구도 부르기 어려운 노래」

> ──────── 보기 ────────
> **수지** 이 노래 들어 봤어? 안 틀리고 부르기 어려운 노래래.
> **태우** 내가 한번 불러 볼까? 왕밤빵, 왕방빵, 왕바빵, 왕방빵.
> 진짜 발음하기 어렵다. 왜 그렇지?
> **수지** 'ㅂ, ㅁ, ㅃ'이 연속으로 나와서 (   )
> 하니까 그런 것 같아.

① 혓바닥과 입천장을 계속 부딪쳐야
② 혀의 뒷부분으로 입천장을 막고 있어야
③ 두 입술을 닫았다가 여는 것을 반복해야
④ 혀끝을 윗잇몸에 댄 채 공기를 흘려보내야
⑤ 강하고 단단한 느낌의 소리를 반복해서 내야

04 소리 나는 위치가 나머지 자음과 다른 것은?

① ㄴ   ② ㄷ   ③ ㄹ   ④ ㅅ   ⑤ ㅈ

05 〈보기〉의 ㉠과 ㉡에 들어갈 수 있는 자음을 알맞게 짝 지은 것은?

> ──────── 보기 ────────
> 자음은 소리 내는 방법에 따라 분류할 수 있는데 (㉠)과/와 같이 공기의 흐름을 막았다가 터뜨리면서 내는 소리가 있고, (㉡)과/와 같이 공기 통로를 좁히고 좁은 틈 사이로 공기를 내보내어 마찰을 일으키면서 내는 소리가 있다.

	㉠	㉡		㉠	㉡
①	ㅂ	ㅎ	②	ㅈ	ㅅ
③	ㅉ	ㅆ	④	ㅋ	ㅊ
⑤	ㅍ	ㅌ			

06 〈보기〉에서 설명하는 자음을 포함한 단어가 아닌 것은?

> ──────── 보기 ────────
> 공기의 흐름을 막았다가 서서히 터뜨리면서 마찰을 일으켜 내는 소리

① 추석
② 그림책
③ 쌀국수
④ 자동차
⑤ 된장찌개

07 〈보기〉에서 설명하는 자음에 해당하는 것은?

> ──────── 보기 ────────
> 혀끝을 잇몸에 가볍게 대었다가 떼거나 혀끝을 윗잇몸에 댄 채 공기를 그 양 옆으로 흘려보내면서 내는 소리

① ㄱ   ② ㄴ   ③ ㄷ   ④ ㄹ   ⑤ ㅇ

08 〈보기〉의 특성을 모두 가진 자음으로 알맞은 것은?

> **보기**
> • 여린입천장과 혀의 뒷부분 사이에서 소리 난다.
> • 입안의 통로를 막고 코로 공기를 내보내면서 소리 낸다.

① ㄱ   ② ㅁ   ③ ㅇ   ④ ㅊ   ⑤ ㅎ

서술형
09 〈보기〉의 밑줄 친 부분에 해당하는 자음을 모두 쓰시오.

> **보기**
> 파열음, 파찰음, 마찰음은 소리의 세기에 따라 예사소리, 된소리, <u>거센소리</u>로 분류할 수 있다.

10 〈보기〉에 대한 설명으로 적절한 것은?

> **보기**
> ㄱ - ㄲ - ㅋ

① 'ㄱ', 'ㄲ', 'ㅋ'은 소리 나는 위치가 모두 다르다.
② 'ㄱ'은 'ㄲ'보다 후두의 근육이 긴장되어 나오는 소리이다.
③ 'ㄲ'은 'ㅋ'과 달리 공기를 코로 내보내면서 내는 소리이다.
④ 'ㅋ'은 'ㄱ'보다 소리의 세기가 거세다.
⑤ 'ㄷ', 'ㅅ', 'ㅂ', 'ㅈ'도 각각 이와 같은 짝을 이룬다.

고난도
11 〈보기〉 자음들의 공통된 특성으로 적절한 것은?

> **보기**
> ㄸ ㅆ

① 좁은 틈으로 공기를 내보내며 내는 소리로, 경쾌한 느낌을 준다.
② 윗잇몸과 혀끝이 닿아서 나는 소리로, 강하고 단단한 느낌을 준다.
③ 공기의 흐름을 막았다가 터뜨리면서 내는 소리로, 긴장감이 느껴진다.
④ 센입천장과 혓바닥 사이에서 나는 소리로, 발음 기관이 긴장된 상태에서 발음된다.
⑤ 공기의 흐름을 막았다가 코로 공기를 내보내면서 내는 소리로, 파열과 마찰의 성격을 모두 지닌다.

서술형
12 〈조건〉을 만족하는 자음 ㉠과 ㉡을 찾아 〈보기〉의 단어를 완성하시오.

> **조건**
> • ㉠: 윗잇몸과 혀끝이 닿아서 공기의 흐름을 막았다가 터뜨리면서 내는 소리로, 예사소리에 비해 단단한 느낌을 주는 자음
> • ㉡: 여린입천장과 혀의 뒷부분 사이에서 나는 소리로, 입안의 통로를 막고 코로 공기를 내보내면서 소리 내는 자음

> **보기**
> ㉠
> ㅗ
> ㉡

01 〈보기〉를 바탕으로 음운을 이해한 내용으로 적절한 것은?

> **보기**
>
> '물'은 'ㅁ + ㅜ + ㄹ'로, '불'은 'ㅂ + ㅜ + ㄹ'로 이루어져 있다. '물'과 '불'은 음운 'ㅁ'과 'ㅂ' 때문에 의미가 구별되는 것이다. 마찬가지로 '산'과 '손'의 의미가 구별되는 것은 'ㅏ'와 'ㅗ' 때문이다.

① 음운은 문자로 표기할 수 없다.
② 음운은 단어의 뜻을 구별해 준다.
③ 음운은 홀로 쓰이며 소리 날 수 있다.
④ 음운은 일정한 조건에서 형태를 바꾼다.
⑤ 음운은 정해진 것끼리 짝을 이루는 특징이 있다.

02 〈보기〉는 '음운'에 대한 탐구 보고서이다. 탐구 결과의 빈칸에 들어갈 내용으로 적절한 것은?

> **보기**
>
> • 탐구 주제: 음운의 종류
> • 탐구 내용: 단어를 길게 발음할 때와 짧게 발음할 때의 의미 차이
> • 탐구 사례: 같은 자음과 모음으로 이루어져 있지만 소리의 길이에 따라 의미가 달라지는 단어를 이용하여 문장을 만듦.
>
> | 밤 | 짧게 발음할 때 | 여름에는 밤이 짧고 낮이 길다. |
> | --- | --- | --- |
> | | 길게 발음할 때 | 내 동생은 찐 밤을 정말 좋아한다. |
> | 눈 | 짧게 발음할 때 | 나는 눈이 나빠서 안경을 쓴다. |
> | | 길게 발음할 때 | 어제는 눈이 펑펑 내렸다. |
>
> • 탐구 결과: 탐구 사례를 통해 '(   )' 라는 사실을 알 수 있다.

① 소리의 길이는 음운의 하나이다.
② 음운의 종류에는 자음과 모음이 있다.
③ 소리의 높낮이는 음운에 해당하지 않는다.
④ 소리의 세기에 따라 단어의 뜻이 달라진다.
⑤ 같은 자음과 모음으로 이루어진 단어는 의미가 서로 같다.

03 〈보기〉의 ㉠ 부분에 혀의 최고점이 있을 때 소리 나는 모음이 <u>아닌</u> 것은?

> **보기**
>
>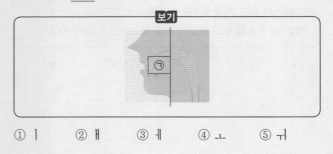

① ㅣ   ② ㅐ   ③ ㅔ   ④ ㅗ   ⑤ ㅟ

04 〈보기〉의 빈칸에 들어갈 내용으로 적절한 것은?

> **보기**
>
> 'ㅣ → ㅔ → ㅐ'의 순서로 발음하다 보면
> (   )

① 혀의 위치가 점점 낮아진다.
② 소리의 세기가 점점 강해진다.
③ 입이 벌어지는 크기가 점점 작아진다.
④ 입술의 모양이 점점 둥그렇게 변한다.
⑤ 혀의 최고점의 위치가 점점 뒤로 이동한다.

| 2017 중3 학업성취도평가 |

05 〈보기〉의 방식으로 단모음을 분류하였을 때 ㉠에 해당하는 것은?

> **보기**
>
>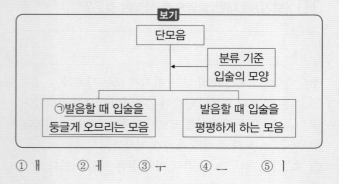

① ㅐ   ② ㅔ   ③ ㅜ   ④ ㅡ   ⑤ ㅣ

06 〈조건〉에 따라 모음을 바르게 분류한 것은?

> **조건**
> 1. 혀의 위치를 높여 발음하는 모음만을 분류 대상으로 할 것.
> 2. 입천장의 중간점을 기준으로 혀의 최고점이 앞쪽에 있는지 뒤쪽에 있는지에 따라 분류할 것.

① ㅟ, ㅜ / ㅣ, ㅡ   ② ㅣ, ㅟ / ㅡ, ㅜ
③ ㅟ, ㅚ / ㅜ, ㅗ   ④ ㅣ, ㅔ, ㅐ / ㅡ, ㅓ, ㅏ
⑤ ㅣ, ㅟ, ㅡ, ㅜ / ㅐ, ㅏ

07 〈보기〉의 (A)에 들어갈 모음으로 적절한 것은?

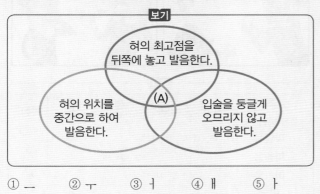

> **보기**
> 혀의 최고점을 뒤쪽에 놓고 발음한다.
> 혀의 위치를 중간으로 하여 발음한다.
> (A)
> 입술을 둥글게 오므리지 않고 발음한다.

① ㅡ   ② ㅜ   ③ ㅓ   ④ ㅐ   ⑤ ㅏ

08 다음 밑줄 친 단어 중, 〈보기〉의 ㉠에 해당하는 모음을 포함하고 있는 것은?

> **보기**
> <u>바람</u> 부는 <u>새벽</u>에 장터 가시는
> 우리 아빠 <u>뒷자취</u> 보고 싶어서
> 침을 발라 뚫어 논 작은 <u>창구멍</u>
> <u>아롱아롱</u> 아침 해 비치웁니다
>
>   – 윤동주, 「창구멍」

> **보기**
> 모음은 발음하는 도중에 입술 모양이나 혀의 위치가 달라지지 않는 단모음과 ㉠발음하는 도중에 입술 모양이나 혀의 위치가 달라지는 이중 모음으로 나눌 수 있다.

① 바람   ② 새벽   ③ 뒷자취
④ 창구멍   ⑤ 아롱아롱

09 다음 자음이 소리 나는 위치를 잘못 설명한 것은?

① ㅎ: 목청 사이에서 소리 난다.
② ㅍ: 두 입술 사이에서 소리 난다.
③ ㄹ: 윗잇몸과 혀끝이 닿아서 소리 난다.
④ ㄷ: 센입천장과 혓바닥 사이에서 소리 난다.
⑤ ㅇ: 여린입천장과 혀의 뒷부분 사이에서 소리 난다.

10 다음 자음들의 공통점을 〈조건〉에 맞게 쓰시오.

> ㅅ   ㅆ   ㅎ

> **조건**
> 소리 내는 방법의 공통점을 밝힐 것.

11 〈보기〉의 빈칸에 들어갈 단어로 알맞지 않은 것은?

> **보기**
> **서윤** 선생님, 저 오늘 방송부 면접에서 떨어졌어요. 평소에 잘 하던 발음들도 오늘따라 이상하게 발음됐거든요.
> **선생님** 그랬구나. 감기 때문에 코가 막혀서 그랬나 보다.
> **서윤** 코가 막히는 것과 발음이 이상한 것이 상관이 있나요?
> **선생님** 우리말 자음 중에는 입안의 통로를 막고 코로 공기를 내보내면서 내는 소리가 있어. 이런 소리가 포함된 (　　) 같은 단어는 코가 막히면 발음이 잘 안됐을 거야.

① 라일락   ② 봉숭아   ③ 솜사탕
④ 장난감   ⑤ 평행선

| 2014 9월 고1 학력평가 |

12 〈보기〉의 내용을 뒷받침하는 예로 적절하지 <u>않은</u> 것은?

> 보기
>
> 파열음, 파찰음, 마찰음은 막히거나 좁아졌던 공깃길이 열리면서 소리 나는데, 이때 목의 근육이 긴장되면 밖으로 나가는 공기의 양이 매우 적은 상태로 소리가 난다. 이 소리는 예사소리에 비해 단단하고 된 인상을 주기 때문에 된소리라고 한다.
> 또한 파열음, 파찰음을 낼 때 막혔던 공깃길이 열리면서 강한 공기의 흐름이 분출되기도 한다. 이 소리는 예사소리에 비해 거친 느낌을 주기 때문에 거센소리라고 부른다.

① 아이가 어머니를 따라 {종종 / 총총} 걸어간다.
② 한참을 달려왔더니 숨이 {헉헉 / 컥컥} 막힌다.
③ 바람개비가 {뱅글뱅글 / 팽글팽글} 잘도 돌아간다.
④ 얼음이 {단단하게 / 딴딴하게} 얼어서 깨지지 않는다.
⑤ 현수는 은미와 {속닥속닥 / 쏙닥쏙닥} 이야기를 나누었다.

13 다음 밑줄 친 단어를 통해 자음에 대해 이해한 내용으로 적절하지 <u>않은</u> 것은?

> <u>엄마</u>, <u>아빠</u> 내 맘 알지?
> 다 같이 행복했음 좋겠어
> 나한테만 몸 잘 챙기라 하지 말고
> 맛있는 것도 좀 사 먹고 그래
>
> – 5분 작사 · 작곡, 「엄마 아빠」

① 'ㅁ'은 공기를 코로 내보내면서 소리 내.
② 'ㅁ'은 'ㅃ'과 달리 두 입술 사이에서 소리 나.
③ 'ㅃ'은 공기의 흐름이 막혔다가 터지면서 소리 나.
④ 'ㅃ'을 발음할 때는 'ㅁ'을 발음할 때보다 근육이 긴장돼.
⑤ 'ㅁ'과 'ㅃ'은 모두 공기의 흐름이 장애를 받으며 나는 소리야.

14 〈보기〉를 참고하여 외국 학생이 정확한 발음을 하도록 조언한 내용으로 적절한 것은?

> 보기

조음 방법 \ 조음 위치	입술	잇몸	센입천장	여린입천장	목청
파열음	ㅂ, ㅃ, ㅍ	ㄷ, ㄸ, ㅌ		ㄱ, ㄲ, ㅋ	
파찰음			ㅈ, ㅉ, ㅊ		
마찰음		ㅅ, ㅆ			ㅎ
비음	ㅁ	ㄴ		ㅇ	
유음		ㄹ			

① '불'은 '둘'처럼 혀끝을 윗잇몸에 닿게 해서 소리 내야 해.
② '불'은 '굴'처럼 혓바닥을 여린입천장에 밀착시켜 소리 내야 해.
③ '불'은 '둘', '눌'과 달리 입안의 통로를 막고 코로 공기를 내보내면서 소리 내야 해.
④ '불'은 '둘', '굴'과 달리 좁은 틈으로 공기를 내보내어 마찰을 일으키면서 소리 내야 해.
⑤ '불'은 '눌'과 달리 두 입술을 맞닿게 하여 공기의 흐름을 막았다가 터뜨리면서 소리 내야 해.

15 다음 ㉠~㉤의 음운을 분석한 내용으로 알맞지 <u>않</u>은 것은?

> 눈은 왜 ㉠땅 ㉡위에 쌓일까?
> 오들오들 떠는 풀잎 ㉢이불 덮어 주려고
> 보송보송 쌓이지
> 풀잎의 ㉣발목이 ㉤참 따스해지겠다
>
> – 안도현, 「눈 오는 날」

① ㉠: '잇몸소리+저모음+여린입천장소리'로 이루어져 있다.
② ㉡: '여린입천장소리+고모음'으로 이루어져 있다.
③ ㉢: 고모음 'ㅣ' 하나로 이루어져 있다.
④ ㉣: '입술소리+저모음+잇몸소리'로 이루어져 있다.
⑤ ㉤: '센입천장소리+저모음+입술소리'로 이루어져 있다.

서술형

16 다음은 순우리말 사전의 일부분이다. ■에 공통으로 들어갈 말을 〈보기〉를 참고하여 찾아 단어를 완성하시오.

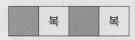

	복		복

「부사」
풀이나 나무 따위가 여기저기 아주 탐스럽게 소복한 모양.

> **보기**
> • '자음 + 모음'의 형태임.
> • 자음 ┌ 윗잇몸과 혀끝이 닿아서 나는 소리
>   ├ 공기의 흐름을 막았다가 터뜨리면서 나는 소리
>   └ 자연스럽게 나오는 예사소리
> • 모음 ┌ 혀의 최고점이 뒤쪽에 놓여 나는 소리
>   ├ 입술을 둥글게 오므리지 않고 내는 소리
>   └ 혀의 위치를 낮춰 내는 소리

✔ 수능 기출   2019학년도 수능

17 〈보기〉의 ㉠에 들어갈 말로 적절하지 <u>않은</u> 것은?

> **보기**
>
> **선생님** 최소 대립쌍이란 하나의 소리로 인해 뜻이 구별되는 단어의 짝을 말해요. 가령 최소 대립쌍 '살'과 '쌀'은 'ㅅ'과 'ㅆ'으로 인해 뜻이 달라지는데, 이때의 'ㅅ', 'ㅆ'은 음운의 자격을 얻게 되죠. 이처럼 최소 대립쌍을 이용해 음운들을 추출하면 음운 체계를 수립할 수 있어요. 이제 고유어들을 모은 [A]에서 최소 대립쌍들을 찾아 음운들을 추출하고, 그 음운들을 [B]에서 확인해 봅시다.
>
> [A]   쉬리, 마루, 구실, 모래, 소리, 구슬, 머루
>
> [B] 국어의 단모음 체계
>
> | 혀의 최고점의 위치 | 전설 모음 | | 후설 모음 | |
> |---|---|---|---|---|
> | 입술 모양
혀의 높이 | 평순 | 원순 | 평순 | 원순 |
> | 고모음 | ㅣ | ㅟ | ㅡ | ㅜ |
> | 중모음 | ㅔ | ㅚ | ㅓ | ㅗ |
> | 저모음 | ㅐ | | ㅏ | |
>
> [학생의 탐구 내용]
>
> 추출된 음운들 중 [㉠   ] 을/를 확인할 수 있군.

① 2개의 전설 모음
② 2개의 중모음
③ 3개의 평순 모음
④ 3개의 고모음
⑤ 4개의 후설 모음

✔ 유형 분석   최소 대립쌍을 활용한 단모음 체계 이해

✔ 이렇게 풀어 봐!   최소 대립쌍이라는 개념이 어려워 보일 수 있지만 설명을 잘 읽어 보면, 나머지 음운은 같지만 하나의 음운이 달라져서 의미가 달라지는 단어의 짝이라는 것을 알 수 있어. 우선 [A]에서 이러한 단어의 짝을 찾고, 어떤 모음에 의해 의미 차이가 생겼는지 파악하여 [B]에 표시해 봐. 표시된 음운과 선지를 비교하며 문제를 풀면 쉽게 답을 찾을 수 있어!

음절의 끝소리 규칙

■ 음절(소리음흡 마디절節)의 끝소리 규칙

우리말에서 음절의 끝소리로는 'ㄱ, ㄴ, ㄷ, ㄹ, ㅁ, ㅂ, ㅇ'만 발음되고 그 외의 받침은 이 일곱 자음 중 하나로 바뀌어 발음되는 현상

국	밖	간	곧	골	밤	밥	곳	있(다)	강	낮	낯	(부)엌	끝	앞	(히)읗
[국]	[박]	[간]	[곧]	[골]	[밤]	[밥]	[곧]	[읻]	[강]	[낟]	[낟]	[억]	[끋]	[압]	[은]

하나의 자음으로 이루어진 받침

❶ 홑받침과 쌍받침의 발음 ┌ 같은 자음자가 겹쳐서 된 받침

• 받침 중에서 'ㄱ, ㄴ, ㄷ, ㄹ, ㅁ, ㅂ, ㅇ'은 제 소릿값대로 발음되고, 그 외의 자음은 대표음 [ㄱ, ㄷ, ㅂ]으로 바뀌어 발음됨. → 한 음운이 다른 음운으로 바뀌므로 음운 교체에 해당함.

받침		발음
ㄲ, ㅋ	→	[ㄱ] 예 닦다[닥따], 서녘[서녁]
ㅌ / ㅅ, ㅆ / ㅈ, ㅊ	→	[ㄷ] 예 솥[솓], 빗[빋], 갔다[갇따], 빚[빋], 빛[빋]
ㅍ	→	[ㅂ] 예 잎[입]

• 홑받침이나 쌍받침이 모음으로 시작하는 조사나 어미 등과 결합하는 경우: 음절의 끝소리 규칙이 적용되지 않고, 받침을 제 소릿값대로 뒤 음절의 첫소리로 옮겨 발음함. (52쪽 설명을 참고하세요. 44쪽 설명을 참고하세요.)

예 옷을[오슬], 깎아[까까]

서로 다른 두 개의 자음으로 이루어진 받침

❷ 겹받침의 발음

• 겹받침을 이루는 두 개의 자음 중 하나로 발음됨. → 자음 하나가 사라지므로 음운 탈락에 해당함.

받침		발음	
ㄳ	→	[ㄱ] 예 몫[목]	앞 자음으로 발음
ㄵ, ㄶ	→	[ㄴ] 예 앉다[안따], 많다[만ː타]	
ㄼ, ㄽ, ㄾ, ㅀ	→	[ㄹ] 예 여덟[여덜], 외곬[외골/웨골], 핥다[할따], 싫다[실타] 다만, '밟-'은 자음 앞에서 [밥]으로 발음함. 예 밟다[밥ː따] 다만, '넓-'은 [넙]으로도 발음함. 예 넓죽하다[넙쭈카다]	
ㅄ	→	[ㅂ] 예 값[갑]	
ㄺ	→	[ㄱ] 예 닭[닥] 44쪽 설명을 참고하세요. 다만, 용언의 어간 끝 'ㄺ'은 'ㄱ' 앞에서 [ㄹ]로 발음함. 예 맑게[말께]	뒤 자음으로 발음
ㄻ	→	[ㅁ] 예 삶[삼ː]	
ㄿ	→	[ㅂ] 예 읊다[읍따] 'ㅍ'은 대표음 [ㅂ]으로 바뀌어 발음됨.	

• 겹받침이 모음으로 시작하는 조사나 어미 등과 결합하는 경우: 음절의 끝소리 규칙이 적용되지 않고, 겹받침 중 뒤엣것만을 뒤 음절의 첫소리로 옮겨 발음함. 예 닭이[달기], 앉아[안자]

헷갈리는 1% 채우기

• 겹받침 'ㄺ'의 발음

겹받침 'ㄺ'은 일반적으로 [ㄱ]으로 발음하지만 [ㄹ]로 발음할 때도 있어요. '흙과'에서는 [ㄱ]으로 발음하지만 '맑고'에서는 [ㄹ]로 발음해야 하지요. 어떤 차이가 있을까요? '흙'은 명사이지만 '맑-'은 어간이에요. 즉 어간 끝 'ㄺ'이 'ㄱ' 앞에 쓰이면 [말꼬]와 같이 [ㄹ]로 발음해야 해요. 'ㄺ'이 ❶용언의 어간 끝이면서 ❷'ㄱ' 앞에 있다면 [ㄹ]로 발음한다는 것을 기억하세요! 예 흙과 → [흑꽈], 맑고 → [말꼬]

음운 변동
음운이 놓인 환경에 따라 발음이 달라지는 현상. 교체, 축약, 탈락, 첨가가 있음.

음절
음운이 모여 이루는 소리덩이 중 독립하여 발음할 수 있는 최소 소리 단위. 우리말 음절은 '모음(아)', '모음 + 자음(안)', '자음 + 모음(가)', '자음 + 모음 + 자음(간)'의 구조를 지님.

❶ 홑받침과 쌍받침의 발음

해 질 녘, 창밖 풍경을 보며 책을
　　[녁]　　[박]　　　　　　　[채글]
한 권 읽었다.
ㅋ, ㄲ → [ㄱ]
받침 'ㄱ'+모음으로 시작하는 조사 '을'
→ 받침을 그대로 뒤 음절 첫소리로 옮겨 발음함.

형이 갖고 온 꽃을 꽃병에 꽂아
　　　[갇]　 [꼬츨] [꼳]　 [꼬자]
햇볕 잘 드는 창가에 두었다.
[핻볃/해뼏]　　　　　[얻]
ㅈ, ㅊ, ㅅ, ㅌ, ㅆ → [ㄷ]
받침 'ㅊ'+모음으로 시작하는 조사 '을'
받침 'ㅈ'+모음으로 시작하는 어미 '-아'
→ 받침을 그대로 뒤 음절 첫소리로 옮겨 발음함.

❷ 겹받침의 발음

하늘은 맑건만 용언의 어간 끝,
　　　[막껀만]　'ㄱ' 앞 'ㄺ' → [ㄹ]
내 마음은 맑지 못하다.
　　　　　[막찌] 받침 'ㄺ'은 뒤 자음
　　　　　　　　으로 발음 → [ㄱ]

닭이 울자 날이 밝았다.
[달기]　　　　[발갇따]
받침 'ㄺ'+모음으로 시작하는 조사 '이'
받침 'ㄺ'+모음으로 시작하는 어미 '-았-'
→ 겹받침 중 뒤엣것만 뒤 음절 첫소리로 옮겨 발음함.

• 다음 밑줄 친 부분의 발음을 올바르게 쓰시오.

낡고 작은 장에, 닭과 오리가 있다.
[　　　]　　　　[　　　]

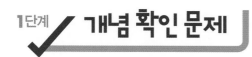
1 다음 설명이 맞으면 ○, 틀리면 × 표시를 하시오.

(1) 음운은 놓인 환경에 따라 발음이 달라질 수 있다.　　　　　　　　　(　)

(2) 음절의 끝에 오는 자음은 'ㄱ, ㄴ, ㄷ, ㄹ, ㅁ, ㅂ, ㅇ' 중 하나로 발음된다.　(　)

(3) 겹받침은 겹받침을 이루는 두 개의 자음 외에 다른 자음으로 바뀌어 발음된다.

　　　　　　　　　　　　　　　　　　　　　　　　　　　　(　)

2 다음 자음 중, 음절의 끝에서 (1)~(3)과 같이 발음되는 것을 모두 쓰시오.

> ㄱ　ㄲ　ㄷ　ㅂ　ㅅ　ㅆ　ㅈ　ㅊ　ㅋ　ㅌ　ㅍ

(1) [ㄱ]: _____

(2) [ㄷ]: _____

(3) [ㅂ]: _____

3 밑줄 친 음절의 끝소리가 같은 것끼리 바르게 연결하시오.

(1) 국자로 국을 뜨다.　　　　・　　　　　　・ ㉠ 낫 놓고 기역 자도 모른다.

(2) 문을 세게 닫지 마.　　　　・　　　　　　・ ㉡ 유리창을 닦는 사람이 있다.

(3) 빵만 먹지 말고 밥도 먹어라. ・　　　　　　・ ㉢ 옆집에 사는 친구와 놀았다.

4 다음 밑줄 친 음절의 발음을 올바르게 쓰시오.

(1) 네 몫만큼 가져가라. : [　　　　　　　　]

(2) 노약자 외에는 앉지 마세요. : [　　　　　　　　]

(3) 그는 마음이 넓다. : [　　　　　　　　]

(4) 철수는 이미 집으로 가고 없다. : [　　　　　　　　]

(5) 강아지가 내 발을 핥고 있다. : [　　　　　　　　]

(6) 그 편지는 읽지 마. : [　　　　　　　　]

(7) 나는 아버지를 닮고 동생은 어머니를 닮았다. : [　　　　　　　　]

✓ 어휘로 개념 확인

다음 빈칸에 들어갈 알맞은 말을 쓰시오.

1 음운 ☐☐ : 음운이 놓인 환경에 따라 발음이 달라지는 현상

2 음절의 ☐☐☐ 규칙: 음절의 끝소리로 일곱 개의 자음(ㄱ, ㄴ, ㄷ, ㄹ, ㅁ, ㅂ, ㅇ)만

발음되는 현상

3 ☐ 받침: 하나의 자음으로 이루어진 받침

4 ☐ 받침: 서로 다른 두 개의 자음으로 이루어진 받침

01 음절의 끝소리 규칙에 대한 설명으로 적절하지 않은 것은?

① '빗'과 '빛' 모두 [빈]으로 발음되는 것과 관련 있다.

② 'ㄱ, ㄴ, ㄷ, ㄹ, ㅁ, ㅂ, ㅇ'은 음절의 끝에서 제 소릿값대로 발음된다.

③ 받침이 모음으로 시작하는 조사나 어미와 결합하는 경우에는 적용되지 않는다.

④ 'ㄱ, ㄴ, ㄷ, ㄹ, ㅁ, ㅂ, ㅇ' 이외의 자음은 대표음으로 바뀌어 발음되므로 음운 교체에 해당한다.

⑤ 겹받침은 겹받침을 이루는 두 개의 자음 중 하나로 발음되므로 'ㄱ, ㄴ, ㄷ, ㄹ, ㅁ, ㅂ, ㅇ' 이외의 자음으로 발음될 수 있다.

02 단어의 발음이 올바르지 않은 것은?

① 꿩[꿩]　② 돛[돗]　③ 붓[붇]
④ 잎[입]　⑤ 잠[잠]

03 밑줄 친 단어 중, 표기와 발음이 일치하는 것은?

① 쇠귀에 경 읽기

② 짚신도 제짝이 있다.

③ 백지장도 맞들면 낫다.

④ 가랑비에 옷 젖는 줄 모른다.

⑤ 콩 심은 데 콩 나고 팥 심은 데 팥 난다.

04 밑줄 친 음절의 끝소리가 나머지와 다른 것은?

① 논밭　② 무릎　③ 꽃다발
④ 돋보기　⑤ 붓글씨

05 다음 단어를 보고 나눈 〈보기〉의 대화에서 ㉠에 들어갈 내용을 한 문장으로 쓰시오.

> 낫　낮　낯

보기

학생 선생님, 이 단어들은 어떻게 발음하나요?

선생님 모두 [낟]이라고 발음하면 된단다.

학생 모두 [낟]으로 발음한다고요? 표기는 각각 다른데 왜 발음이 같은 건가요?

선생님 왜냐하면 (　　　㉠　　　)

06 〈보기〉의 밑줄 친 부분을 올바르게 발음한 것은?

보기

　명절날 친척들이 큰집에 모였다. 우리는 마루에 돗자리를 펴고 둘러앉아 팥죽을 먹었다. 할머니께서 사과를 깎아 주셨다. 부엌에서 맛있는 냄새가 났다. 밤에는 다 같이 윷을 던지며 놀았다.

① 돗자리[도짜리]　② 팥죽을[파쭈글]
③ 깎아[까까]　④ 부엌에서[부어게서]
⑤ 윷을[유슬]

고난도
07 겹받침에 대한 설명으로 적절하지 <u>않은</u> 것은?

① 'ㄶ'은 음절의 끝에서 [ㄴ]으로 발음된다.
② 'ㄵ'은 음절의 끝에서 [ㄷ]으로 발음된다.
③ 'ㄼ'과 'ㄿ'은 음절의 끝에서 같은 소리로 발음된다.
④ 음절의 끝에서 겹받침을 이루는 두 개의 자음 중 하나로 발음된다.
⑤ 모음으로 시작하는 조사나 어미와 결합하면 겹받침을 이루는 두 개의 자음이 모두 발음된다.

08 밑줄 친 겹받침의 발음이 〈보기〉와 같지 <u>않은</u> 것은?

┌─── **보기** ───┐
[ㄹ]
└─────────────┘

① 시거든 <u>떫지</u>나 말아야지.
② 기차는 <u>여덟</u> 시에 떠난다.
③ 인생은 <u>짧고</u> 예술은 길다.
④ 세상은 <u>넓고</u> 할 일은 많다.
⑤ 스승의 그림자도 <u>밟지</u> 마라.

신유형 **서술형**
09 〈보기〉 수수께끼의 답을 한 단어로 쓰시오.

┌─────────── **보기** ───────────┐
이 단어는 무엇일까요?

이 단어는 한 음절로 이루어져 있습니다.
↓
이 단어는 여러 환경에서 다음과 같이 발음됩니다.
[암ː], [암ː과], [알ː미], [알ː믈]
└──────────────────────────────┘

10 〈보기〉의 ㉠~㉢의 발음을 바르게 짝 지은 것은?

┌─── **보기** ───┐

화요일인 내일은 전국이 ㉠맑고 기온은 오늘과 비슷하겠습니다. 하늘은 ㉡맑지만 미세 먼지 농도가 높은데요, 수도권 일대는 오후까지 ㉢맑다가 차츰 흐려져 비가 내린다고 하니 외출 시에는 마스크와 우산을 꼭 챙기시기 바랍니다.

└─────────────────┘

	㉠	㉡	㉢
①	[막꼬]	[막찌만]	[막따가]
②	[막꼬]	[말찌만]	[말따가]
③	[말꼬]	[막찌만]	[막따가]
④	[말꼬]	[막찌만]	[말따가]
⑤	[말꼬]	[말찌만]	[말따가]

11 밑줄 친 음절의 공통된 끝소리가 바르게 제시되지 <u>않은</u> 것은?

①	<u>낚</u>시, <u>몫</u>	[ㄱ]
②	<u>앉</u>다, <u>많</u>다	[ㄴ]
③	<u>낱</u>개, <u>핥</u>다	[ㄷ]
④	외<u>곬</u>, <u>닳</u>다	[ㄹ]
⑤	<u>앞</u>치마, <u>읊</u>다	[ㅂ]

04 음운 동화

■ 음운 동화(같을동同 될화化)

한 음운이 인접하는 다른 음운의 성질을 닮아 발음되는 현상

1 비음화(코비鼻 소리음音 될화化)

• 비음이 아닌 음운(ㄱ, ㄷ, ㅂ)이 비음(ㅇ, ㄴ, ㅁ) 앞에서 비음(ㅇ, ㄴ, ㅁ)으로 바뀌어 소리 나는 현상

> ㄱ, ㄷ, ㅂ + ㄴ, ㅁ → ㅇ, ㄴ, ㅁ + ㄴ, ㅁ

예 국물 → [궁물]: ㄱ + ㅁ → ㅇ + ㅁ
파열음 'ㄱ'이 비음 'ㅁ'의 영향으로 소리 나는 위치가 동일한 비음 'ㅇ'으로 바뀜.

• 'ㄹ'이 다른 자음 뒤에서 비음(ㄴ)으로 바뀌어 소리 나는 현상

> 'ㄹ'을 제외한 자음 + ㄹ → 'ㄹ'을 제외한 자음 + ㄴ

예 담력 → [담:녁]: ㅁ + ㄹ → ㅁ + ㄴ
유음 'ㄹ'이 소리 나는 위치가 동일한 비음 'ㄴ'으로 바뀜.

예 백로 → [백노] → [뱅노]: ㄱ + ㄹ → ㄱ + ㄴ → ㅇ + ㄴ
① 유음 'ㄹ'이 소리 나는 위치가 동일한 비음 'ㄴ'으로 바뀜.
② 파열음 'ㄱ'이 비음 'ㄴ'의 영향으로 소리 나는 위치가 동일한 비음 'ㅇ'으로 바뀜.

2 유음화(흐를유流 소리음音 될화化)

유음이 아닌 음운 'ㄴ'이 유음(ㄹ) 앞이나 뒤에서 유음(ㄹ)으로 바뀌어 소리 나는 현상

> ㄹ + ㄴ → ㄹ + ㄹ   ㄴ + ㄹ → ㄹ + ㄹ

예 칼날 → [칼랄]: ㄹ + ㄴ → ㄹ + ㄹ
비음 'ㄴ'이 유음 'ㄹ' 뒤에서 유음 'ㄹ'로 바뀜.

예 신라 → [실라]: ㄴ + ㄹ → ㄹ + ㄹ
비음 'ㄴ'이 유음 'ㄹ' 앞에서 유음 'ㄹ'로 바뀜.

3 구개음화(입구口 덮을개蓋 소리음音 될화化)
60쪽 설명을 참고하세요.

실질 형태소와 형식 형태소가 결합할 때, 실질 형태소의 끝 자음 'ㄷ, ㅌ'이 형식 형태소의 모음 'ㅣ' 앞에서 센입천장소리(ㅈ, ㅊ)로 바뀌어 소리 나는 현상
경구개음

> ㄷ + ㅣ → ㅈ + ㅣ   ㅌ + ㅣ → ㅊ + ㅣ

예 굳이 → [구지]: ㄷ + ㅣ → ㅈ + ㅣ
'ㄷ'이 모음 'ㅣ'가 발음되는 위치와 더 가까운 경구개음 'ㅈ'으로 바뀜.

예 같이 → [가치]: ㅌ + ㅣ → ㅊ + ㅣ
'ㅌ'이 모음 'ㅣ'가 발음되는 위치와 더 가까운 경구개음 'ㅊ'으로 바뀜.

● 음운 동화가 일어나는 이유

음운과 음운이 만날 때 소리 나는 위치가 비슷하거나 소리 내는 방법이 비슷하면 발음하기 쉽고 경제적이기 때문임.
• 비음(ㄴ, ㅁ, ㅇ)과 유음(ㄹ)은 모음의 성격을 닮은 소리로, 다른 자음보다 힘이 셈. 그래서 다른 자음들이 이들과 만나면 비음과 유음으로 바뀜.
• 윗잇몸과 혀끝에서 소리 나는 'ㄷ, ㅌ'이 센입천장 가까이에서 소리 나는 'ㅣ'를 만나면 센입천장과 혀바닥에서 소리 나는 'ㅈ, ㅊ'으로 바뀜.

헷갈리는 1% 채우기

• 구개음화는 언제 일어날까?
구개음화는 실질 형태소와 형식 형태소가 결합할 때에만 일어나요. 다음 경우에는 구개음화가 일어나지 않음을 기억하세요.
• 한 형태소 안에서는 일어나지 않음! 예 마디 → [마디](○), [마지](×) / 잔디 → [잔디](○), [잔지](×)
• 실질 형태소끼리 결합하면 일어나지 않음! 예 밭이랑 → [반니랑](○), [바치랑](×)

음운 교체
비음화, 유음화, 구개음화는 하나의 음운이 다른 음운으로 바뀌어 소리 나는 것이므로, 음운 변동 중 교체에 해당함.

1 비음화

밥물 → [밤물]
ㅂ + ㅁ → ㅁ + ㅁ

궁리 → [궁니]
ㅇ + ㄹ → ㅇ + ㄴ

첫눈 → [천눈] → [천눈]
① ㅅ → ㄷ   ② ㄷ + ㄴ → ㄴ + ㄴ
음절의 끝소리 규칙   비음화

2 유음화

달님 → [달림]
ㄹ + ㄴ → ㄹ + ㄹ

편리 → [펼리]
ㄴ + ㄹ → ㄹ + ㄹ

3 구개음화

미닫이 → [미:다지]
ㄷ + ㅣ → ㅈ + ㅣ

해돋이 → [해도지]
ㄷ + ㅣ → ㅈ + ㅣ

샅샅이 → [삳싸치]
ㅌ + ㅣ → ㅊ + ㅣ

붙이고 → [부치고]
ㅌ + ㅣ → ㅊ + ㅣ

• 밑줄 친 단어의 올바른 발음을 고르시오.

> 잔디를 밟지 마세요.
> [잔디 / 잔지]

1단계 ✔ 개념 확인 문제

1 다음 설명이 맞으면 ○, 틀리면 × 표시를 하시오.

(1) 비음화, 유음화, 구개음화 모두 음운의 교체 현상에 해당한다. ( )

(2) 비음화, 유음화, 구개음화가 일어나면 발음과 표기가 모두 변한다. ( )

(3) 구개음화는 자음과 자음이 만나 비슷한 소리로 바뀌는 현상이다. ( )

(4) 발음을 쉽게 하기 위해 음운 변동이 일어난다. ( )

2 다음 밑줄 친 단어의 발음을 올바르게 쓰시오.

(1) 국물이 맛있다.: [ ]

(2) 너와 내가 함께 걷는 길: [ ]

(3) 달님이 나를 보고 방긋 웃어요.: [ ]

(4) 물체가 낙하하는 것은 중력 때문이다.: [ ]

(5) 새해 첫날 바닷가에서 해돋이를 보았다.: [ ]

3 다음 음운 변동이 일어나는 예를 바르게 연결하시오.

· ㉠ 앞날

(1) 비음화 ·   · ㉡ 종로

· ㉢ 칼날

(2) 유음화 ·   · ㉣ 줄넘기

· ㉤ 맏며느리

4 다음 문장에서 구개음화가 일어나는 부분을 찾아 ○ 표시를 하시오.

(1) 부뚜막에 걸린 솥이 커다랗다.

(2) 굳이 그렇게 할 필요가 있을까?

(3) 그 집은 볕이 잘 들어 무척 환하다.

(4) 책을 샅샅이 읽었지만 그 내용은 찾을 수 없었다.

✓ 어휘로 개념 확인

다음 빈칸에 들어갈 알맞은 말을 쓰시오.

1 음운 [ ][ ] : 한 음운이 인접하는 다른 음운의 성질을 닮아 발음되는 현상

2 [ ][ ]화: 비음이 아닌 음운이 비음으로 바뀌어 소리 나는 현상

3 [ ][ ]화: 'ㄴ'이 유음의 앞이나 뒤에서 유음으로 바뀌어 소리 나는 현상

4 **구개음화**: 실질 형태소의 끝 자음 '[ ], [ ]'이 형식 형태소의 모음 '[ ]' 앞에서 센입

천장소리로 바뀌어 소리 나는 현상

01 음운 동화에 대한 설명으로 적절한 것은?

① 실질 형태소와 형식 형태소가 만날 때에만 일어난다.
② 하나의 음운이 다른 음운으로 바뀌어 표기되는 음운의 교체에 해당한다.
③ 음운이 다른 음운과 만나 비슷하거나 같은 소리로 바뀌어 발음되는 현상이다.
④ 자음과 자음이 만나거나 모음과 모음이 만나 비슷한 소리로 바뀌는 현상이다.
⑤ 다른 음운의 소리 세기에 영향을 받아 예사소리가 된 소리로 바뀌는 현상이다.

02 〈보기〉의 ㉠~㉯ 중, 발음이 올바른 것을 모두 골라 묶은 것은?

> **보기**
>
> 저희 모둠에서는 우리나라 ㉠관광[광광] 명소를 소개하겠습니다. 우선, 서울의 ㉡종로[종노] 거리, ㉢독립문[독님문]이 있고요, 남원의 ㉣광한루[광:할루], 제주도의 ㉤한라산[한나산]과 ㉯백록담[뱅녹땀]도 빠질 수 없는 명소입니다.

① ㉠, ㉡, ㉢   ② ㉡, ㉢, ㉣   ③ ㉡, ㉣, ㉯
④ ㉢, ㉣, ㉯   ⑤ ㉣, ㉤, ㉯

03 〈보기〉와 같은 음운 변동이 일어나는 단어가 아닌 것은?

> **보기**
>
> 앞날 → 압날 → [암날]
>
> | 음절의 끝소리 규칙으로 인한 자음 교체 | 비음화로 인한 자음 교체 |

① 섭리   ② 첫눈   ③ 꽃망울
④ 벚나무   ⑤ 부엌문

04 〈보기〉의 [예시 1]과 [예시 2]에 들어갈 수 있는 단어를 바르게 짝 지은 것은?

> **보기**
>
> | 비음화 | 비음이 아닌 음운이 비음 앞에서 비음으로 바뀌어 소리 나는 현상 | [예시 1] |
> | --- | --- | --- |
> | 유음화 | 'ㄴ'이 유음의 앞이나 뒤에서 유음으로 바뀌어 소리 나는 현상 | [예시 2] |

	[예시 1]	[예시 2]
①	궁리	임금님
②	담력	준비물
③	밟는	줄넘기
④	손가락	찰나
⑤	옷맵시	백로

05 〈보기〉를 참고할 때, 밑줄 친 단어 중에서 동화가 일어나는 방향이 나머지와 다른 것은?

> **보기**
>
> 음운 동화는 동화가 일어나는 방향에 따라 다음과 같이 나뉜다.
> (1) 순행 동화: 앞 음운의 영향으로 뒤 음운의 소리가 바뀜.
> (2) 역행 동화: 뒤 음운의 영향으로 앞 음운의 소리가 바뀜.
> (3) 상호 동화: 앞뒤 음운이 서로 영향을 주고받아 모두 소리가 바뀜.

① 실내 온도가 낮아서 춥다.
② 점심을 먹은 후 이를 닦는다.
③ 엄마는 미닫이를 열고 영희를 불렀다.
④ 휴대하기 편리한 작은 선풍기가 나왔다.
⑤ 차의 옆문이 열리자 아빠의 얼굴이 나타났다.

06 밑줄 친 부분의 발음이 올바른 것은?

① 이 이야기의 끝을[끄츨] 다시 쓰려고 한다.
② 바람이 불어 배의 항로[항로]가 변경되었다.
③ 추위가 그의 손가락 마디[마지]까지 스며들었다.
④ 나이가 들면서 머리숱이[머리수시] 많이 줄었다.
⑤ 피노키오는 거짓말[거:진말]을 하면 코가 길어진다.

07 구개음화가 일어나는 단어를 포함한 문장이 <u>아닌</u> 것은?

① 봉투 위에 우표를 붙이면 된다.
② 네 잘못을 낱낱이 아뢰도록 하여라.
③ 공원에는 봄맞이 나온 사람들이 가득하다.
④ 굳이 시간을 내어서 그를 만날 필요가 있을까?
⑤ 서랍을 샅샅이 뒤져서 잃어버린 반지를 찾았다.

09 다음 단어들의 구개음화 여부를 <보기>의 과정에 따라 판단할 때 ㉮에 들어갈 단어를 모두 쓰시오.

잔디	부디	티끌	여닫이
밭이랑	홑이불	가을걷이	

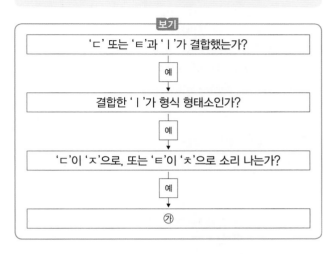

08 다음을 참고하여 <보기>와 같은 음운 변동이 일어나는 이유를 쓰시오.

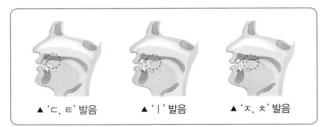

▲ 'ㄷ, ㅌ' 발음　　▲ 'ㅣ' 발음　　▲ 'ㅈ, ㅊ' 발음

┌─────────── 보기 ───────────┐
• "어제 바다에서 해돋이를 봤다."라는 문장에서 '해돋이'는 [해도지]라고 발음된다.
• "부뚜막에 걸려 있는 솥이 정말 크다."라는 문장에서 '솥이'는 [소치]라고 발음된다.
└───────────────────────────┘

10 <보기>의 ⓐ와 ⓑ를 비교한 내용으로 적절한 것은?

┌─────────── 보기 ───────────┐
• 속과 ⓐ겉이 다른 사람이 되어서는 안 된다.
• ⓑ겉만 보고 사람을 판단해서는 안 된다.
└───────────────────────────┘

① ⓐ와 ⓑ 모두 음절의 끝 'ㅌ'이 'ㄷ'으로 바뀌어 소리 난다.
② ⓐ와 ⓑ 모두 자음과 자음이 만나 음운 변동이 일어난다.
③ ⓐ와 ⓑ 모두 비음화가 일어나서 'ㅌ'이 'ㄴ'으로 바뀌어 소리 난다.
④ ⓐ는 구개음화가 일어나고, ⓑ는 비음화가 일어난다.
⑤ ⓐ는 [거티]로 소리 나고, ⓑ는 [건만]으로 소리 난다.

05 음운 축약, 탈락, 첨가

■ 음운 축약 (줄일축縮 묶을약約)

두 음운이 합쳐져서 하나의 음운으로 줄어 소리 나는 현상

❶ 자음 축약

예사소리 'ㄱ, ㄷ, ㅂ, ㅈ'이 'ㅎ'과 합쳐져 거센소리 'ㅋ, ㅌ, ㅍ, ㅊ'으로 소리 나는 현상

예 국화 → [구콰], 많다 → [만타], 잡히다 → [자피다], 옳지 → [올치]
　ㄱ+ㅎ→ㅋ　　ㅎ+ㄷ→ㅌ　　ㅂ+ㅎ→ㅍ　　ㅎ+ㅈ→ㅊ

❷ 모음 축약

두 모음이 만나 하나의 모음이 되는 현상

예 사이 → 새[새:], 보이다 → 뵈다[뵈:다], 누이다 → 뉘다[뉘:다]
　ㅏ+ㅣ→ㅐ　　ㅗ+ㅣ→ㅚ　　ㅜ+ㅣ→ㅟ

■ 음운 탈락 (벗을탈脫 떨어질락落)

두 형태소가 만나면서 한 음운이 사라지는 현상

❶ 자음 탈락

'ㄹ' 탈락	'ㄹ'로 끝나는 형태소와 다른 형태소가 결합할 때 'ㄹ'이 탈락하는 현상 예 울- + -는 → 우는[우:는], 버들 + 나무 → 버드나무[버드나무], 바늘 + -질 → 바느질[바느질] 　어간+어미　　어근+어근 → 합성어　　　　　어근+접사 → 파생어
'ㅎ' 탈락	'ㅎ'으로 끝나는 어간이 모음으로 시작하는 어미나 접사와 결합할 때 'ㅎ'이 탈락하는 현상 예 낳- + -아서 → [나아서], 쌓- + -이- + -다 → [싸이다] ↗ 표기 미반영

❷ 모음 탈락

'ㅏ/ㅓ' 탈락	'ㅏ/ㅓ'로 끝나는 어간이 'ㅏ/ㅓ'로 시작하는 어미와 결합할 때 'ㅏ/ㅓ'가 탈락하는 현상 예 가- + -아서 → 가서[가서], 건너- + -어서 → 건너서[건:너서]
'一' 탈락	'一'로 끝나는 어간이 'ㅏ/ㅓ'로 시작하는 어미와 결합할 때 '一'가 탈락하는 현상 예 고프- + -아서 → 고파서[고파서], 쓰- + -어서 → 써서[써서]

■ 음운 첨가 (더할첨添 더할가加)

두 음운이 만나면서 원래 없던 음운이 새로이 덧붙는 현상

❶ 'ㄴ' 첨가 54쪽 설명을 참고하세요.

합성어나 파생어에서 앞말이 자음으로 끝나고 뒷말의 첫 음절이 'ㅣ, ㅑ, ㅕ, ㅛ, ㅠ'일 때 뒷말의 초성 자리에 'ㄴ'을 첨가하여 [니, 냐, 녀, 뇨, 뉴]로 발음하는 현상

예 솜 + 이불 → [솜:니불], 맨- + 입 → [맨닙]

---

❶ 자음 축약

옷하고 신발을 사러 갔는데 옷 가
옷하고 → [올하고] → [오타고]

게의 문이 닫히었다.
닫히었다 → [다티얻따] → [다치얻따]

❷ 모음 축약

애가 찬 바람을 쐬어 감기에 걸
아이 → 애[애:]　쏘이 → 쐬[쐬:]

렸다.

❶ 자음 탈락

딸 + -님 → 따님[따님]
음운 수: 6개 → 5개

따님은 우리 대학이 낳은 천재
과학자입니다. 낳- + -은 → [나은]
표기는 '낳은'임을 주의!

❷ 모음 탈락

가- + -았- + -다 → 갔다[갇따]
아파도 학교에 갔다.
아프- + -아도 → 아파도[아파도]

❶ 'ㄴ' 첨가

한- + 여름 → [한녀름]
한여름에도 밭일을 하러 나간다.
밭 + 일 → [받일] → [받닐] → [반닐]

헷갈리는 1% 채우기

• 축약과 탈락 구별

축약과 탈락 모두 음운의 수가 줄어든다는 공통점이 있지만 축약과 탈락은 달라요.
XabY → XcY이면 축약, XabY → XaY이면 탈락임을 기억하세요! 예 좋고[조:코] – 축약, 좋아[조:아] – 탈락
겹받침 'ㄶ, ㅀ'의 경우 'ㅎ'이 뒤의 자음과 합쳐져 거센소리로 '축약'될 수도 있고, 모음으로 시작하는
어미나 접사 앞에서는 'ㅎ'이 '탈락'될 수도 있어요. 예 앓고[알코] – 축약, 앓아[아라] – 탈락

• 음운 탈락이 일어나는 단어에 ○ 표
시를 하시오.

> 국화, 뵈다, 낳다, 쌓이다

1 다음 설명이 맞으면 ○, 틀리면 × 표시를 하시오.

(1) 두 개의 음운이 하나로 줄어들 때, 음절의 수도 항상 줄어든다. ( )

(2) 'ㄱ'과 'ㅎ'이 합쳐지면 'ㅋ'으로 축약된다. ( )

(3) 모음 축약은 실질 형태소와 실질 형태소가 만날 때 일어난다. ( )

(4) 'ㄹ' 탈락은 발음과 표기에 모두 반영된다. ( )

(5) 'ㅎ' 탈락은 어간이 모음으로 시작하는 어미나 접사와 결합할 때 일어난다. ( )

(6) 'ㄴ' 첨가는 파생어를 만들 때 앞말의 받침에 'ㄴ'을 첨가하여 'ㄴ'이 덧붙어 소리 나는 현상이다. ( )

2 다음 음운 변동이 일어나는 예를 바르게 연결하시오.

(1) 음운 축약 ·

        · ㉠ 국화

        · ㉡ 좋아서

        · ㉢ 앉히다

(2) 음운 탈락 ·

        · ㉣ 홑이불

        · ㉤ 따님

(3) 음운 첨가 ·

        · ㉥ 눈요기

3 다음 형태소가 결합한 단어의 표기와 발음을 쓰시오.

(1) 옳– + –지 → _____ [   ]

(2) 빨갛– + –고 → _____ [   ]

(3) 바늘 + –질 → _____ [   ]

(4) 닿– + –으면 → _____ [   ]

(5) 자라– + –아서 → _____ [   ]

(6) 끄– + –어서 → _____ [   ]

(7) 맨– + 입 → _____ [   ]

✅ **어휘로 개념 확인**

다음 빈칸에 들어갈 알맞은 말을 쓰시오.

1 음운 ☐☐ : 두 음운이 합쳐져서 하나의 음운으로 줄어 소리 나는 현상

2 **자음 축약**: 예사소리가 'ㅎ'과 합쳐져 ☐☐☐☐ (으)로 소리 나는 현상

3 ☐☐ **축약**: 두 모음이 만나 하나의 모음이 되는 현상

4 음운 ☐☐ : 두 형태소가 만나면서 한 음운이 사라지는 현상

5 음운 ☐☐ : 두 음운이 만나면서 원래 없던 음운이 새로이 덧붙는 현상

01 밑줄 친 단어 중, 〈보기〉에서 설명하는 음운 변동이 일어나지 <u>않는</u> 것은?

> **보기**
>
> 음운 축약 중에는 자음과 자음이 만나 하나의 자음으로 줄어서 소리 나는 자음 축약이 있다. 예를 들어 'ㄱ, ㄷ, ㅂ, ㅈ'이 'ㅎ'과 만나면 거센소리 'ㅋ, ㅌ, ㅍ, ㅊ'으로 줄어서 소리 난다.

① 하늘이 <u>파랗고</u> 높다.
② 꽃병에 꽃이 <u>꽂혀</u> 있다.
③ 내 <u>고향</u>은 바닷가 마을이다.
④ 내일이면 중학교에 <u>입학</u>한다.
⑤ 문익점이 <u>목화</u>씨를 고려에 가져왔다.

02 〈보기〉의 단어에 대한 설명으로 적절하지 <u>않은</u> 것은?

> **보기**
>
> 좁히다

① 표기를 기준으로 음운의 수는 7개이다.
② 발음을 기준으로 음운의 수는 6개이다.
③ 발음할 때 음운이 탈락하는 현상이 나타난다.
④ 두 개의 음운이 만나 하나의 음운으로 발음된다.
⑤ '놓고'를 [노코]로 발음하는 것과 동일한 음운 변동이 일어난다.

서술형
03 다음을 참고하여 〈보기〉에서 잘못 표기된 부분을 모두 찾아 바르게 고쳐 쓰시오.

> 두 모음이 만나 하나의 모음으로 줄어들 때도 있다. 예를 들어 'ㅏ'와 'ㅣ'가 'ㅐ'로 줄어들거나 'ㅗ'와 'ㅣ'가 'ㅚ'로 줄어들기도 한다. 이렇게 모음이 줄어들 때는 준 대로 적는다.

> **보기**
>
> 오늘 산에 갔다가 벌집을 보았다. 신기한 마음에 손을 뻗었는데 눈 깜짝할 세에 벌이 달려들었다. 결국 벌에 쐬어 손이 퉁퉁 부었다.

_____ → _____

04 〈보기〉의 밑줄 친 단어와 같은 음운 변동이 일어난 단어를 포함한 문장으로 적절한 것은?

> **보기**
>
> 나는 눈이 잘 <u>뵈어서</u> 안경을 쓸 필요가 없어.

① 그녀는 정말 예뻤다.
② 환자를 수술대에 뉘었다.
③ 소나무는 언제나 푸르다.
④ 바느질로 단추를 달았다.
⑤ 이것은 아기가 우는 소리이다.

05 두 형태소가 결합할 때 일어나는 음운 변동을 잘못 정리한 것은?

	형태소 결합 과정	탈락한 음운
①	가- + -아서 → [가서]	ㅏ
②	바늘 + -질 → [바느질]	ㄹ
③	건너- + -어서 → [건ː너서]	ㅓ
④	넣- + -어서 → [너어서]	ㅓ
⑤	고프- + -아서 → [고파서]	ㅡ

고난도
06 밑줄 친 단어 중, 〈조건〉을 모두 만족하는 것은?

> **조건**
>
> • 음운 변동 전과 후의 음운 수가 다르다.
> • 하나의 음운이 완전히 사라진다.
> • 음운 변동이 표기에는 반영되지 않는다.

① 우리 소가 새끼를 <u>낳았다</u>.
② 고개를 <u>젖히고</u> 하늘을 봐.
③ 무럭무럭 건강하게 <u>자라라</u>.
④ <u>버드나무</u> 아래에서 만나자.
⑤ 우리가 사는 지구는 <u>둥급니다</u>.

07 밑줄 친 부분에서 일어나는 음운 변동이 나머지와 다른 것은?

① 우리 형제 중 내가 맏−+형이다.
② 어머니는 김치를 담그− + −아 드셨다.
③ 처음 먹어 본 음식이지만 싫− + −지 않았다.
④ 줄넘기가 꼬− + −이− + −어 풀리지 않는다.
⑤ 사냥감과의 거리를 좁− + −히− + −고 화살을 당겼다.

서술형
08 〈보기〉의 밑줄 친 부분을 발음할 때 공통으로 첨가되는 음운을 쓰시오.

> **보기**
> 한여름에 누가 솜이불을 덮고 자겠어.

09 밑줄 친 단어 중, 〈보기〉에서 설명하는 음운 변동이 일어나지 <u>않는</u> 것은?

> **보기**
> 형태소가 결합할 때 두 음운이 만나면서 원래 없던 음운이 덧붙어서 소리 난다.

① 이 도시는 교육열이 높다.
② 꽃잎마다 이슬이 맺혀 있다.
③ 색연필로 그린 그림이 화려하다.
④ 영서가 손으로 가리키는 곳에 준기가 있었다.
⑤ 넘어져서 다친 곳을 소독약으로 씻고 연고를 발랐다.

신유형
10 〈보기〉를 참고하여 음운 변동을 설명한 내용으로 적절하지 <u>않은</u> 것은?

> **보기**
>
> | 음운 변동 이전 | | 음운 변동 이후 | |
> |---|---|---|---|
> | XabY | → | XcY | … ㉠ |
> | XabY | → | XaY | … ㉡ |
> | XabY | → | XacbY | … ㉢ |

① '똑똑히[똑또키]'는 'ㄱ'과 'ㅎ'이 만나서 'ㅋ'으로 축약되므로 ㉠에 해당한다.
② '애[애:]'는 '아이'에서 두 개의 모음이 하나의 모음으로 축약된 것이므로 ㉠에 해당한다.
③ '마소[마소]'는 '말'과 '소'가 만나서 'ㄹ'이 탈락된 것이므로 ㉡에 해당한다.
④ '좋아서[조:아서]'와 '좋고[조:코]'는 모두 'ㅎ'이 탈락된 것이므로 ㉡에 해당한다.
⑤ '두통약[두통냑]'은 '두통'과 '약'이 만나서 'ㄴ'이 첨가되므로 ㉢에 해당한다.

11 〈보기〉의 ㉠~㉢에서 일어나는 음운 변동을 설명한 내용으로 적절하지 <u>않은</u> 것은?

> **보기**
> 새가 ㉠우니, ㉡국화 ㉢꽃잎 떨어지네.

① ㉠은 '울− + −니'에서 'ㄹ'이 탈락한 것이다.
② ㉡은 음운 변동 후 음운의 수가 줄어들고, ㉢은 음운 변동 후 음운의 수가 늘어난다.
③ ㉢은 새로운 소리가 첨가되어 발음된다.
④ ㉠~㉢ 모두 발음과 표기가 일치한다.
⑤ ㉠~㉢ 모두 발음을 쉽게 하려는 과정에서 음운 변동이 일어난다.

01 음운 변동에 대한 설명으로 적절하지 <u>않은</u> 것은?

① 모음과 모음 사이에서는 일어나지 않는다.
② 자음이 모음의 영향을 받아 다른 소리로 바뀌기도 한다.
③ 음운 사이에 새로운 음운이 첨가되어 발음되기도 한다.
④ 자음과 자음이 만나 하나의 자음으로 줄어들어 발음되기도 한다.
⑤ 음운이 놓인 환경에 따라 발음하기 쉽게 변화가 일어나는 것이다.

고난도

02 〈보기〉를 바탕으로, 각 단어를 발음할 때 일어나는 음운 변동을 바르게 설명한 것은?

> **보기**
>
> 음운 변동은 다음과 같이 나눌 수 있다.
>
> | ㉠ 교체 | 한 음운이 다른 음운으로 바뀜. |
> | ㉡ 축약 | 두 음운이 합쳐져서 하나의 음운으로 줄어듦. |
> | ㉢ 탈락 | 한 음운이 사라짐. |
> | ㉣ 첨가 | 없던 음운이 새롭게 나타남. |

① '알약'은 ㉣의 음운 변동이 일어나서 [알냑]이라고 발음된다.
② '꽃망울'은 ㉣의 음운 변동이 일어나서 [꼰망울]이라고 발음된다.
③ '풀잎'은 ㉠과 ㉣의 음운 변동이 일어나서 [풀립]이라고 발음된다.
④ '노랗다'는 ㉡과 ㉢의 음운 변동이 일어나서 [노:라타]라고 발음된다.
⑤ '박하사탕'은 ㉠과 ㉢의 음운 변동이 일어나서 [바카사탕]이라고 발음된다.

---

03 〈보기〉의 ㉠~㉤ 중, 받침의 발음을 바르게 설명한 것은?

> **보기**
>
> • 음절의 끝에 'ㄱ, ㄴ, ㄷ, ㄹ, ㅁ, ㅂ, ㅇ' 이외의 자음이 오면 이 일곱 개의 자음 중 하나로 바뀌어 발음된다.
>
> > ㉠ 부엌: 'ㅋ'이 [ㄱ]으로 교체되어 [부억]으로 발음됨.
> > ㉡ 낫, 낮, 낯: 받침소리가 모두 [ㅅ]으로 교체되어 [낫]으로 발음됨.
>
> • 홑받침이나 쌍받침 뒤에 모음으로 시작하는 조사나 어미가 이어질 때 받침이 뒤 음절의 첫소리로 옮겨져서 발음된다.
>
> > ㉢ 깎아서: 쌍받침 'ㄲ'이 뒤 음절의 첫소리로 옮겨져 [까가서]로 발음됨.
> > ㉣ 무릎이: 홑받침 'ㅂ'이 뒤 음절의 첫소리로 옮겨져 [무르비]로 발음됨.
>
> • 겹받침은 음절의 끝에서 겹받침을 이루는 두 개의 자음 중 하나로 발음된다.
>
> > ㉤ 닭발: 겹받침 'ㄺ' 중 'ㄹ'만 남아 [달발]로 발음됨.

① ㉠   ② ㉡   ③ ㉢   ④ ㉣   ⑤ ㉤

---

04 〈보기〉의 ㉠과 ㉡에 들어갈 내용을 알맞게 짝 지은 것은?

> **보기**
>
> **선생님** '바깥문을 닫아라.'의 '바깥문'은 두 가지 음운 변동이 일어납니다. 먼저, '바깥문'은 음절의 끝소리 규칙에 따라 [㉠]으로 바뀝니다. 그리고 (㉡)에 의해 [바깐문]으로 발음됩니다.

	㉠	㉡
①	바깟문	유음화
②	바깐문	비음화
③	바깐문	구개음화
④	바깍문	음운 축약
⑤	바까문	음운 탈락

05 다음 원리를 적용하여 발음해야 하는 단어로 알맞은 것은?

> | 2015 중3 학업성취도평가 |

> ☆ '한류'의 발음
> • 한류 [한뉴] (×)
> • 한류 [할류] (○)
> ┌ '한'의 끝소리 'ㄴ'과 '류'의 첫소리 'ㄹ'이 만남.
> ├ 'ㄴ'은 비음이고 'ㄹ'은 유음임.
> ├ 'ㄴ'이 유음과 만나면 유음으로 바뀌어 소리 남.
> └ [할류]로 발음해야 함.

① 진리 ② 협력 ③ 항로 ④ 백로 ⑤ 남루

06 밑줄 친 부분에서 일어나는 음운 변동이 나머지와 다른 것은?

① 궁리 끝에 해결책을 찾았다.
② 이 일은 담력 없이는 할 수 없다.
③ 그는 국물 한 방울 남기지 않았다.
④ 그의 태도는 언제나 늠름하고 자신만만했다.
⑤ 눈요기 삼아 놓아 둔 장난감을 누군가 가져갔다.

서술형
07 〈보기〉의 ㉠과 ㉡에 들어갈 음운 변동을 각각 쓰시오.

> ───────── 보기 ─────────
> 닫히다 → [다티다] → [다치다]
>   ┌─────┐   ┌─────┐
>   │ ㉠ │   │ ㉡ │
>   └─────┘   └─────┘

• ㉠: _____
• ㉡: _____

08 밑줄 친 단어 중, 〈보기〉와 같은 음운 변동이 일어나는 것은?

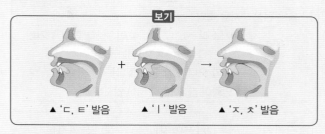

▲ 'ㄷ, ㅌ' 발음   ▲ 'ㅣ' 발음   ▲ 'ㅈ, ㅊ' 발음

① 밭이랑에 옥수수를 심었다.
② 어머니, 부디 몸조심하십시오.
③ 엄마는 아이를 침대에 눕혔다.
④ 사건의 진상을 샅샅이 알아냈다.
⑤ 티끌 하나 없이 깨끗하게 청소를 했다.

신유형
09 〈보기〉의 빈칸에 들어갈 내용으로 적절한 것은?

> ───────── 보기 ─────────
> 최근 케이 팝(K-POP)이 세계적으로 인기를 끌면서 한국 대중가요를 따라 부르며 우리말을 배우는 외국인이 늘어나고 있다. 그런데 대중가요를 듣다 보면, 다음과 같이 우리말을 잘못 발음하는 경우가 있다.
>
> > "여행의 끝은[끄츤] 아직 먼 얘기……"
> > "아무런 약속 없이 넌 내 곁을[겨츨] 떠나……"
> > "끝을[끄츨] 모르게 빨리 달리고 싶어……"
>
> '끝은', '곁을', '끝을'의 정확한 발음은 [끄튼], [겨틀], [끄틀]이다. 그런데 왜 'ㅌ'을 'ㅊ'으로 발음하는 것일까? 이는 (   ) 때문이다.

① 두 음운이 결합하면서 하나의 음운이 탈락하는 현상을 적용하지 않았기
② 두 음운이 만나면서 원래 없던 소리가 첨가되는 현상을 잘못 적용하였기
③ 'ㄷ'과 'ㅎ'이 만나서 'ㅌ'으로 줄어들어 발음되는 현상을 적용하지 않았기
④ 'ㅌ'이 'ㅣ'와 만날 때 'ㅊ'으로 바뀌어 발음되는 구개음화를 잘못 적용하였기
⑤ 'ㅌ'이 음절의 끝에 올 때 'ㄷ'으로 바뀌어 발음되는 음절의 끝소리 규칙을 적용하지 않았기

| 2016 중3 학업성취도평가 |

10 〈보기〉의 빈칸에 들어갈 발음으로 옳은 것은?

보기

음운 현상	자음 축약
개념	예사소리 'ㄱ, ㄷ, ㅂ, ㅈ'이 'ㅎ'과 합쳐져 거센소리 'ㅋ, ㅌ, ㅍ, ㅊ'이 되는 현상
예	• 네가 오니까 참 좋다[조타]. • 연락이 끊기지(　　　) 않도록 해.

① [끈키지]　　② [끈이지]　　③ [끈끼지]
④ [끈기지]　　⑤ [끈히지]

11 〈보기〉의 밑줄 친 두 단어에서 공통으로 일어난 음운 변동으로 알맞은 것은?

보기

늘 푸른 <u>소나무</u>를 보며 시 한 수를 <u>썼다</u>.

① 유음화　　② 구개음화　　③ 음운 축약
④ 음운 탈락　　⑤ 음절의 끝소리 규칙

12 〈보기〉를 통해 음운 변동을 이해한 내용으로 적절하지 <u>않은</u> 것은?

보기

딸 + -님 → 따님[따님]　　울- + -는 → 우는[우:는]

낳- + -아 → 낳아[나아]　　놓- + -아서 → 놓아서[노아서]

크- + -어 → 케[커]　　쓰- + -어서 → 써서[써서]

① 'ㄹ' 탈락은 발음과 표기에 모두 반영된다.
② 'ㅎ' 탈락은 발음에는 반영되지만 표기에는 반영되지 않는다.
③ 두 형태소가 결합하면서 자음 'ㄹ'이나 'ㅎ'이 사라지기도 한다.
④ 형태소와 형태소가 만나는 과정에서 음운의 수가 줄어들기도 한다.
⑤ 'ㅡ'로 끝나는 어간과 모음으로 시작하는 어미가 결합할 때 어미의 모음이 탈락한다.

13 다음을 참고하여 〈보기〉의 ㉠과 ㉡에서 일어난 음운 변동의 차이를 쓰시오.

학생 선생님, 두 음운이 만나면 음운이 교체되거나 축약되거나 탈락되기도 하잖아요. 이런 현상을 구분하는 것이 너무 어려워요.

선생님 다음 방법을 적용해 보자.

* 변동 전과 변동 후의 음운 수를 세어 보자!

변동 후에 음운의 수가 줄었으면 음운의 축약이나 탈락이야.

* 다음 공식을 적용해 보자.

XabY → XcY　　　　XabY → XaY

두 음운이 하나의 음운으로 줄어들었으면 축약, 두 음운 중 하나의 음운이 사라졌으면 탈락이야.

보기

• 담쟁이덩굴이 담장에 ㉠꾀어(꼬- + -이- + -어 → 꾀어[꾀어]) 올라간다.
• 김치를 ㉡담가(담그- + -아 → 담가[담가]) 먹는다.

_____

_____

14 다음에서 일어나는 음운 변동을 〈보기〉에서 모두 골라 묶은 것은?

홑이불 → [혿이불] → [혿니불] → [혼니불]

보기

㉠ 음절의 끝소리 규칙	㉡ 비음화	㉢ 유음화
㉣ 음운 축약	㉤ 음운 탈락	㉥ 음운 첨가

① ㉠, ㉡, ㉥　　　　　　② ㉠, ㉢, ㉥
③ ㉡, ㉢, ㉥　　　　　　④ ㉢, ㉣, ㉤
⑤ ㉣, ㉤, ㉥

고난도

15 다음 ㉠~㉤에 대한 설명으로 적절하지 <u>않은</u> 것은?

> 봄볕을
> ㉠접었다 폈다 하면서
> 나비 날아간다
> 나비 겨드랑이에 ㉡들어갔던
> ㉢봄볕이
> 납작 ㉣접혀서 나온다
> 나비는 재미있어서 자꾸만
> ㉤봄볕 접기 놀이를 한다
>
> ― 김철순, 「나비」

① ㉠에서 'ㅂ'은 뒤 음절 첫소리로 옮겨 발음되고 'ㅆ'은 음절의 끝소리 규칙에 따라 'ㄷ'으로 발음된다.

② ㉡에서 '가-'와 '-았-'이 만나면서 'ㅏ'가 탈락했음을 알 수 있다.

③ ㉢은 구개음화가 일어나 [봄뼈치]로 발음되며, ㉤은 음절의 끝소리 규칙에 따라 [봄뼏]으로 발음된다.

④ ㉣은 'ㅂ'과 'ㅎ'이 만나서 'ㅍ'으로 줄어들어 [저펴서]로 발음된다.

⑤ ㉠, ㉡, ㉣은 음운 변동이 발음과 표기에 모두 반영되어 나타난다.

| 2018 6월 고1 학력평가 |

16 〈보기〉는 음운 변동에 대한 선생님의 설명이다. 질문에 대한 답으로 적절한 것은?

> ━━━ 보기 ━━━
>
> **선생님** 음운 변동은 결과에 따라 한 음운이 다른 음운으로 바뀌는 교체, 두 개의 음운이 하나의 음운으로 합쳐지는 축약, 두 개의 음운 중 하나의 음운이 없어지는 탈락, 원래 없던 음운이 새로 덧붙는 첨가가 있습니다.
> 　다음 '잡일'과 동일한 음운 변동 과정이 일어나는 단어는 무엇일까요?
>
> 　　잡일 → [잡닐] → [잠닐]
> 　　　　　첨가　　　교체

① 법학[버팍]　　　② 담요[담:뇨]
③ 국론[궁논]　　　④ 색연필[생년필]
⑤ 한여름[한녀름]

✔ 수능 기출 　　　2018학년도 수능

17 〈보기〉의 음운 변동을 분석한 것으로 적절하지 <u>않</u>은 것은?

> ━━━ 보기 ━━━
>
> ㉠ 흙일 → [흥닐]
> ㉡ 닳는 → [달른]
> ㉢ 발야구 → [발랴구]

① ㉠~㉢은 각각 2회 이상의 음운 변동이 일어났다.

② ㉠~㉢에 공통적으로 일어난 음운 변동은 첨가이다.

③ 음운 변동의 결과 음운의 개수에 변화가 없는 것은 ㉠이다.

④ ㉡과 ㉢에서 일어난 음운 변동의 횟수는 같다.

⑤ ㉢에서 첨가된 음운은 ㉠에서 첨가된 음운과 같다.

✔ 유형 분석　사례를 통한 음운 변동의 이해

✔ 이렇게 풀어 봐!　㉠~㉢에서 어떤 음운 변동이 일어났는지 파악해 봐! 음운 변동이 한 번만 일어나는 것이 아니라 2회 이상 일어날 수 있으니 단계적으로 파악한 후 선지의 내용과 비교하는 게 좋겠지. 음운의 개수를 셀 때에는 주의할 점이 있어. 겹받침은 두 개의 음운을 각각 센다는 것을 기억해! 예를 들어 'ㄺ'의 경우 음운의 수는 'ㄹ'과 'ㄱ' 두 개란다. 자, 이제 차분히 문제를 풀며 답을 찾아보자.

■ 체언 (몸체體 말씀언름)

● **개념** 동작이나 상태의 주체가 되는 말로, '명사', '대명사', '수사'가 이에 해당함.

● **특징**
· 문장에서 주로 주어, 목적어, 보어로 쓰임. ┌86쪽 설명을 참고하세요.
· 형태가 변하지 않음.(활용하지 않음.)
· 조사와 결합할 수 있음.
  └52쪽 설명을 참고하세요.

❶ 명사 (이름명名 말씀사詞)

사람이나 사물의 이름을 나타내는 단어

사용 범위에 따라	보통 명사	어떤 속성을 지닌 대상의 이름에 두루 쓰이는 명사	예 나무, 꽃, 바람, 학교, 집, 사랑
	고유 명사	특정하거나 유일한 대상의 이름을 나타내는 명사	예 이순신, 한라산, 대한민국
자립성 여부에 따라	자립 명사	다른 말의 도움 없이 홀로 쓰일 수 있는 명사	예 사람, 책, 노을, 커피
	의존 명사	앞에 꾸미는 말이 와야만 쓰일 수 있는 명사	예 것, 뿐, 이(사람), 데(장소), 따름, 개(수량), 명(사람 수)

❷ 대명사 (대신할대代 이름명名 말씀사詞)

사람이나 사물, 장소의 이름을 대신하여 가리키는 단어

인칭 대명사	사람의 이름을 대신하여 가리키는 대명사	예 나, 저, 우리, 저희, 너, 당신, 여러분, 너희, 그, 그이, 이분, 저분, 누구, 아무
지시 대명사	사물, 장소의 이름을 대신하여 가리키는 대명사	예 이것, 그것, 저것, 무엇, 여기, 거기, 저기, 어디

(예 옆 표시: 1인칭, 2인칭, 3인칭)

❸ 수사 (셈수數 말씀사詞)

수량이나 순서를 나타내는 단어

양수사	수량을 나타내는 수사	예 하나, 둘, 셋, 일, 이, 삼
서수사	순서를 나타내는 수사	예 첫째, 둘째, 셋째, 제일, 제이, 제삼

품사
단어를 일정한 기준에 따라 성질이 공통된 것끼리 모아 갈래지어 놓은 것

형태	기능	의미
불변어 (형태가 변하지 않는 단어)	체언	명사, 대명사, 수사
	수식언	관형사, 부사
	관계언	조사
	독립언	감탄사
가변어 (형태가 변하는 단어)	용언	동사, 형용사

서술격 조사 '이다'는 예외적으로 활용을 함.

❶ 명사의 종류

철수가 학교에 가지고 온 것은
고유 명사, 보통 명사, 보통 명사,
자립 명사 자립 명사 의존 명사

제주도에서 산 귤 두 개였다.
고유 명사, 보통 명사, 보통 명사,
자립 명사 자립 명사 의존 명사

❷ 대명사의 종류

은서가 사과를 주었다.
나는 그것을 맛있게 먹었다.
인칭 대명사 지시 대명사

❸ 수사의 종류

준이가 첫째로 학교에 도착해
          서수사
선물 하나를 받았다.
      양수사

· 수사와 수 관형사, 대명사와 지시 관형사 구별

체언인 수사와 대명사는 조사와 결합할 수 있지만 뒤에 오는 체언을 꾸며 주는 관형사는 조사와 결합할 수 없어요. 따라서 조사와 결합할 수 있으면 수사, 조사와 결합할 수 없으면 수 관형사입니다. 마찬가지로 조사와 결합할 수 있으면 대명사, 조사와 결합할 수 없으면 지시 관형사라는 것 기억하세요!

예 둘에 셋을 더하면 <u>다섯</u>이다.: '다섯'은 수사   <u>다섯</u> 개의 사과: '다섯'은 수 관형사
<u>이</u>보다 좋을 수 없다.: '이'는 대명사   <u>이</u> 아이는 참 예쁘다.: '이'는 지시 관형사

· 밑줄 친 단어의 품사를 쓰시오.

· <u>그</u>는 착하다. → (   )
· <u>그</u> 사람은 착하다. → (   )

답 대명사, 관형사

1단계 ✔ 개념 확인 문제

1 다음 설명이 맞으면 ○, 틀리면 × 표시를 하시오.

(1) 문장에서 단어가 어떤 기능을 하는지에 따라 가변어와 불변어로 나눌 수 있다.

( )

(2) 체언은 문장에서 형태가 변하지 않으며, 주로 주어, 목적어, 보어로 쓰인다. ( )

(3) 체언 중에서 조사와 결합할 수 있는 것은 명사뿐이다. ( )

2 다음 품사에 해당하는 예를 바르게 연결하시오.

(1) 고유 명사 ·   · ㉠ 학교, 연필, 사람

(2) 보통 명사 ·   · ㉡ 것, 뿐, 따름

(3) 자립 명사 ·   · ㉢ 산, 강, 마을

(4) 의존 명사 ·   · ㉣ 신사임당, 에디슨, 부산

3 다음 단어를 제시된 설명에 따라 구분하시오.

> 너희   어디   저것   그분   여기   나   아무

(1) 사람의 이름을 대신하여 가리키는 대명사: ＿＿＿＿＿＿＿＿＿＿＿

(2) 사물이나 장소의 이름을 대신하여 가리키는 대명사: ＿＿＿＿＿＿＿＿＿

4 다음 문장에서 수사를 모두 찾아 쓰시오.

> 셋째가 얼른 가서 가위 하나와 풀 두 개를 가지고 오너라.   ⬜

⚙ 어휘로 개념 확인

다음 빈칸에 들어갈 알맞은 말을 쓰시오.

1 ⬜⬜ : 단어를 일정한 기준에 따라 성질이 공통된 것끼리 갈래지어 놓은 것

2 ⬜⬜ : 동작이나 상태의 주체가 되는 말로, 형태가 변하지 않음.

3 ⬜⬜⬜ : 특정하거나 유일한 대상의 이름을 나타내는 명사

4 ⬜⬜⬜ : 홀로 쓰일 수 없고, 앞에 꾸미는 말이 와야만 쓰일 수 있는 명사

5 수사에는 ⬜⬜ 을/를 나타내는 양수사와 ⬜⬜ 을/를 나타내는 서수사가 있음.

01 품사에 대한 설명으로 적절하지 <u>않은</u> 것은?

① 의미를 기준으로 8가지로 나눌 수 있다.
② 형태 변화 여부에 따라 두 가지로 나눌 수 있다.
③ 단어를 일정한 기준에 따라 갈래지어 놓은 것이다.
④ 같은 품사에 해당하는 단어들은 공통된 성질을 가지고 있다.
⑤ 문장에서 주로 어떤 기능을 하느냐에 따라 체언, 용언, 수식언, 관계언, 독립언으로 나눌 수 있다.

02 〈보기〉의 품사를 형태 변화 여부에 따라 알맞게 분류한 것은?

> **보기**
> 명사   관형사   동사   감탄사   형용사

	형태가 변하는 것	형태가 변하지 않는 것
①	명사, 동사, 형용사	관형사, 감탄사
②	관형사, 동사, 감탄사	명사, 형용사
③	동사, 형용사	명사, 관형사, 감탄사
④	명사, 관형사	동사, 감탄사, 형용사
⑤	동사, 감탄사	명사, 관형사, 형용사

03 〈보기〉에 대한 대답으로 적절하지 <u>않은</u> 것은?

> **보기**
> 선생님 오늘 수업 시간에 배운 '체언'에 대해 정리해 보겠습니다. 누가 발표해 볼까요?

① 체언은 문장에서 주체가 되는 말입니다.
② 명사, 대명사, 수사가 체언에 해당합니다.
③ 체언은 문장 안에서 형태가 변하기도 합니다.
④ 체언은 문장에서 주로 주어, 목적어, 보어로 쓰입니다.
⑤ 체언은 홀로 쓰일 수도 있고, 조사와 결합할 수도 있습니다.

04 〈보기〉 단어들의 공통점으로 적절한 것은?

> **보기**
> 모자   백두산   우유   사랑

① 반드시 앞에 꾸며 주는 말이 필요하다.
② 유일한 대상의 이름을 나타내는 말이다.
③ 문장에서 주로 주어, 목적어, 보어로 쓰인다.
④ 어떤 대상의 이름을 대신하여 가리키는 말이다.
⑤ 체언을 꾸며 주는 역할을 하는 품사에 해당한다.

신유형
05 다음 ㉠~㉢ 중, 〈조건〉을 만족하는 단어를 모두 고른 것은?

> ㉠파리와 모기가 들끓는 여름이 되었군요. 이번 여름에는 ㉡프랑스의 수도인 ㉢파리에 가 볼까 해요. 그곳에는 ㉣개가 많다는데, 몇 ㉤마리나 만나게 될지 궁금하네요.

> **조건**
> · 홀로 쓰일 수 있는 명사
> · 고유 명사

① ㉠, ㉡   ② ㉡, ㉢   ③ ㉡, ㉣
④ ㉢, ㉤   ⑤ ㉣, ㉤

서술형
06 〈보기〉의 문장에서 명사를 모두 찾아 쓰시오.

> **보기**
> 화단에 꽃 한 송이가 피었을 따름입니다.

07 밑줄 친 단어 중, 〈보기〉에서 설명하는 품사에 해당하지 <u>않는</u> 것은?

┌─ 보기 ─────────────────────────┐
· 형태가 변하지 않는다.
· 주로 문장의 주체가 된다.
· 사람, 사물, 장소의 이름을 대신하여 나타낸다.
└────────────────────────────┘

① <u>여러분</u>, 만나서 반갑습니다.
② 잠깐 <u>여기</u>에서 기다려 주세요.
③ 그곳에는 <u>아무</u>도 오지 않았어요.
④ <u>저희</u>에게 한 번 더 기회를 주십시오.
⑤ 자장면과 짬뽕 중 <u>어느</u> 것을 더 좋아하니?

08 〈보기〉에서 밑줄 친 단어들의 공통된 품사로 적절한 것은?

┌─ 보기 ─────────────────────────┐
· 이것은 <u>무엇</u>입니까?
· 무엇을 하든 <u>그것</u>은 나의 자유다.
· <u>당신</u>과 함께 있어서 늘 행복했어요.
└────────────────────────────┘

① 명사   ② 조사   ③ 대명사
④ 형용사   ⑤ 관형사

서술형
09 〈보기〉에서 대명사를 모두 찾고, 그 대명사가 공통으로 가리키는 대상을 쓰시오.

┌─ 보기 ─────────────────────────┐
산신령 그대는 왜 울고 있는가?
나무꾼 연못에 도끼를 빠뜨렸기 때문입니다.
(잠시 후)
산신령 이 도끼가 너의 도끼냐?
나무꾼 아닙니다. 그 도끼는 저의 것이 아닙니다.
└────────────────────────────┘

(1) 대명사: _____
(2) 대명사가 가리키는 대상: _____

10 〈보기〉의 밑줄 친 단어에 대한 설명으로 적절하지 <u>않는</u> 것은?

┌─ 보기 ─────────────────────────┐
우리 <u>셋</u>은 단짝입니다.
└────────────────────────────┘

① 체언에 해당한다.
② 문장에서 주체가 되는 말이다.
③ 조사와 결합하여 사용하기 어렵다.
④ 수량이나 순서를 나타내는 품사에 속한다.
⑤ 문장에서 사용될 때 형태가 변하지 않는다.

11 밑줄 친 단어의 품사가 나머지와 다른 것은?

① 이 사과 <u>하나</u>의 값은 얼마인가요?
② <u>사</u>(4) 더하기 오(5)는 구(9)입니다.
③ <u>첫째</u>, 시간 약속을 지켜야 합니다.
④ 필통에 볼펜 <u>두</u> 자루만 넣어 주세요.
⑤ 저녁이 되자 놀이터에는 <u>둘</u>만 남았어요.

고난도
12 〈보기〉의 ⓐ~ⓕ에 대한 설명으로 적절한 것은?

┌─ 보기 ─────────────────────────┐
· ⓐ<u>그</u>는 ⓑ<u>그</u> 사람과 친하지 않다.
· ⓒ<u>둘</u>이서 사과 ⓓ<u>다섯</u> 개를 나눠 먹었다.
· ⓔ<u>사랑</u>을 쓰려거든 ⓕ<u>연필</u>로 쓰세요.
└────────────────────────────┘

① ⓐ와 ⓑ는 둘 다 사람을 가리키는 대명사이다.
② ⓒ와 ⓓ는 둘 다 수량을 나타내는 수사이다.
③ ⓔ와 ⓕ는 둘 다 어떤 속성을 지닌 대상의 이름에 두루 쓰이는 명사이다.
④ ⓐ~ⓕ 중에서 고유 명사는 2개이다.
⑤ ⓐ~ⓕ 중에서 반드시 꾸미는 말이 와야만 쓰일 수 있는 명사는 ⓔ이다.

■ 용언(쓸用 말씀언름)

● **개념** 문장에서 주체를 서술하는 역할을 하는 말로, '동사', '형용사'가 이에 해당함.

● **특징**

· 문장에서의 쓰임에 따라 형태가 변함.(활용을 함.)

· 어간과 어미로 이루어져 있으며, 활용할 때 어미의 형태가 변함.
  → 국어사전에서는 용언을 (어간+어미 '-다) 형태의 기본형으로 나타냄.

용언의 활용	· 문장에서의 쓰임에 따라 형태가 다양하게 변하는 것 · 어간에 결합하는 어미의 형태가 변함.	
어간	용언이 활용할 때 형태가 변하지 않는 부분	예 뛰-, 먹-, 놀-, 아름답-, 빠르-
어미	· 용언이 활용할 때 형태가 변하는 부분 · 한 번에 여러 개의 어미가 결합할 수도 있음.	예 -다, -니, -아라/-어라, -자, -게, -는-, -었-, -겠-

❶ 동사(움직일動 말씀사詞)

사람이나 사물의 움직임이나 작용을 나타내는 단어

자동사	동사가 나타내는 움직임이나 작용이 주어에만 관련되는 동사 → 목적어가 필요 없음.	예 솟다, 가다, 피다, 날다
타동사	동사가 나타내는 움직임이나 작용이 주어가 아닌 다른 대상(목적어)에도 미치는 동사 → 목적어가 필요함.	예 보다, 먹다, 찾다, 잡다

❷ 형용사(모양형形 모습용容 말씀사詞)

사람이나 사물의 성질이나 상태를 나타내는 단어

성상 형용사 성질이나 상태	성질이나 상태를 나타내는 형용사	예 예쁘다, 달다, 춥다, 다르다, 아프다, 바쁘다, 피곤하다
지시 형용사	성질, 시간, 수량 따위가 어떠하다는 것을 대신 나타내는 형용사	예 이러하다, 그러하다, 저러하다

■ 용언의 특징

그가 [간다./웃는다./바쁘다.]
    '그'를 서술하는 역할

■ 용언의 활용

밥을 [먹다./먹니?/먹어라./먹자.]
    기본형   활용형
· 형태가 변하지 않는 부분인 '먹-'이 어간
· 형태가 변하는 부분이 어미

벌써 밥을 다 먹었겠다.
    -었-(과거)+-겠-(추측)+-다(종결):
    어미는 여러 개가 결합할 수 있음.

❶ 동사의 종류

그가 웃다.
움직임이 주어('그')에만 관련되므로
목적어가 필요 없는 자동사

그가 나를 보다.
움직임이 목적어('나')에게도 미치므로
목적어가 필요한 타동사

❷ 형용사의 종류

사과도 달지만
성질을 나타내는 성상 형용사

수박은 더욱 그러하다.
    지시의 뜻을 지닌 지시 형용사

· **동사와 형용사 구별**

현재 시제를 나타내는 어미 '-는-/-ㄴ-'과 결합할 수 있으면 동사, 없으면 형용사!

예 먹는다(○), 잔다(○): 동사   짧는다(×), 예쁜다(×): 형용사

명령형 어미 '-아라/-어라'와 결합할 수 있으면 동사, 없으면 형용사!

예 놀아라(○), 뛰어라(○): 동사   높아라(×), 굵어라(×): 형용사

청유형 어미 '-자'와 결합할 수 있으면 동사, 없으면 형용사!

예 놀자(○), 하자(○): 동사   아름답자(×), 푸르자(×): 형용사

· 밑줄 친 단어의 품사를 쓰시오.

· 국어 숙제를 <u>한다</u>. → (	)
· 국어 숙제가 <u>많다</u>. → (	)

답 동사, 형용사

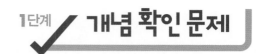

1 다음 설명이 맞으면 ○, 틀리면 × 표시를 하시오.

(1) 용언은 문장에서 주로 서술어나 목적어로 쓰인다. ( )

(2) 용언은 활용할 때 어미의 형태가 변한다. ( )

(3) 서술어의 움직임이나 작용이 주어가 아닌 다른 대상에도 미치는 동사를 자동사라고 한다. ( )

(4) 명령형 어미 '-아라/-어라'와 결합할 수 있으면 동사, 결합할 수 없으면 형용사이다.

( )

2 다음 단어에 해당하는 설명을 바르게 연결하시오.

(1) 이러하다 ·

(2) 아름답다 ·   · ⓐ 사람이나 사물의 움직임이나 작용을 나타내는 단어

(3) 달아나다 ·

(4) 덥다   ·   · ⓑ 사람이나 사물의 성질이나 상태를 나타내는 단어

(5) 걷다   ·

3 다음 단어를 동사와 형용사로 구분하시오.

| 읽다   주다   피곤하다   뛰다   먹다   그러하다   빨갛다 |

(1) 동사: _____

(2) 형용사: _____

4 다음 문장에서 용언을 모두 찾아 쓰시오.

봄이 되면 개나리와 진달래가 가장 먼저 피는데, 나는 진달래가 더 좋아요.

✓ **어휘로 개념 확인**

다음 빈칸에 들어갈 알맞은 말을 쓰시오.

1 ☐☐ : 문장에서 주체를 서술하는 역할을 하는 말

2 ☐☐ : 사람이나 사물의 움직임이나 작용을 나타내는 단어

3 ☐☐☐ : 사람이나 사물의 성질이나 상태를 나타내는 단어

4 ☐☐ : 용언이 문장에서 쓰일 때 형태가 다양하게 변하는 것

5 ☐☐☐ : 동사가 나타내는 움직임이나 작용이 주어에만 관련되는 동사

01 〈보기〉에서 밑줄 친 단어들의 공통적인 특성으로 알맞은 것은?

> ───── 보기 ─────
> • 병 주고 약 <u>준다</u>.
> • 등잔 밑이 <u>어둡다</u>.
> • 인생은 <u>짧고</u>, 예술은 길다.

① 체언 뒤에 붙어서 쓰인다.
② 문장에서 주로 보어로 쓰인다.
③ 항상 조사와 결합하여 쓰인다.
④ 체언을 꾸며 주는 역할을 한다.
⑤ 문장에서의 쓰임에 따라 형태가 변한다.

02 〈보기〉의 빈칸에 들어갈 수 있는 단어들의 공통점으로 적절한 것은?

> ───── 보기 ─────
> • 나는 숙제를 (   ).
> • 들꽃이 무척 (   ).
> • 배고프겠다. 어서 (   ).

① 불변어에 해당한다.
② 대상의 이름을 나타낸다.
③ 주로 용언 앞에서 그 말을 꾸며 준다.
④ 문장에서 주체를 서술하는 역할을 한다.
⑤ 문장에서 다른 말과 관계를 맺지 않는다.

서술형
03 〈보기〉의 ⓐ~ⓒ에 들어갈 말을 차례대로 쓰시오.

> ───── 보기 ─────
> 용언은 문장에서 쓰일 때 형태가 다양하게 변하는데, 이를 (ⓐ   )(이)라고 한다. 이때 형태가 변하지 않는 부분을 (ⓑ   )(이)라고 하고, 형태가 변하는 부분을 (ⓒ   )(이)라고 한다.

─────────────────────

서술형
04 다음 문장에서 용언을 찾아 〈조건〉에 맞게 쓰시오.

> 서울에서 태어난 나는 어린 시절을 시골에서 보냈다.

> ───── 조건 ─────
> 찾은 용언을 동사와 형용사로 구분한 후, 기본형으로 고쳐 쓸 것.

(1) 동사: _____
(2) 형용사: _____

05 밑줄 친 말의 품사가 나머지와 <u>다른</u> 것은?

① 동해물과 백두산이 <u>마르고</u> 닳도록
② 대한 사람 대한으로 길이 <u>보전하세</u>
③ 남산 위에 저 소나무 철갑을 <u>두른</u> 듯
④ <u>밝은</u> 달은 우리 가슴 일편단심일세
⑤ 이 기상과 이 맘으로 충성을 <u>다하여</u>

고난도
06 〈보기〉의 ⓐ~ⓒ를 탐구한 내용으로 적절한 것은?

> ───── 보기 ─────
> ⓐ 어제 받은 편지를 읽었다.
> ⓑ 제 마음이 몹시 아팠습니다.
> ⓒ 당신은 자상하고 친절한 사람이군요.

① ⓐ에는 동사가 쓰이지 않았다.
② ⓐ에 쓰인 용언은 모두 명령형 어미와 결합할 수 있다.
③ ⓑ에 쓰인 용언은 모두 3개이다.
④ ⓑ를 통해 용언은 체언의 꾸밈을 받을 수 있음을 알 수 있다.
⑤ ⓒ에 쓰인 용언은 모두 사람 또는 사물의 움직임이나 작용을 나타낸다.

07 〈보기〉에서 설명하는 품사가 쓰이지 <u>않은</u> 것은?

> **보기**
> 사람이나 사물의 움직임, 작용을 나타내는 단어

① 비행기를 타고 유럽에 가자.
② 그녀의 미소는 정말 예뻤다.
③ 어제 산 과자는 맛이 좋았다.
④ 쉬는 시간에 매점에서 만날까?
⑤ 고양이가 갑자기 내 뒤를 졸졸 따라왔다.

08 〈보기〉에서 밑줄 친 부분에 사용된 어미와 결합할 수 있는 단어는?

> **보기**
> 읽다
> ▶ 그만 놀고 책 좀 읽<u>어라</u>.
> ▶ 오늘은 소설책을 읽<u>는다</u>.
> ▶ 선생님과 함께 읽<u>자</u>.

① 즐겁다   ② 미끄럽다   ③ 궁금하다
④ 갈아입다   ⑤ 부지런하다

09 〈보기〉의 ㉠과 ㉡에 대한 설명으로 적절하지 <u>않은</u> 것은?

> **보기**
> 소 ㉠잃고 외양간 ㉡고친다.

① ㉠의 기본형은 '잃다'이다.
② ㉠에서 '-고'는 어미에 해당한다.
③ ㉡의 기본형은 '고친다'이다.
④ ㉡은 명령형 어미와 결합할 수 있다.
⑤ ㉠, ㉡은 둘 다 동사에 해당한다.

10 〈보기〉의 ㉠과 ㉡에 들어갈 수 있는 단어를 알맞게 짝 지은 것은?

> **보기**
> 동사에는 자동사와 타동사가 있다. (㉠)처럼 서술어의 움직임이나 작용이 주어에만 관련되는 동사를 '자동사'라고 하며, (㉡)처럼 서술어의 움직임이나 작용이 주어가 아닌 다른 대상(목적어)에도 미치는 동사를 '타동사'라고 한다.

	㉠	㉡
①	먹다	잡다
②	피다	솟다
③	눕다	보다
④	춥다	졸다
⑤	많다	싫다

11 형용사에 대한 설명으로 적절한 것을 〈보기〉에서 모두 골라 묶은 것은?

> **보기**
> ㉠ 목적어를 필요로 한다.
> ㉡ 대상의 성질이나 상태를 나타낸다.
> ㉢ 청유형 어미와의 결합이 자유롭다.
> ㉣ 과거 시제를 나타내는 어미와 결합할 수 있다.

① ㉠, ㉡   ② ㉠, ㉢   ③ ㉡, ㉢
④ ㉡, ㉣   ⑤ ㉢, ㉣

12 다음 노래에 쓰인 형용사의 개수로 알맞은 것은?

> 깊고 작은 산골짜기 사이로
> 맑은 물 흐르는 샘터에
> 예쁜 꽃들 사이에 살짝 숨겨진
> 이슬 먹고 피어난 네 잎 클로버
>
> – 박영진 작사·작곡, 「네 잎 클로버」

① 4개   ② 5개   ③ 6개   ④ 7개   ⑤ 8개

■ **수식언** (꾸밀수修 꾸밀식飾 말씀언를)

● **개념** 문장에서 다른 말을 꾸며 주는 역할을 하는 말로, '관형사', '부사'가 이에 해당함.

● **특징**

· 관형사는 체언을 꾸미고 부사는 용언, 다른 부사, 문장 전체를 꾸밈.

· 형태가 변하지 않음.

· 관형사는 조사와 결합할 수 없지만 부사는 조사와 결합하기도 함.

1 **관형사** (갓관冠 형상형形 말씀사詞)

· '어떠한(어떤)'의 방식으로 체언을 꾸며 주는 역할을 하는 단어

· 주로 명사를 꾸미며, 조사와 결합할 수 없음.

성상 관형사 성질이나 상태	대상의 성질이나 상태를 나타내는 관형사	예 새, 헌, 옛
지시 관형사	특정한 대상을 가리키는 관형사	예 이, 그, 저, 이런, 저런, 무슨, 어느
수 관형사	수량이나 순서를 나타내는 관형사	예 한, 두, 세/서/석, 네/너/넉, 다섯/댓, 첫째, 둘째, 여러, 모든

2 **부사** (도울부副 말씀사詞)

· '어떻게'의 방식으로 용언, 다른 부사, 문장 전체 등을 꾸며 주는 역할을 하는 단어

· 보조사(은/는, 도, 들)와 결합하기도 함.

예 빨리도 치웠네. 활짝들 피었구나.

역할에 따라	성분 부사	문장의 한 성분을 꾸며 주는 부사	의미에 따라	성상 부사	뒷말의 모양, 상태, 정도를 꾸며 주는 부사	예 너무, 매우, 잘, 활짝
				지시 부사	장소나 시간, 앞에 나온 사실 등을 가리키는 부사	예 이리, 저리, 내일
				부정 부사	용언의 앞에 위치하여 그 용언의 내용을 부정하는 부사	예 못, 아니(안)
	문장 부사	뒤에 오는 문장 전체를 꾸며 주는 부사		양태 부사	말하는 이의 심리적 태도를 나타내는 부사	예 과연, 설마, 제발
				접속 부사	앞말과 뒷말, 앞 문장과 뒤 문장을 이어 주는 부사	예 그러나, 그리고, 또는

■ **수식언의 특징**

새 옷(O)　　새 입다.(X)
ㄴ체언　　　　ㄴ용언
관형사는 체언을 꾸밈.

활짝 꽃(X)　　활짝 피다.(O)
ㄴ체언　　　　ㄴ용언
부사는 용언을 꾸밈.

1 **관형사의 종류**

새 모자를 쓰고 학교에 갔다.
ㄴ체언
모자의 상태를 나타내는 성상 관형사

어느 마을에 형제가 살았다.
ㄴ체언
마을을 가리키는 지시 관형사

첫째 아들은 사과를 먹었다.
ㄴ체언
아들의 순서를 나타내는 수 관형사

2 **부사의 종류**

꽃이 매우 활짝 피었다.
　　ㄴ부사ㄴ용언
뒷말의 상태를 꾸며 주는 성상 부사

당신이 이리 오세요.
　　　　　ㄴ용언
장소를 가리키는 지시 부사

과일은 못 먹어.
　　　ㄴ용언
용언 '먹다'의 내용을 부정하는 부정 부사

과연 너는 천재구나!
ㄴ문장
말하는 이의 심리를 나타내는 양태 부사

늦잠을 잤다. 그래서 지각을 했다.
　　앞 문장과 뒤 문장
을 인과 관계로 이
어 주는 접속 부사

헷갈리는 1% 채우기

· '**깨끗이**'와 '**깨끗하게**'의 품사는 같을까?

'깨끗이'는 부사, '깨끗하게'는 형용사입니다. '깨끗이'는 '깨끗'에 '-이'(부사를 만드는 접미사)가 결합한 부사로, 문장에서 쓰일 때 형태가 변하지 않아요. 하지만 '깨끗하게'는 형용사의 어간 '깨끗하-'에 어미 '-게'가 결합한 활용형으로, '깨끗하구나', '깨끗해'와 같이 활용을 해요.

예 방을 깨끗이 청소했다. → 부사 / 방을 깨끗하게 청소했다. → 형용사

· 밑줄 친 단어의 품사를 쓰시오.

· 옷을 따뜻이 입어라. → (　　　　)
· 옷을 따뜻하게 입어라. → (　　　　)

정답 부사, 형용사

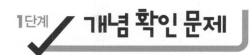
1 다음 설명이 맞으면 ○, 틀리면 × 표시를 하시오.

(1) 관형사는 활용하지 않아 형태가 변하지 않는다. ( )

(2) 관형사는 부사와 달리 조사와 결합하기도 한다. ( )

(3) 부사는 문장에서 '어떻게'의 방식으로 주로 용언을 꾸며 주는 역할을 한다. ( )

2 밑줄 친 단어의 품사를 쓰시오.

(1) 어제 읽은 책은 <u>무척</u> 길었다. : ( )

(2) 이것은 <u>온갖</u> 맛이 나는 젤리란다. : ( )

(3) 지금은 <u>비록</u> 가난하지만, 언젠가는 꼭 부자가 될 것이다. : ( )

3 다음 문장에 대한 설명으로 맞는 내용에 ○ 표시를 하시오.

> 새 신발을 두 켤레나 샀다. 그래서 기분이 몹시 좋았다.

(1) 대상의 성질이나 상태를 나타내는 관형사가 {사용되었다, 사용되지 않았다}.

(2) 수량이나 순서를 나타내는 관형사가 {사용되었다, 사용되지 않았다}.

(3) 특정한 대상을 가리키는 관형사가 {사용되었다, 사용되지 않았다}.

(4) 앞말과 뒷말, 앞 문장과 뒤 문장을 이어 주는 부사가 {사용되었다, 사용되지 않았다}.

4 다음 단어에 해당하는 설명을 바르게 연결하시오.

(1) 천천히, 빨리 ·

(2) 제발, 모름지기 ·

(3) 안, 못 ·

(4) 이리, 저리 ·

· ㉠ 문장의 한 성분을 꾸며 주는 부사

· ㉡ 문장 전체를 꾸며 주는 부사

☑ 어휘로 개념 확인

다음 빈칸에 들어갈 알맞은 말을 쓰시오.

1 ☐☐☐ : 문장에서 다른 말을 꾸며 주는 역할을 하는 '관형사', '부사'를 이르는 말

2 ☐☐☐ : 문장에서 체언을 꾸며 주는 역할을 하는 단어

3 ☐☐ : 문장에서 용언, 다른 부사, 문장 전체 등을 꾸며 주는 역할을 하는 단어

4 ☐☐☐ : 수량이나 순서를 나타내는 관형사

5 ☐☐☐ : 앞말과 뒷말, 앞 문장과 뒤 문장을 이어 주는 부사

01 〈보기〉의 빈칸에 들어갈 말로 적절한 것은?

> **보기**
> (　　　)은/는 다른 말을 꾸며 주는 말로, 문장에서 쓰일 때 형태가 변하지 않습니다.

① 체언　　　② 용언　　　③ 수식언
④ 관계언　　⑤ 독립언

02 관형사가 쓰인 속담으로 적절한 것은?

① 도둑이 제 발 저린다.
② 구더기 무서워 장 못 담글까.
③ 구슬이 서 말이라도 꿰어야 보배다.
④ 구르는 돌에는 이끼가 끼지 않는다.
⑤ 종로에서 뺨 맞고 한강에서 눈 흘긴다.

03 〈보기〉의 ㉠~㉢의 품사를 바르게 짝 지은 것은?

> **보기**
> • 사과 ㉠한 조각도 나눠 먹어야 해.
> • 하나가 모여서 ㉡둘이 되고 셋이 된다.
> • 재봉사는 옷 ㉢세 벌을 가지고 돌아왔다.

	㉠	㉡	㉢
①	수사	수사	관형사
②	수사	관형사	수사
③	수사	관형사	관형사
④	관형사	수사	수사
⑤	관형사	수사	관형사

04 밑줄 친 단어 중, 〈보기〉의 설명에 해당하지 <u>않는</u> 것은?

> **보기**
> 특정한 대상을 가리키는 관형사

① 너는 <u>어느</u> 곳에 살고 있니?
② <u>이것</u> 좀 먹어도 괜찮을까요?
③ <u>저</u> 책상 위에 연필이 있단다.
④ <u>무슨</u> 말씀이신지 잘 모르겠어요.
⑤ <u>그런</u> 이야기는 대체 어디서 들은 거지?

신유형
05 〈보기〉의 ㉠에 들어갈 수 있는 단어끼리 바르게 묶은 것은?

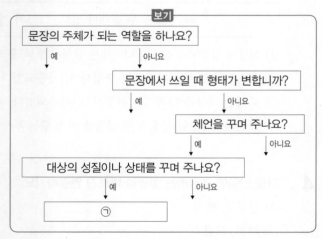

① 헌, 옛　　　　② 한, 두
③ 모든, 외딴　　④ 무척, 매우
⑤ 과연, 그리고

06 밑줄 친 부사 중, 꾸며 주는 범위가 나머지와 <u>다른</u> 것은?

① 생선 초밥은 <u>못</u> 먹어요.
② <u>이리</u> 와서 같이 놀아요.
③ 음식을 <u>천천히</u> 먹어라.
④ 너는 노래를 <u>잘</u> 부르는구나.
⑤ <u>부디</u> 이번엔 성공하길 빌어.

서술형
07 〈보기〉의 문장에서 문장 부사를 찾아 쓰시오.

> **보기**
> 혹시 내일 지구가 멸망하더라도, 나는 한 그루의 사과나무를 반드시 심겠다.

---

10 〈보기〉의 ⓐ와 ⓑ에 대한 설명으로 적절한 것은?

> **보기**
> ⓐ이 책의 제목은 『꿀벌은 ⓑ너무 바빠』입니다.

① ⓐ와 ⓑ는 둘 다 용언을 꾸며 준다.
② ⓐ와 ⓑ는 둘 다 가변어에 해당한다.
③ ⓐ와 ⓑ는 둘 다 문장 전체를 꾸며 준다.
④ ⓐ는 ⓑ와 달리 조사와 결합할 수 없다.
⑤ ⓑ는 ⓐ와 달리 부사의 꾸밈을 받을 수 없다.

08 〈보기〉에서 밑줄 친 단어에 대한 설명으로 적절한 것은?

> **보기**
> **엄마** 저녁 먹을래?
> **현준** 아니요. 아까 점심을 늦게 먹어서 배가 고프지 않아요. 지금은 <u>안</u> 먹을래요.

① '모든', '온갖'과 품사가 같다.
② 단어와 단어를 연결해 주는 부사이다.
③ 뒤에 오는 용언의 의미를 부정하는 부사이다.
④ 말하는 이의 심리적 태도를 나타내는 부사이다.
⑤ 대상의 성질이나 상태를 꾸며 주는 관형사이다.

11 관형사와 부사가 모두 쓰인 것은?

① 설마 네가 그런 일을 했겠어?
② 너무 시끄러워서 소리가 잘 안 들려.
③ 콩 다섯 알을 심었는데 새싹 세 개가 돋았다.
④ 얼른 이리 와서 소나기를 피하는 것이 좋겠다.
⑤ 그 뚱보의 집에는 일곱 명의 아들이 있었는데요.

고난도 **서술형**
12 다음 ㉠~㉰에서 수식언을 찾아 관형사와 부사로 구분하시오.

> 열무 ㉠삼십 단을 이고
> 시장에 ㉡간 우리 엄마
> ㉢안 오시네, 해는 시든 지 오래
> 나는 찬밥처럼 방에 담겨
> 아무리 천천히 숙제를 해도
> 엄마 안 오시네, 배춧잎 같은 발소리 타박타박
> 안 들리네, 어둡고 무서워
> 금 간 창틈으로 고요히 빗소리
> 빈방에 ㉣혼자 엎드려 훌쩍거리던
>
> ㉤아주 먼 옛날
> 지금도 내 눈시울을 뜨겁게 하는
> ㉥그 시절, 내 유년의 윗목
>
> – 기형도, 「엄마 걱정」

09 〈보기〉에서 밑줄 친 단어에 대한 설명으로 적절한 것은?

> **보기**
> 물을 매우 많이 마셔서 배가 부르다.

① '많이'를 꾸며 주는 부사이다.
② '물'을 꾸며 주는 관형사이다.
③ '배'의 상태를 나타내는 형용사이다.
④ '배가 부르다'를 꾸며 주는 부사이다.
⑤ 문장 전체를 꾸며 주는 문장 부사이다.

(1) 관형사: (   )
(2) 부사: (   )

관계언과 독립언

■ **관계언** (관계할關 맬계係 말씀언言)

● **개념** 문장에서 단어들의 문법적 관계를 나타내는 역할을 하는 말로, '조사'가 이에 해당함.

● **특징**
· 형태가 변하지 않음.(단, 서술격 조사 '이다'는 예외) ⌐ 활용을 함.
· 홀로 쓰일 수 없으며 반드시 다른 말에 붙어 쓰임.
· 주로 체언과 결합하지만 용언, 부사, 다른 조사와 결합하기도 함.

1 조사 (도울조助 말씀사詞)

주로 체언 뒤에 붙어서 그 말과 다른 말의 문법적 관계를 나타내거나, 특별한 뜻을 더해 주는 단어

격 조사	앞에 오는 체언이 문장에서 일정한 자격을 가지도록 하는 조사 · 주격 조사: 앞말이 주어임을 나타내는 조사 · 목적격 조사: 앞말이 목적어임을 나타내는 조사 · 보격 조사: 앞말이 보어임을 나타내는 조사 · 관형격 조사: 앞말이 관형어임을 나타내는 조사 · 부사격 조사: 앞말이 부사어임을 나타내는 조사 · 호격 조사: 앞말이 독립어 중 부름말임을 나타내는 조사 · 서술격 조사: 앞말이 서술어임을 나타내는 조사	예 이/가, 께서, 에서 예 을/를 예 이/가 예 의 예 에, 에서, 에게, (으)로 예 야, 아, (이)여 예 이다
보조사	앞말에 특별한 뜻을 더해 주는 조사	예 만, 은/는, 도, 요, 부터, 까지 '한정' '대조' '역시' '존대' '시작' '더함'
접속 조사	두 단어를 같은 자격으로 이어 주는 조사	예 과/와, 하고, (이)랑

■ **독립언** (홀로독獨 설립立 말씀언言)

● **개념** 문장에서 다른 성분과 문법적 관계를 맺지 않고 독립적으로 사용되는 말로, '감탄사'가 이에 해당함.

● **특징**
· 형태가 변하지 않음.
· 조사와 결합하지 않음.
· 단독으로 문장을 이룰 수 있으며, 생략해도 문장이 성립함.

1 감탄사 (느낄감感 읊을탄歎 말씀사詞)

말하는 이의 놀람, 느낌, 부름이나 대답 등을 나타내는 단어

놀람, 느낌	예 아, 앗, 아차, 아이코, 어머, 저런	부름	예 여보, 여보게, 여보세요, 야, 얘
대답	예 예, 응, 그래, 오냐, 네	무의미	예 음, 뭐(무어), 그, 저, 에

헷갈리는 1% 채우기

· **띄어쓰기로 품사를 알 수 있다?**
앞말에 붙여 쓴 '만', '만큼', '대로', '뿐'은 조사이며, 이때 앞말은 체언이에요.
앞말과 띄어 쓴 '만', '만큼', '대로', '뿐'은 의존 명사이며, 이때 앞말은 용언이에요.
예 너만큼, 너는 너대로 → 조사
　먹을 만큼, 좋아할 만도 하다. → 의존 명사

■ 관계언의 특징

맛있지는 않지만 잘도 먹는다.
　　용언에 결합　　부사에 결합
여기부터가 시작이다.
체언에 보조사와 격 조사가 결합
→ 반드시 다른 말에 붙어 쓰임.

1 조사의 종류

토끼가 당근을 먹었다.
'토끼'가 주어　'당근'이 목적어임을
임을 나타내는　나타내는 목적격 조사
주격 조사

말의 새끼가 망아지이다.
'말'이 관형어임을　'망아지'가 서술어임
나타내는 관형격 조　을 나타내는 서술격
사　조사

아기야, 빨리 엄마에게 가거라.
'아기'가 독립어　'엄마'가 부사어임을
(부름말)임을 나　나타내는 부사격 조사
타내는 호격 조사

철수가 수박은 좋아해요.
다른 과일과 달리 수박을　'존대'의 뜻을
좋아한다는 '대조'의 뜻　더하는 보조사
을 더하는 보조사

서후와 경희는 닮았다.
'서후'와 '경희'를 이어 주는 접속 조사

■ 독립언의 특징

"오냐."
단독으로 문장을 이룰 수 있음.
"어머나, 저런!"
　쉼표, 느낌표 등의 문장 부호를 사용
　하여 독립된 요소임을 표현함.
"네, 알겠어요. 네, 네."
문장에서 위치 이동이 비교적 자유로움.

1 감탄사

야, 학교에 다시 가?
부름의 감탄사
응, 내가 에, 우산을 놓고 와서.
대답의 감탄사 └ 의미 없이 떠듬거리는 감탄사
앗, 나도 놓고 왔네.
놀람의 감탄사

· 밑줄 친 단어의 품사를 쓰시오.

· 사과만큼 달콤해. → (　　　)
· 잘 만큼 잤습니다. → (　　　)

답 조사, 의존 명사

1 다음 설명이 맞으면 ○, 틀리면 × 표시를 하시오.

(1) 관계언은 홀로 쓰일 수 없고 반드시 다른 말에 붙어 쓰인다. ( )

(2) 조사는 주로 체언 앞에 붙어 그 말과 다른 말의 문법적 관계를 나타낸다. ( )

(3) 체언이 문장에서 일정한 자격을 가지도록 하는 조사를 격 조사라고 한다. ( )

(4) 감탄사는 형태가 변하지 않으며, 단독으로 문장을 이룰 수 있다. ( )

2 다음 설명에서 맞는 내용에 ○ 표시를 하시오.

(1) '애벌레는 나비가 되었다.'에서 밑줄 친 '가'의 품사는 {조사, 부사}이다.

(2) '애, 도서관이 어디니?'에서 밑줄 친 '애'는 단독으로 문장을 이룰 수 {있다, 없다}.

(3) '하나 더하기 둘은 셋이다.'에서 밑줄 친 '이다'는 활용을 {하는, 하지 않는} 단어에 해당한다.

3 다음 밑줄 친 조사의 종류를 바르게 연결하시오.

(1) 여기서 너랑 나만 한국인이야. ·   · ㉠ 격 조사

(2) 고기만 먹지 말고 채소도 먹어라. ·   · ㉡ 접속 조사

(3) 그녀의 마음이 참 예쁘다. ·   · ㉢ 보조사

4 다음 단어를 제시된 설명에 따라 구분하시오.

| 여보게   앗   이봐요   저런   오냐 |

(1) 놀람, 느낌을 나타내는 말: _____

(2) 부름을 나타내는 말: _____

(3) 대답을 나타내는 말: _____

✔ 어휘로 개념 확인

다음 빈칸에 들어갈 알맞은 말을 쓰시오.

1 ☐☐☐ : 문장에서 단어들의 문법적 관계를 나타내는 역할을 하는 말

2 **조사**: 주로 ☐☐ 뒤에 붙어서 그 말과 다른 말의 문법적 관계를 나타내거나 특별한 뜻을 더해 주는 단어

3 ☐☐☐ : 앞말에 특별한 뜻을 더해 주는 조사

4 ☐☐☐ : 두 단어를 같은 자격으로 이어 주는 조사

5 ☐☐☐ : 말하는 이의 놀람, 느낌, 부름이나 대답 등을 나타내는 단어

01 조사에 대한 설명으로 적절한 것은?

① 주로 용언에 붙어 쓰인다.
② 독립언에 해당하는 품사이다.
③ 관형사의 꾸밈을 받을 수 있다.
④ 문장에서 주체의 역할을 하는 말이다.
⑤ 서술격 조사 '이다'를 제외하고는 활용하지 않는다.

신유형
02 〈보기〉의 ㉠과 ㉡에 들어갈 예문으로 적절한 것은?

보기

만큼
[Ⅰ] 「의존 명사」
앞의 내용에 상당한 수량이나 정도임을 나타내는 말.
¶ 　　　　　　　㉠　　　　　　　

[Ⅱ] 「조사」
앞말과 비슷한 정도나 한도임을 나타내는 격 조사.
¶ 　　　　　　　㉡　　　　　　　

① ㉠: 집을 궁궐만큼 크게 지었다.
② ㉠: 사과는 배만큼 맛있지 않다.
③ ㉡: 나도 그 녀석만큼은 할 수 있다.
④ ㉡: 방 안은 숨소리가 들릴 만큼 조용했다.
⑤ ㉡: 까다롭게 검사하는 만큼 철저히 준비해야 한다.

03 밑줄 친 단어 중, 〈보기〉의 설명에 해당하지 <u>않는</u> 것은?

보기

　앞에 오는 체언이 문장에서 일정한 자격을 가지도록 하는 조사

① 파인애플은 과일<u>이다</u>.
② 어둠<u>은</u> 빛을 이길 수 없다.
③ 그는 위대한 감독<u>이</u> 되었다.
④ 우리 중에서 너<u>만</u> 토마토를 싫어해.
⑤ 강아지<u>가</u> 꼬리를 살랑살랑 흔들었다.

04 〈보기〉에 대한 설명으로 적절하지 <u>않은</u> 것은?

보기

신데렐라<u>가</u> 자신<u>의</u> 구두<u>를</u> 선물<u>로</u> 주었<u>다</u>.

① 밑줄 친 '가'는 주격 조사이다.
② 밑줄 친 '의'는 관형격 조사이다.
③ 밑줄 친 '를'은 목적격 조사이다.
④ 밑줄 친 '로'는 부사격 조사이다.
⑤ 밑줄 친 '다'는 서술격 조사이다.

05 〈보기〉의 설명을 참고할 때, ㉠에 해당하는 것은?

보기

　조사는 그 기능과 의미에 따라 격 조사, 보조사, 접속 조사로 나눌 수 있다. 이 중 ㉠<u>보조사</u>는 앞말에 특별한 뜻을 더해 준다는 특성이 있다.

① '원탁<u>의</u> 기사'에서의 '의'
② '나는 돈이 없어<u>요</u>.'에서의 '요'
③ '그는 바보<u>가</u> 아니다.'에서의 '가'
④ '아버지<u>께서</u> 이제 오셨다.'에서의 '께서'
⑤ '나는 고양이<u>와</u> 강아지 둘 다 좋아.'에서의 '와'

고난도
06 〈보기〉의 밑줄 친 부분을 바탕으로 조사의 특징을 바르게 설명한 것은?

보기

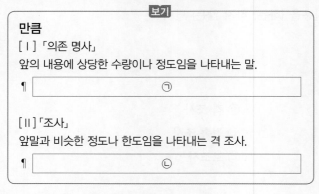

영수가 뭘 먹었어? ─ 사과<u>만</u> 먹었어.
　　　　　　　　 ─ 사과<u>도</u> 먹었어.

① 문장에서 단독으로 쓰일 수 있다.
② 두 단어를 같은 자격으로 이어 준다.
③ 체언 뒤에 붙어서 체언을 꾸며 준다.
④ 문장 내에서 비교적 위치가 자유롭다.
⑤ 앞에 오는 말에 특별한 뜻을 더해 준다.

07 접속 조사가 쓰이지 <u>않은</u> 것은?

① 종이하고 연필을 가지고 오렴.
② 나는 한라봉 및 망고를 좋아해.
③ 너랑 나랑 함께 도서관에 가자.
④ 한국과 중국은 전혀 다른 나라야.
⑤ 사자와 호랑이 중에 어떤 것이 더 좋니?

08 〈보기〉의 ⓐ~ⓔ 중, 조사가 쓰이지 <u>않은</u> 것은?

> 보기
>
> 작년에는 ⓐ몸이 아파서 ⓑ아무것도 하지 못했다. 이번 ⓒ여름에는 ⓓ바닷가에 가서 ⓔ즐겁게 수영을 하고 싶다.

① ⓐ   ② ⓑ   ③ ⓒ
④ ⓓ   ⑤ ⓔ

서술형
09 〈보기〉의 문장에 쓰인 조사는 몇 개인지 쓰시오.

> 보기
>
> 열 시에 일어난 그녀는 잘 익은 사과와 포도를 먹었다.

_____

10 감탄사의 특성으로 적절하지 <u>않은</u> 것은?

① 문장에서 독립적으로 사용된다.
② 실질적인 뜻이 없는 감탄사도 있다.
③ 단독으로 문장을 이루는 것이 가능하다.
④ 문장에서 쓰일 때 형태가 변하지 않는다.
⑤ 독립성이 강해 문장의 제일 앞에만 위치한다.

11 밑줄 친 감탄사의 종류를 바르게 정리한 것은?

① <u>예</u>, 알겠습니다. – 부름
② <u>여보게</u>, 말 좀 묻겠네. – 대답
③ <u>음</u>, 그 녀석 참 귀엽다. – 대답
④ <u>야</u>, 나랑 같이 가. – 놀람이나 느낌
⑤ <u>아이코</u>, 학교에 늦겠네! – 놀람이나 느낌

12 밑줄 친 단어 중, 〈보기〉의 ㉠에 들어갈 품사에 해당하지 <u>않는</u> 것은?

> 보기
>
> 독립적으로 사용된다고 해서 모두 독립언인 것은 아닙니다. 우리말에서는 (㉠)만 독립언에 해당합니다.

① <u>글쎄</u>, 내 말이 맞다니까.
② <u>그대여</u>, 내 말 좀 들어 주오.
③ <u>여보세요</u>, 거기 김 선생님 댁이죠?
④ <u>어머</u>, 그런 사람도 다 있단 말이야?
⑤ <u>아뿔싸</u>, 늦을 거라고는 꿈에도 생각하지 못했어.

| 2017 11월 고1 학력평가 |

01 다음은 문법 수업의 내용을 정리한 학생의 노트이다. 이를 바탕으로 〈보기〉를 탐구한 내용으로 적절하지 <u>않은</u> 것은?

> 단어의 분류 기준 ── 형태 변화 여부
> ── 문장 안에서 수행하는 기능
> ── 단어가 지닌 의미

보기
· 우리도 두 팔을 넓게 벌려 원 하나를 이루었다.
· 동생이 나무로 된 탁자에 그린 꽃만 희미하다.

① '도'와 '만'은 형태가 변하지 않는 단어이다.
② '이루었다'와 '그린'은 형태가 변하는 단어이다.
③ '두'와 '하나'는 문장 안에서 수식의 기능을 하는 단어이다.
④ '나무'와 '꽃'은 사물의 이름을 나타내는 단어이다.
⑤ '넓게'와 '희미하다'는 대상의 상태를 나타내는 단어이다.

고난도
02 ㉠을 참고할 때 〈보기〉의 문장에 쓰인 단어를 바르게 분류한 것은?

> 단어를 의미, 기능, 형태에 따라 분류한 것을 '품사'라고 해요. ㉠'명사, 대명사, 수사, 동사, 형용사, 관형사, 부사, 조사, 감탄사'는 의미에 따라 분류한 것이고, '체언, 용언, 수식언, 관계언, 독립언'은 기능에 따라 분류한 것입니다. 마지막으로 문장에서 쓰일 때 형태 변화 여부에 따라 '가변어'와 '불변어'로 분류할 수 있습니다.

보기
나는 새 신발을 신고 가까운 도서관에 갔다. 거기에서 같은 것을 신은 민수를 만났다.

① 명사: 나, 신발, 도서관, 민수
② 대명사: 거기, 것
③ 동사: 신고, 가까운, 갔다, 만났다
④ 형용사: 같은, 신은
⑤ 관형사: 새

03 〈보기〉는 학생들이 체언에 대해 나눈 대화이다. 맞는 내용을 말한 사람을 모두 골라 묶은 것은?

보기
채린 체언은 동작이나 상태의 주체가 되는 말이야.
지안 모든 체언은 부사의 꾸밈을 받을 수 있어.
예준 의존 명사는 자립성이 없는 체언에 속해.
시은 체언 중 서술격 조사 '이다'는 가변어야.
강일 체언은 관형사와 달리 조사와 결합할 수 있어.

① 채린, 지안, 예준   ② 채린, 예준, 강일
③ 채린, 지안, 시은   ④ 지안, 시은, 강일
⑤ 예준, 시은, 강일

04 다음 문장에서 〈보기〉의 ㉠에 들어갈 수 있는 단어를 모두 골라 묶은 것은?

> 사과 한 개를 너와 함께 먹겠다.

보기
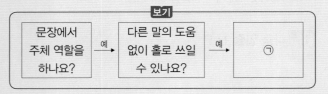

① 사과, 너   ② 사과, 함께
③ 사과, 먹겠다   ④ 사과, 개, 너
⑤ 한, 개, 함께

05 문장에 쓰인 체언의 개수가 가장 많은 것은?
① 여기에 살던 이 중 한 명이 떠났소.
② 이곳에 함부로 음식물 쓰레기를 버리지 마세요.
③ 국어 선생님은 명수에게 책을 열 권이나 주셨다.
④ 아무도 찾지 않는 바람 부는 언덕에 꽃이 피었다.
⑤ 저희는 그것도 알지 못했으니 죄송할 따름입니다.

06 @와 ⓑ의 공통점과 차이점을 〈조건〉에 맞게 쓰시오.

> 게슬러 텔, @그대는 백 보 밖에서 활을 쏘아 사과를 나무에서 떨어뜨린다는데, 그 솜씨를 내 앞에서 보여 주게. 이 아들놈의 머리에다 사과를 올려놓고 쏘아 떨어뜨려 보게. 미리 말해 두지만, 처음 화살로 명중시켜야 하네. 만일 ⓑ그것이 빗나가면, 그대의 목숨은 없는 것으로 생각해 두게.
>
> – 프리드리히 폰 실러, 「빌헬름 텔」

조건
- 공통점: 단어를 의미에 따라 나눈 품사와 관련지어 쓸 것.
- 차이점: 위 품사의 종류와 관련지어 쓸 것.

07 다음 밑줄 친 단어들의 공통점으로 적절한 것은?

> 모란이 피기까지는,
> 나는 아직 나의 봄을 기다리고 있을 테요.
>
> 모란이 뚝뚝 떨어져 버린 날,
> 나는 비로소 봄을 여읜 설움에 잠길 테요.
> 오월 어느 날, 그 하루 무덥던 날,
> 떨어져 누운 꽃잎마저 시들어 버리고는
> 천지에 모란은 자취도 없어지고,
> 뻗쳐오르던 내 보람 서운케 무너졌으니,
> 모란이 지고 말면 그뿐, 내 한 해는 다 가고 말아,
> 삼백예순 날 하냥 섭섭해 우옵내다.
>
> – 김영랑, 「모란이 피기까지는」

① 문장 안에서 형태가 변하지 않는다.
② 문장 내에서 위치가 비교적 자유롭다.
③ 문장에서 부사의 꾸밈을 받을 수 있다.
④ 사람이나 사물의 성질을 나타내는 말이다.
⑤ 용언이나 문장 전체를 꾸며 주는 단어이다.

08 〈보기〉를 참고할 때, 품사가 나머지와 다른 것은?

보기
> 동사와 형용사는 문장에서의 쓰임에 따라 활용을 한다. 어간에 결합하는 어미의 형태가 변하면서 활용을 하는데, 동사와 달리 형용사는 결합할 수 있는 어미에 제한이 있다.

① 날다   ② 기다   ③ 어둡다
④ 기다리다   ⑤ 드나들다

09 〈보기〉를 바탕으로 용언의 특징을 탐구한 내용으로 적절하지 않은 것은?

보기
> (A) 오늘 날씨가 무척 맑다.
> (B) 맑은 하늘을 본 것이 얼마 만이냐!
> (C) 과자를 먹자. / *날씨가 맑자.
> (D) 얘야, 달려라. / *얘야, 아름다워라.
>
> (단, *표시는 비문법적인 표현임.)

① (A)를 보니 용언은 부사의 꾸밈을 받을 수 있군.
② (A)를 보니 용언은 문장에서 서술어로 쓰이는군.
③ (A)와 (B)를 보니 용언은 활용을 하는군.
④ (C)를 보니 청유형 어미는 동사와만 결합할 수 있군.
⑤ (D)를 보니 명령형 어미는 형용사와만 결합할 수 있군.

10 다음 빈칸에 공통으로 들어갈 수 있는 품사의 특성을 〈조건〉에 맞게 쓰시오.

- 눈이 내려 (   ) 세상이 하얗다.
- (   ) 사람씩 차례대로 들어오세요.

조건
> 문장에서의 역할, 형태 변화 여부를 포함하여 한 문장으로 쓸 것.

11 〈보기〉를 이해한 내용으로 적절하지 <u>않은</u> 것은?

> **보기**
>
> 관형사의 종류는 다음과 같다.
>
> ⓐ 대상의 성질이나 상태를 나타내는 성상 관형사
> ⓑ 어떤 대상을 가리키는 지시 관형사
> ⓒ 수량이나 순서를 나타내는 수 관형사

① '이 땅의 모든 것'의 '모든'은 ⓐ에 해당한다.
② '우리는 헌 옷을 판다.'의 '헌'은 ⓐ에 해당한다.
③ '저 섬에 가고 싶다.'의 '저'는 ⓑ에 해당한다.
④ '아기 돼지 세 마리'의 '세'는 ⓒ에 해당한다.
⑤ '여러 명이 모였네.'의 '여러'는 ⓒ에 해당한다.

13 ㉠~㉤의 밑줄 친 단어에 대한 설명으로 적절하지 <u>않은</u> 것은?

> **보기**
>
> ㉠ <u>이리</u> 오지 말고 저리 가라.
> ㉡ '<u>못</u> 찾겠다 꾀꼬리' 놀이를 아십니까?
> ㉢ <u>과연</u> 네가 승리하였구나.
> ㉣ 연필 <u>및</u> 지우개와 같은 필기도구를 준비하렴.
> ㉤ 햇볕은 <u>몹시</u> 내리쬐고, 모래알은 반짝 빛난다.

① ㉠은 특정한 장소(방향)를 가리키는 부사이다.
② ㉡은 용언의 앞에 위치하여 그 내용을 부정하는 부사이다.
③ ㉢은 앞에 나온 사실을 가리키는 부사이다.
④ ㉣은 앞말과 뒷말을 이어 주는 부사이다.
⑤ ㉤은 대상의 모양, 상태, 정도를 꾸며 주는 부사이다.

| 2018 중3 학업성취도평가 |

12 〈보기〉는 ㉠이 품사로서 갖는 특징이다. 밑줄 친 단어 중 ㉠과 품사가 같은 것은?

> 소비자의 관심이 집중된 곳에서는 언제나 새로운 생산자들이 유입되지만, 소비자의 욕구는 ㉠<u>항상</u> 변화하기 때문이다.

> **보기**
>
> • 형태가 변하지 않는다.
> • 주로 용언을 꾸며 주는 역할을 한다.

① <u>새</u> 가방이 예쁘다.
② <u>따뜻한</u> 바람이 분다.
③ <u>아이들</u>이 놀고 있다.
④ 형이 모자를 쓰고 <u>달린다</u>.
⑤ 그는 오자마자 <u>바로</u> 떠났다.

고난도 | 2014 6월 고1 학력평가 |

14 〈보기〉를 바탕으로 '조사'의 특징을 이끌어 낸 것으로 적절하지 <u>않은</u> 것은?

> **보기**
>
> ㄱ. 동생<u>이</u> 책을 읽는다. / 여기<u>가</u> 천국이다.
> ㄴ. 엄마<u>와</u> 나는 영화를 보았다. / 나<u>랑</u> 동생은 학교로 갔다.
> ㄷ. 오늘은 물<u>만</u> 마셨다. / 오늘은 물<u>도</u> 마셨다.
> ㄹ. 꽃이 예쁘<u>게도</u> 피어 있다. / 천천히<u>만</u> 가거라.
> ㅁ. 이것<u>이</u> 좋다. / 이것 좋다. / 이것<u>만으로도</u> 좋다.

① ㄱ: 앞의 체언이 문장에서 일정한 자격을 갖도록 해 준다.
② ㄴ: 두 체언을 같은 자격으로 이어 준다.
③ ㄷ: 앞의 체언을 다른 품사로 만들어 준다.
④ ㄹ: 체언 이외에 용언이나 부사 뒤에 붙어 쓰이기도 한다.
⑤ ㅁ: 생략하거나 둘 이상 겹쳐 쓰이기도 한다.

15 〈보기〉에서 ⓐ~ⓒ의 예시로 적절한 것은?

> **보기**
> 조사에는 ⓐ앞에 오는 체언이 문장에서 일정한 자격을 가지도록 해 주는 것, ⓑ앞말에 특별한 뜻을 더해 주는 것, ⓒ두 단어를 같은 자격으로 이어 주는 것이 있다.

① ⓐ: 자유와 평등을 위해 싸우자.
② ⓑ: 너도 나를 못 믿겠니?
③ ⓑ: 가게에 가서 우유랑 빵을 샀다.
④ ⓒ: 얼음이 물이 되었어요.
⑤ ⓒ: 처음부터 끝까지 네가 좋았다.

16 〈보기〉에서 밑줄 친 단어의 품사에 대한 설명으로 적절한 것은?

> **보기**
> 어머나, 이게 누구세요?

① 용언처럼 활용하기도 한다.
② 단독으로 문장을 이룰 수 없다.
③ 생략하면 문장이 성립하지 않는다.
④ '오냐', '응'과 같은 품사에 해당한다.
⑤ 다른 말과의 문법적인 관계를 나타낸다.

17 밑줄 친 단어의 품사가 같은 것끼리 묶은 것은?

① ┌ 나도 참을 만큼 참았어.
  └ 나도 너만큼은 먹을 수 있어.
② ┌ 설마 내가 너를 속이기야 하겠니?
  └ 드디어 옛 건물에 도착했습니다.
③ ┌ 과자 세 개를 사 가지고 왔단다.
  └ 이곳에 와 주셔서 감사할 따름입니다.
④ ┌ 부드러운 털의 감촉이 느껴졌다.
  └ 공원에는 잔디에 누워 있는 사람들이 많았다.
⑤ ┌ 저에게 이런 일이 생기다니, 신기할 뿐입니다.
  └ 이렇게 많은 사람 중에서 나를 찾아냈구나.

✔ 수능 기출　　　　2014학년도 수능 B형

18 〈보기〉의 ㉠~㉤에 대한 설명으로 적절하지 않은 것은?

> **보기**
> **선생님** 안녕? 어, 손에 들고 있는 그거 뭐니?
> **학생** 네, 중생대 공룡에 관한 책이에요. 할아버지께서는 제 생일마다 책들을 사 주셨는데, ㉠이것도 ㉡그것 중 하나예요. 해마다 할아버지께서는 ㉢당신 손으로 직접 골라 주신답니다.
> **선생님** 그렇구나. ㉣우리 집 아이들도 공룡 책을 참 좋아하지. 우리 아이들은 ㉤저희들끼리 책을 고르려고 아옹다옹한단다.

① ㉠은 대화 상황에서 눈에 보이는 대상, 곧 학생이 들고 있는 책을 가리킨다.
② ㉡은 앞서 언급한 대상, 곧 할아버지께서 사 주신 책들을 가리킨다.
③ ㉢은 3인칭으로 사용되고 있다.
④ ㉣은 듣는 이를 포함하지 않는다.
⑤ ㉤은 1인칭으로 사용되고 있다.

> ✔ **유형 분석**　대명사의 종류와 특징 이해하기
> ✔ **이렇게 풀어 봐!**　대명사와 관련된 기출 문제에서는 크게 두 가지 내용을 주로 다루고 있어. 첫째는 인칭 대명사의 구분이야. 1인칭은 말하는 이, 2인칭은 듣는 이, 3인칭은 말하는 이와 듣는 이 이외의 사람을 가리킨다는 것을 기억해. 둘째는 재귀 대명사 '당신'의 쓰임이야. 재귀 대명사는 앞의 체언을 도로 나타내는 3인칭 대명사야. 재귀 대명사가 가리키는 것을 알기 위해서는 앞뒤 문맥을 잘 살펴봐야 해.

10 형태소, 어근과 접사

■ 형태소 (모양형形 모습태態 본디소素)

일정한 뜻을 가진 가장 작은 말의 단위(더 이상 나눌 수 없는 최소 의미 단위)

자립성 여부에 따라	자립 형태소	홀로 쓰일 수 있는 형태소	예 꽃, 사과, 사람, 바다
	의존 형태소	반드시 다른 말에 기대어 쓰이는 형태소	예 예쁘-, 먹-, 노랗-, 풋-, -꾼, 이/가, 을/를, -다, -었[용언의 어간] [접사] [조사] [용언의 어미]
의미에 따라	실질 형태소	실질적 의미를 가지고 있는 형태소	예 꽃, 사과, 사람, 바다, 예쁘-, 먹-, 노랗-[용언의 어간]
	형식 형태소	문법적 기능을 하는 형태소	예 풋-, -꾼, 이/가, 을/를, -다, -었-[접사] [조사] [용언의 어미]

■ 어근 (말씀어語 뿌리근根)

· 단어에서 실질적인 의미를 나타내는 중심 부분
· 모든 어근은 실질 형태소임.

예 나무, 우리, 둘, 헌, 아주, 어머나 / 가-, 놀-, 뛰-, 크-, 낮-, 빠르-
실질 형태소이면서 자립 형태소인 어근: 명사, 대명사, 수사, 관형사, 부사, 감탄사가 모두 어근에 해당함. / 실질 형태소이면서 의존 형태소인 어근: 용언(동사, 형용사)의 어간

■ 접사 (이을접接 말씀사辭)

· 단어를 형성할 때 어근에 붙어 그 뜻을 제한하는 주변 부분
· 모든 접사는 형식 형태소이고 의존 형태소임.

붙는 위치에 따라	접두사	어근의 앞에 붙어 특정한 뜻을 더하는 접사	예 날고기 '말리거나 익히거나 가공하지 않은'의 뜻을 더함. 개살구, 개머루 '야생 상태의' 또는 '질이 덜어지는', '흡사하지만 다른'의 뜻을 더함. 풋사과, 풋사랑 '처음 나온' 또는 '덜 익은', '미숙한', '깊지 않은'의 뜻을 더함. 짓밟다, 짓누르다 '마구', '함부로', '몹시'의 뜻을 더함. 치뜨다, 치솟다 '위로 향하게' 또는 '위로 올려'의 뜻을 더함.
	접미사	어근의 뒤에 붙어 특정한 뜻을 더하거나 어근의 품사를 바꾸는 접사	예 사냥꾼 '어떤 일을 전문적으로 하는 사람' 또는 '어떤 일을 잘하는 사람'의 뜻을 더함. 나무들, 새들 '복수(複數)'의 뜻을 더함. 지우개, 날개, 덮개 '그러한 행위를 하는 간단한 도구'의 뜻을 더하고 명사를 만듦. 달리기, 높이 명사를 만듦. 사랑하다, 사람답다 동사나 형용사를 만듦.

단어
자립할 수 있는 말 또는 자립할 수 있는 형태소에 붙어 쉽게 분리되는 말
예 사과(명사), 나(대명사), 셋(수사), 새(관형사), 매우(부사), 이다(조사), 가다(동사), 예쁘다(형용사)

■ 문장을 단어로 나누기

엄마가 잔다.
▼
엄마 + 가 + 잔다
명사   조사   동사

→ 조사는 의존 형태소이지만 자립 형태소에 붙어 쉽게 분리되므로 단어로 인정함.
→ '잔다'는 의존 형태소인 '자-', '-ㄴ-', '-다'가 함께 어울려야 자립할 수 있으므로 '잔다'가 하나의 단어임.
→ 이 문장은 3개의 단어로 이루어짐.

■ 문장을 형태소로 나누기

엄마가 잔다.
▼
엄마 + 가 + 자- + -ㄴ- + -다
자립,   의존, 의존,   의존,   의존,
실질   형식   실질   형식   형식

→ '엄마'를 '엄'과 '마'로 나누면 '자기를 낳아 준 여성'이라는 뜻이 사라지게 되므로 '엄마'는 하나의 형태소임.
→ '잔다'는 동사의 어간 '자-'와, 현재 시제를 나타내는 어미 '-ㄴ-'과, 종결 어미 '-다'로 나누어짐.
→ 이 문장은 5개의 형태소로 이루어짐.

■ 접사의 종류

'짝이 없이 혼자뿐인'의 뜻을 더하는 접두사
한겨울에 홀몸이 되었다.
'한창인'의 뜻을 더하는 접두사

부사를 만드는 접미사 '-이'
먹이가 수북이 쌓였다.
명사를 만드는 접미사 '-이'

· **어근과 어간의 차이점**
어근은 단어에서 실질적인 의미를 지닌 부분으로, 어근의 뜻을 제한하는 접사와 대응돼요. 어간은 용언이 활용할 때 변하지 않는 부분으로, 활용할 때 변하는 어미와 대응돼요. 즉, 어근은 단어 형성과 관련된 개념이고 어간은 동사의 활용과 관련된 개념이에요.
예 먹이다: 어근 '먹-', 어간 '먹이-'

· 빈칸에 들어갈 알맞은 말을 쓰시오.

'잡히다'에서 '잡-'은 (   )이고, '잡히-'는 (   )이다.

답 어근, 어간

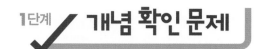

1 다음 설명이 맞으면 ○, 틀리면 × 표시를 하시오.

(1) 더 이상 쪼개면 그 뜻을 잃어버리는 가장 작은 말의 단위를 '단어'라고 한다. (　　)

(2) 단어를 형성할 때 어근에 붙어 특정한 뜻을 더하는 말을 '접사'라고 한다. 　(　　)

(3) 어근은 전부 자립 형태소이고, 접사는 전부 의존 형태소이다. 　　　　　　(　　)

2 다음 형태소 중, (1)~(4)에 해당하는 것을 모두 찾아 쓰시오.

바다　　먹-　　-었-　　매우　　-다　　예쁘-　　-답다

(1) 자립 형태소: (　　　　　　　　　　　)

(2) 의존 형태소: (　　　　　　　　　　　)

(3) 실질 형태소: (　　　　　　　　　　　)

(4) 형식 형태소: (　　　　　　　　　　　)

3 다음 단어를 제시된 설명에 따라 구분하시오.

배나무　　햇배　　하늘　　치솟다　　돌다리

(1) 어근만으로 이루어진 단어: (　　　　　　　　　　　　　)

(2) 어근에 접사가 붙어 이루어진 단어: (　　　　　　　　　　　)

4 다음 단어에 쓰인 접사의 종류를 바르게 연결하시오.

(1) 풋사랑　·

(2) 사기꾼　·　　　　　　　　　　　　· ㉠ 접두사

(3) 날달걀　·　　　　　　　　　　　　· ㉡ 접미사

(4) 달리기　·

✔ **어휘로 개념 확인**

다음 빈칸에 들어갈 알맞은 말을 쓰시오.

1 ☐☐☐ : 일정한 뜻을 가진 가장 작은 말의 단위

2 홀로 쓰일 수 있는 형태소를 ☐☐ 형태소, 반드시 다른 말에 기대어 쓰이는 형태소를 ☐☐ 형태소라고 함.

3 ☐☐ : 단어에서 실질적인 의미를 나타내는 중심 부분

4 ☐☐ : 단어를 형성할 때 어근에 붙어 그 뜻을 더하거나 어근의 품사를 바꾸는 부분

01 형태소에 대한 설명으로 적절하지 <u>않은</u> 것은?

① 뜻을 가진 가장 작은 말의 단위이다.
② 모든 실질 형태소는 단어에 포함될 수 있다.
③ 모든 자립 형태소는 단어에 포함될 수 있다.
④ 용언의 어간은 모두 의존 형태소에 해당한다.
⑤ 용언의 어미는 모두 형식 형태소에 해당한다.

02 〈보기〉의 문장을 형태소로 바르게 나눈 것은?

> **보기**
> 나는 겨울이 매우 싫다.

① 나는/겨울이/매우/싫다
② 나/는/겨울/이/매우/싫다
③ 나/는/겨울/이/매우/싫-/-다
④ 나/는/겨울/이/매/우/싫-/-다
⑤ 나/는/겨/울/이/매/우/싫-/-다

03 형태소의 개수가 같은 단어끼리 묶은 것은?

① 하늘 – 슬픔
② 멋쟁이 – 이야기
③ 던지기 – 뛰놀다
④ 풋사과 – 소나무
⑤ 우리말 – 새하얗다

04 〈보기〉에서 형식 형태소가 포함되지 <u>않은</u> 단어를 모두 찾아 쓰시오.

> **보기**
> 구름   꿈   눈물   먹이   나팔꽃

05 〈보기〉의 속담에서 의존 형태소는 몇 개인가?

> **보기**
> 가는 말에 채찍질

① 1개
② 2개
③ 3개
④ 4개
⑤ 5개

06 〈보기〉의 문장에서 실질 형태소이면서 자립 형태소인 형태소를 모두 찾아 쓰시오.

> **보기**
> 그 집은 그림의 떡이다.

07 〈보기〉의 ㉠과 ㉡에 들어갈 말을 알맞게 짝 지은 것은?

> **보기**
> 단어에서 실질적인 의미를 나타내는 중심 부분을 (㉠)(이)라고 하는데, 모든 (㉠)은/는 (㉡)에 해당한다.

	㉠	㉡
①	어근	실질 형태소
②	어근	자립 형태소
③	어근	형식 형태소
④	접사	의존 형태소
⑤	접사	형식 형태소

08 〈보기〉의 질문에 대한 대답으로 적절한 것은?

> **보기**
>
> 밑줄 친 단어 중에서 '어근 앞에 붙어서 특정한 뜻을 더하는 형태소'가 포함된 것은?

① 무엇을 해도 믿음이 간다.
② 나는 당신이 무척 자랑스럽다.
③ 봄에는 산나물을 많이 먹을 수 있어.
④ 더운 날에 헛걸음하게 해서 죄송합니다.
⑤ 바람이 불고 파도가 치는 제주도로 오세요.

09 밑줄 친 부분에 대한 설명으로 적절한 것은?

① 애벌레: '어린', '작은'의 뜻을 더하는 접두사이다.
② 잠꾸러기: '그것이 심하거나 많은 사람'의 뜻을 가진 어근이다.
③ 짓누르다: '마구', '함부로', '몹시'의 뜻을 더하며, 어근의 품사를 바꾸는 접두사이다.
④ 돌다리: '흙 따위가 굳어서 된 광물질의 단단한 덩어리'의 뜻을 더하는 접두사이다.
⑤ 부채질: '그 도구를 가지고 하는 일'의 뜻을 더하면서 동사를 명사로 만드는 접미사이다.

10 〈보기〉 단어들의 공통점으로 적절한 것은?

> **보기**
>
> 도둑질   날고기   헛소문   햇양파

① 어근으로만 이루어져 있다.
② 자립 형태소로만 이루어져 있다.
③ 실질 형태소로만 이루어져 있다.
④ 접사가 단어의 품사를 바꾸고 있다.
⑤ 의존 형태소가 하나씩 포함되어 있다.

신유형

11 〈보기〉의 보드게임을 하여 도착한 나라로 알맞은 것은?

> **보기**
>
> ※ 주어진 문제를 순서대로 푸세요.
> 1. '지우개'의 형태소 개수만큼 오른쪽으로 가시오.
> 2. '막내딸'의 어근 개수만큼 아래쪽으로 가시오.
> 3. '먹었다'의 실질 형태소 개수만큼 오른쪽으로 가시오.

출발 →					
		스위스			캐나다
			미국	프랑스	
		중국			

① 중국   ② 미국   ③ 프랑스
④ 캐나다   ⑤ 스위스

12 〈보기〉의 ⓐ~ⓔ에 대한 설명으로 적절한 것은?

> **보기**
>
> ⓐ밤낮 없이 ⓑ맨발로 고무줄 ⓒ놀이를 했더니 ⓓ몹시 피곤하다. 다음부터는 양말을 ⓔ신고 해야겠다.

① ⓐ는 어근과 접사로 이루어진 단어이다.
② ⓑ는 어근과 어근으로 이루어진 단어이다.
③ ⓒ는 실질 형태소로만 이루어진 단어이다.
④ ⓓ는 실질 형태소 1개로 이루어진 단어이다.
⑤ ⓔ는 접두사와 접미사로 이루어진 단어이다.

고난도

13 〈보기〉의 문장에 대한 설명으로 적절한 것은?

> **보기**
>
> 할머니의 덧버선이 참 예뻤다.

① 7개의 단어로 이루어진 문장이다.
② 8개의 형태소로 이루어진 문장이다.
③ 이 문장에서 의존 형태소는 6개이다.
④ 이 문장에는 접미사를 포함한 단어가 있다.
⑤ 이 문장에서 실질 형태소이면서 자립 형태소에 해당하는 형태소는 4개이다.

단일어와 복합어

● 단어

● **단일어** (홀단單 하나일─ 말씀어語)

하나의 어근으로 이루어진 단어

예 꽃, 사람, 사랑, 마음, 가다, 춥다

● **복합어** (겹칠복複 합할합合 말씀어語)

둘 이상의 어근이나 어근과 접사로 이루어진 단어
   합성어   파생어

❶ **합성어** (합할합合 이룰성成 말씀어語)

둘 이상의 어근이 결합하여 이루어진 단어

어근의 결합 방식에 따라	대등 합성어	어근이 대등하게 결합하여 어근의 본래 뜻을 유지하는 합성어	예 앞뒤, 손발, 팔다리, 오가다
	종속 합성어	한쪽 어근이 다른 쪽 어근을 꾸며 주는 합성어	예 물걸레, 책가방, 돌다리, 쇠사슬
	융합 합성어	어근끼리 결합하여 만들어진 단어가 새로운 뜻을 나타내는 합성어	예 춘추, 피땀, 입방아, 돌아가(시)다

쓸데없이 입을 놀리는 일
노력과 정성을 비유적
으로 이르는 말   '죽다'의 높임말

❷ **파생어** (갈래파派 날생生 말씀어語)

어근의 앞이나 뒤에 접사가 붙어 이루어진 단어

접사가 붙는 위치에 따라	접두사에 의한 파생어 (접사 + 어근)	• 어근의 앞에 접두사가 붙어 만들어진 파생어 • 이때 접두사는 특정한 뜻을 더하고, 단어의 품사를 바꾸지는 못함.	예 맨발, 햇병아리, 새빨갛다, 헛수고, 덧니, 설익다
	접미사에 의한 파생어 (어근 + 접사)	• 어근의 뒤에 접미사가 붙어 만들어진 파생어 • 이때 접미사는 특정한 뜻을 더하고, 단어의 품사를 바꿀 때도 있음.	예 부채질, 지우개, 잠꾸러기, 공부하다, 자랑스럽다

명사→동사로 품사를 바꿈
명사→형용사로 품사를 바꿈

❶ **합성어의 종류**

어근 '앞' + 어근 '뒤' → 앞뒤
         앞과 뒤를 아울러 이르는 말
→ 두 어근이 본래의 뜻을 유지하는 대등 합성어

어근 '물' + 어근 '걸레' → 물걸레
              물에 축여서
              쓰는 걸레
→ 한쪽 어근이 다른 어근을 꾸며 주는 종속 합성어

어근 '춘' + 어근 '추' → 춘추
              어른의 나이를 높여 이르는 말
→ 원래 어근과 뜻이 전혀 달라지는 융합 합성어

통사적 합성어와 비통사적 합성어
• 통사적 합성어: 우리말의 일반적인 단어 배열 방식에 따라 만들어진 합성어
   예 작은아버지, 첫사랑, 들고나다
• 비통사적 합성어: 우리말의 일반적인 단어 배열 방식과 다른 방식으로 만들어진 합성어
   예 늦잠, 부슬비, 여닫다

관형사형 어미 없이 용언과 체언이 이어짐.   부사(부슬부슬)가 체언을 꾸밈.   용언의 어간과 어간이 이어짐.

❷ **파생어의 예**

접사 '맏─' + 어근 '사위'
'맏이'의 뜻을 더하는 접두사   → 맏사위

접사 '햇─' + 어근 '과일'
'그 해에 새로 난'의 뜻을 더하는 접두사   → 햇과일

어근 '소리' + 접사 '─꾼'
'어떤 일을 전문적으로 하는 사람'의 뜻을 더하는 접미사   → 소리꾼

어근 '부채' + 접사 '─질'
'그 도구를 가지고 하는 일'의 뜻을 더하는 접미사   → 부채질

헷갈리는 1% 채우기

• **접미사와 어미의 차이점**
접미사는 어근과 결합할 때 제약이 있지만 어미는 어간과 결합할 때 별다른 제약이 없어요.
   예 접미사 '─개': 지우개(O), 날개(O), 놀개(X), 먹개(X)
      어미 '─고': 지우고, 날고, 놀고, 먹고
그리고 어미와 달리 접미사는 단어의 품사를 바꿀 수도 있어요.
   예 형용사 '기쁘다': '기쁘고, 기쁘지, 기쁘니'는 어간 '기쁘─' + 어미 '─고/─지/─니'로 그대로 형용사임.
      '기쁨'은 어근 '기쁘─' + 접미사 '─ㅁ'으로 명사임.

• 빈칸에 들어갈 알맞은 말을 쓰시오.

'새가 높이 난다.'에서 '─이'는
(   )이고, '새가 높게 난다.'
에서 '─게'는 (   )이다.

답 접사, 어미

1 다음 설명이 맞으면 ○, 틀리면 × 표시를 하시오.

(1) 유의 관계는 말소리는 다르지만 의미가 서로 비슷한 단어 간의 관계이다. ( )

(2) 유의 관계를 이루는 단어들은 의미가 비슷하므로 모든 문맥에서 바꿔 쓸 수 있다.
( )

(3) 실제 언어생활에서 동의 관계에 해당하는 말을 쉽게 찾을 수 있다. ( )

(4) 의미가 여러 개인 단어는 맥락에 따라 반의어가 달라질 수 있다. ( )

2 (1)과 (2)에 제시된 단어들의 의미 관계가 다음 중 어디에 해당하는지 쓰시오.

유의 관계	다의 관계	상하 관계	반의 관계

(1) 얼굴 – 낯: ( )

(2) 참 – 거짓: ( )

3 다음 중 '유의 관계'에 해당하는 것을 모두 찾아 기호를 쓰시오.

㉠ 순박하다 – 순진하다　　㉡ 죽다 – 타계하다　　㉢ 길다 – 짧다

( )

4 다음 단어 중, (1)~(3)의 밑줄 친 단어의 반의어를 찾아 문맥에 맞게 쓰시오.

입다	쓰다	신다	지다	받다

(1) 아침에 일어나 잠옷을 <u>벗었다</u>. ↔ ( )

(2) 교실에 들어오면 모자를 <u>벗으세요</u>. ↔ ( )

(3) 마음의 짐을 <u>벗었다</u>. ↔ ( )

✓ 어휘로 개념 확인

다음 빈칸에 들어갈 알맞은 말을 쓰시오.

1 [ ][ ] **관계**: 서로 비슷한 의미를 가진 둘 이상의 단어들이 맺는 의미 관계

2 [ ][ ] **관계**: 둘 이상의 단어의 의미가 서로 짝을 이루어 대립하는 의미 관계

3 [ ][ ][ ] 을/를 활용하여 다양하고 풍요로운 문장을 만들 수 있음.

4 [ ][ ][ ] 은/는 오직 한 개의 의미 자질만 다르고 나머지는 공통적임.

01 〈보기〉에 제시된 단어들에 대한 설명으로 적절한 것은?

> **보기**
>
> 빨갛다 – 붉다

① 형태는 다르지만 의미가 서로 비슷하다.
② 금기어와 그것을 대체하기 위한 말이다.
③ 문맥에 상관없이 서로 쉽게 바꿔 쓸 수 있다.
④ 단어의 의미가 서로 짝을 이루어 대립하는 관계에 있다.
⑤ 오직 한 개의 의미 자질만 다르고 나머지 의미 자질은 공통적이다.

02 〈보기〉의 ㉠에 들어갈 말로 가장 적절한 것은?

> **보기**
>
> '유의어'는 형태는 다르지만 뜻은 서로 비슷한 단어를 말합니다. 그런데 뜻이 비슷하다고 해도 미묘한 의미 차이가 존재해요. 그렇기 때문에 글을 쓸 때 여러 가지 유의어를 활용하면 (㉠   )

① 감동을 주는 글을 쓸 수 있습니다.
② 독자의 수준에 맞는 글을 쓸 수 있습니다.
③ 우리말의 부족한 어휘를 보완할 수 있습니다.
④ 단어의 함축적 의미를 잘 표현할 수 있습니다.
⑤ 다양하고 풍요로운 문장을 만들 수 있습니다.

03 〈보기〉의 ㉠~㉣ 중, 단어들의 의미 관계가 같은 것끼리 묶은 것은?

> **보기**
>
> ㉠ 즐겁다 – 유쾌하다
> ㉡ 어둡다 – 밝다
> ㉢ 천연두 – 마마
> ㉣ 고등어 – 시금치

① ㉠, ㉡   ② ㉠, ㉢   ③ ㉠, ㉣
④ ㉡, ㉢   ⑤ ㉢, ㉣

04 〈보기〉의 밑줄 친 두 단어들과 의미 관계가 같은 단어들의 짝으로 알맞은 것은?

> **보기**
>
> • 방과 후 학생들이 더러 남아 공부를 한다.
> • 지금도 간혹 눈물이 흐를 때가 있습니까?

① 악기 – 피아노
② 초등학생 – 중학생
③ 죽다 – 숨지다
④ 부드럽다 – 거칠다
⑤ 생선 – 고등어

05 〈보기〉는 '머리'와 관련 있는 단어들이다. '머리'와의 의미 관계를 고려할 때, ㉠~㉤ 중에서 성격이 다른 하나를 찾고, 그렇게 생각한 까닭을 함께 쓰시오.

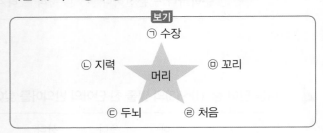

> **보기**
>
> ㉠ 수장
> ㉡ 지력   ㉢ 꼬리
>   머리
> ㉣ 두뇌   ㉤ 처음

06 밑줄 친 단어와 바꿔 쓸 수 있는 말로 적절하지 <u>않</u>은 것은?

① 홈페이지 주소를 좀 알려 주세요. → '누리집'
② 미안해서 차마 너를 볼 낯이 없구나. → '안면'
③ 30년의 긴 세월을 함께한 제 아내입니다. → '처'
④ 남은 야채를 전부 넣었더니 꽤 맛있었다. → '채소'
⑤ 지금 마신 주스에는 무슨 과일을 넣었죠? → '방금'

07 ㉠~㉤에 들어갈 단어로 적절하지 <u>않은</u> 것은?

	예문	유의어
보다	영화를 <u>보다</u>.	㉠
	신문을 <u>보다</u>.	㉡
	이익을 <u>보다</u>.	㉢
	기회를 <u>보다</u>.	㉣
	환자를 <u>보다</u>.	㉤

① ㉠: 감상하다   ② ㉡: 읽다
③ ㉢: 얻다   ④ ㉣: 가지다
⑤ ㉤: 진찰하다

고난도

08 반의어가 사용된 문장으로 적절하지 <u>않은</u> 것은?

① 되로 주고 말로 받는다.
② 달면 삼키고 쓰면 뱉는다.
③ 가까운 이웃이 먼 친척보다 낫다.
④ 물에 빠지면 지푸라기라도 잡는다.
⑤ 낮말은 새가 듣고, 밤말은 쥐가 듣는다.

09 〈보기〉의 ㉠에 들어갈 예문으로 적절한 것은?

> **보기**
> 어떤 단어가 여러 의미를 지녔을 경우, 각각의 의미에 따라 반의어도 달라질 수 있다. 예를 들어 '(㉠   )' 에서 '빼다'의 반의어는 '넣다'인데, '벽에서 못을 빼다.'에서 '빼다'의 반의어는 '박다'가 된다.

① 옷에 얼룩을 빼다.
② 발에서 가시를 빼다.
③ 풍선에서 바람을 빼다.
④ 허리에 붙은 살을 빼다.
⑤ 삼(3)에서 이(2)를 빼다.

서술형

10 〈보기〉의 ㉠에 들어갈 내용을 쓰시오.

> **보기**
> '소년'의 반의어는 '소녀'이다. '소년'과 '소녀'는 [사람], [미성숙]이라는 점에서 공통점을 갖지만, [성별]이라는 점에서 차이를 보인다. 이를 통해 반의어는 (㉠   ) 을/를 알 수 있다.

11 두 단어의 의미 관계가 나머지와 <u>다른</u> 것은?

① 많다 – 적다   ② 아침 – 저녁
③ 오른쪽 – 왼쪽   ④ 무겁다 – 가볍다
⑤ 아버지 – 부친

12 〈보기〉의 질문에 대한 답으로 적절한 것은?

> **보기**
> [질문] '나'와 서로 의미가 대립하는 단어를 모두 찾으시오.

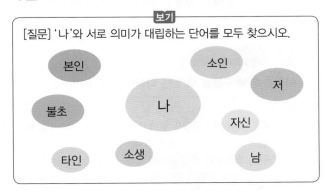

① 저, 남
② 남, 타인
③ 본인, 소인, 저
④ 불초, 저, 타인
⑤ 소생, 불초, 자신

14 상하 관계, 다의 관계, 동음이의 관계

■ 상하(위上 아래하下) 관계

- **개념** 한쪽이 의미상 다른 쪽을 포함하거나 다른 쪽에 포함되는 의미 관계를 '상하 관계'라고 함. 이때 다른 쪽을 포함하는 단어를 '상의어'라 하고, 포함되는 단어를 '하의어'라 함.
- **특징**
  - 상의어는 일반적이고 포괄적인 의미를, 하의어는 개별적이고 한정적인 의미를 지님.
  - 하의어는 상의어가 가지고 있는 의미를 자동적으로 지님.
  - 상의어와 하의어는 상대적인 관계로, 상대 단어에 따라 상의어나 하의어가 될 수 있음.

■ 다의(많을다多 뜻의義) 관계

- **개념** 둘 이상의 뜻을 가진 단어의 의미 관계를 '다의 관계'라고 하며, 다의 관계를 이루는 단어들을 '다의어'라고 함.
- **특징**
  - 다의어의 의미는 '중심적 의미'와 중심적 의미에서 확장된 '주변적 의미'로 나눌 수 있음.

중심적 의미	가장 기본적이고 핵심적인 의미(=기본적 의미)
주변적 의미	중심적 의미에서 확장되어 사용된 의미(=파생적 의미)

  - 다의어는 의미들 사이에 관련이 있으므로 사전에 하나의 표제어로 등재됨.

■ 동음이의(같을동同 소리음音 다를이異 뜻의義) 관계

- **개념** 소리는 같으나 의미가 서로 다른 단어들의 의미 관계를 '동음이의 관계'라고 하며, 동음이의 관계를 이루는 단어들을 '동음이의어'라고 함.
- **특징**
  - 형태와 소리는 같으나 의미상 관련이 없는 둘 이상의 단어 사이에서 발생함.
  - 동음이의어는 사전에 독립된 표제어로 각각 등재됨.
  - 동음이의어는 문맥과 상황을 고려하여 의미를 파악해야 함.

■ 상의어와 하의어의 예

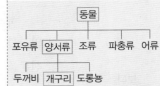

→ '동물'은 '포유류, 양서류, 조류, 파충류, 어류'의 상의어임.
'양서류'는 '두꺼비, 개구리, 도롱뇽'의 상의어임.
→ '양서류'는 '동물'의 하의어임.
'개구리'는 '양서류'의 하의어임.

■ 다의어의 예

타다¹「동사」
「1」 불씨나 높은 열로 불이 붙어 번지거나 불꽃이 일어나다.
⑩ 종이가 탄다.
「2」 피부가 햇볕을 오래 쬐어 검은색으로 변하다.
⑩ 얼굴이 새까맣게 탔다.
「3」 뜨거운 열을 받아 검은색으로 변할 정도로 지나치게 익다.
⑩ 고기가 탄다.

→ '타다'의 「1」~「3」은 다의 관계에 해당함. 중심적 의미는 「1」이고, 「2」와 「3」은 주변적 의미에 해당함.

■ 동음이의어의 예

타다¹「동사」
「1」 불씨나 높은 열로 불이 붙어 번지거나 불꽃이 일어나다.
⑩ 종이가 탄다.
타다²「동사」
「1」 탈것이나 짐승의 등 따위에 몸을 얹다.
⑩ 자동차를 탄다.

→ '타다¹'와 '타다²'는 둘 사이에 의미상 관련이 전혀 없는 동음이의어임.

헷갈리는 1% 채우기

• 사전을 통해 구분할 수 있는 다의어와 동음이의어

배¹「명사」
「1」「생명」 사람이나 동물의 몸에서 위장, 창자, 콩팥 따위의 내장이 들어 있는 곳으로 가슴과 엉덩이 사이의 부위. ⑩ 배가 아파요.
「2」「동물」 절족동물, 특히 곤충에서 머리와 가슴이 아닌 부분. 여러 마디로 되어 있으며 숨구멍, 항문 따위가 있다. ⑩ 곤충은 머리, 가슴, 배로 이루어져 있다.
「3」 긴 물건 가운데의 볼록한 부분. ⑩ 배가 볼록한 돌기둥

→ 의미상 서로 관련이 있는 다의어이므로 사전에서 하나의 표제어에 그 의미를 나열하여 수록함!

배²「명사」
사람이나 짐 따위를 싣고 물 위로 떠다니도록 나무나 쇠로 만든 물건. 모양이나 쓰임에 따라 보트, 나룻배, 기선(汽船), 군함(軍艦), 화물선, 여객선, 유조선 따위로 나뉜다.

☐ : 서로 의미상 관계가 전혀 없는 동음이의어이므로 사전에서 별개의 표제어로 수록함!

배³「명사」
배나무의 열매.

• 다음 괄호 안에 들어갈 알맞은 말을 고르시오.

> 사람이 타는 '배'와 사람이 먹는 '배'는 서로 의미 관련성이 {있으므로, 없으므로} {다의, 동음이의} 관계에 해당한다.

정답 없으므로, 동음이의

1 다음 설명이 맞으면 ○, 틀리면 × 표시를 하시오.

(1) 상하 관계에 있는 단어에서 의미상 다른 한 쪽에 포함되는 단어가 '상의어'이고, 다른 한 쪽을 포함하는 단어가 '하의어'이다. ( )

(2) 다의어의 의미 중에서 가장 기본적이고 핵심적인 의미를 '중심적 의미'라고 한다. ( )

(3) 다의어는 여러 개의 의미를 지니지만 사전에서 하나의 표제어로 등재된다. ( )

(4) 동음이의어는 단어의 형태와 소리가 같을 뿐 의미의 유사성은 없는 단어이다. ( )

2 다음 중 나머지 단어들의 상의어에 해당하는 것을 찾아 쓰시오.

(1) 시각, 감각, 청각, 촉각, 후각 → ( )

(2) 음악, 미술, 무용, 예술, 문학 → ( )

3 다음 밑줄 친 단어의 의미를 중심적 의미와 주변적 의미로 나누어 그 기호를 쓰시오.

> ㉠ 머리를 긁었다.
> ㉡ 머리를 짧게 잘랐다.
> ㉢ 머리가 나쁜 것이 틀림없다.

(1) 중심적 의미: ( )

(2) 주변적 의미: ( )

4 밑줄 친 두 단어의 의미 관계에 해당하는 것을 바르게 연결하시오.

(1) ┌ 장작이 타다.
    └ 밥이 타다.   · ㉠ 동음이의 관계

(2) ┌ 구두를 신었다.
    └ 구두로 약속을 했다.   · ㉡ 다의 관계

☑ 어휘로 개념 확인

다음 빈칸에 들어갈 알맞은 말을 쓰시오.

1 [ ][ ][ ] : 상하 관계에 있는 두 단어 중 일반적이고 포괄적인 의미를 지닌 단어

2 [ ][ ] 관계: 둘 이상의 뜻을 가진 단어의 의미 관계

3 [ ][ ] 의미: 다의어에서 가장 기본적이고 핵심적인 의미

4 [ ][ ][ ] 관계: 소리는 같으나 의미가 서로 다른 단어들의 의미 관계

01 〈보기〉의 ㉠에 들어갈 예시로 적절하지 <u>않은</u> 것은?

> [보기]
> 한쪽이 의미상 다른 쪽을 포함하거나 다른 쪽에 포함되는 의미 관계를 '상하 관계'라고 한다. 예를 들어, (㉠)은/는 상하 관계에 있는 단어들이라고 할 수 있다.

① 진돗개 – 개   ② 총각 – 처녀
③ 동요 – 노래   ④ 갈치 – 생선
⑤ 해바라기 – 꽃

02 〈보기〉에서 알 수 있는 의미 관계에 대한 설명으로 적절하지 <u>않은</u> 것은?

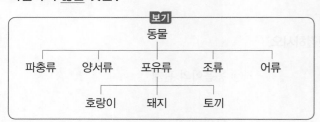

① 한쪽이 의미상 다른 쪽을 포함하거나 다른 쪽에 포함되는 상하 관계이다.
② 상의어는 일반적이고 포괄적인 의미를, 하의어는 개별적이고 한정적인 의미를 지닌다.
③ 하의어는 상의어가 가지고 있는 의미를 자동적으로 지닌다.
④ 상의어와 하의어는 고정적이어서 상의어는 하의어가 될 수 없다.
⑤ 상의어는 여러 개의 하의어를 가질 수 있고, 하의어도 여러 개의 상의어를 가질 수 있다.

신유형 서술형
03 다음 내용을 참고하여 ⓐ~ⓒ에 들어갈 말을 본문에서 찾아 쓰시오.

> 국악기는 연주 방법에 따라 관악기, 현악기, 타악기로 나눌 수 있다. 관악기는 관 안의 공기를 진동시켜서, 현악기는 줄을 문지르거나 퉁겨서, 타악기는 두드려서 소리를 내는 악기이다. 단소나 대금과 같이 관을 통해 소리를 내는 관악기, 가야금이나 거문고처럼 줄을 튕기거나 긁어서 소리를 내는 현악기, 장구나 북처럼 두드려서 소리를 내는 타악기는 모두 우리 국악기에 속한다. 그중에서도 가야금은 긴 몸통과 열두 개의 줄로 각기 다른 높낮이의 소리를 낸다.
>
> – 김영운, 「국악 개론」

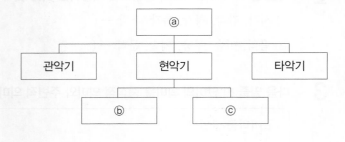

04 밑줄 친 단어들의 의미 관계가 <u>다른</u> 하나는?

① 가장 빨리 달리는 <u>동물</u>은 <u>치타</u>이다.
② 봄은 내가 가장 좋아하는 <u>계절</u>이다.
③ <u>문학</u>도 <u>예술</u>의 한 분야로 볼 수 있다.
④ 낚시터에는 <u>붕어</u>보다 <u>미꾸라지</u>가 더 많았다.
⑤ 도서관에 있는 <u>책</u> 중에는 <u>식물도감</u>도 있습니까?

서술형
05 〈보기〉의 ㉠과 ㉡에 들어갈 알맞은 말을 쓰시오.

> [보기]
> '감기가 들다.'와 '단풍이 들다.'에서 밑줄 친 '들다'는 서로 의미상 관련이 (㉠). 따라서 이 둘은 (㉡) 관계에 해당하는 단어들로 볼 수 있다.

06 밑줄 친 단어 중, 〈보기〉의 '배'와 다의 관계인 것은?

> **보기**
>
> 여보세요 여보세요 배가 아파요.

① 그제 산 배가 무척 달구나.
② 완도에서 제주도로 가는 배를 탔습니다.
③ 거름을 주었더니 수확량이 무려 세 배나 늘었다.
④ 임신 5개월 차가 되면 배가 불룩해지기 시작하죠.
⑤ 임금에게 절하고 나서 사람들에게 배를 하고 나왔다.

07 밑줄 친 '눈'이 중심적 의미로 사용된 것은?

① 당신은 사람 보는 눈이 뛰어나시군요.
② 우리 반에서 눈이 가장 큰 사람은 보리다.
③ 그는 사람들의 눈을 피해 일단 숨기로 했다.
④ 여기가 이번 태풍의 눈에 해당하는 지역이래.
⑤ 눈이 더 나빠지기 전에 안경을 쓰는 게 좋겠다.

고난도
08 〈보기〉는 국어사전의 일부이다. ㉠~㉢에 대한 설명으로 적절하지 않은 것은?

> **보기**
>
> 손¹ 「명사」
> ㉠ 「1」 사람의 팔목 끝에 달린 부분. 손등, 손바닥, 손목으로 나
> 뉘며 그 끝에 다섯 개의 손가락이 있어, 무엇을 만지거
> 나 잡거나 한다.
> ㉡ 「2」 손끝의 다섯 개로 갈라진 부분. 또는 그것 하나하나.
> ㉢ 「3」 일을 하는 사람.
> ㉣ 「4」 어떤 일을 하는 데 드는 사람의 힘이나 노력, 기술.
> ㉤ 「5」 어떤 사람의 영향력이나 권한이 미치는 범위.

① '손에 반지를 끼다.'는 ㉠의 예문으로 쓸 수 있다.
② ㉡의 '손'과 ㉢의 '손'은 서로 의미상 관련이 있다.
③ ㉢의 '손'과 ㉣의 '손'은 다의 관계에 있는 말이다.
④ '권력을 손에 넣다.'는 ㉤의 예문으로 쓸 수 있다.
⑤ ㉠~㉤은 사전에 하나의 표제어로 등재된다.

09 ㉠과 ㉡의 의미 관계가 다의 관계에 해당하는 것은?

① ┌ 종이에 ㉠풀을 너무 많이 바르지 마세요.
　└ 나무와 ㉡풀이 우거진 숲에 가고 싶구나.
② ┌ 동생은 밥을 ㉠짓고, 나는 반찬을 차리지요.
　└ 시 한 편을 ㉡짓고 나니 피곤이 몰려옵니다.
③ ┌ 집에 들어오니 안경에 ㉠김이 서리는구나.
　└ 현준이는 왜 다른 것은 안 먹고 ㉡김만 먹니?
④ ┌ 이 꽃이 ㉠지고 나면 열매가 맺히겠지요?
　└ 짐을 ㉡지고 간다는 게 쉬운 일은 아닙니다.
⑤ ┌ 몸에 좋은 약은 입에 ㉠쓰다고 합니다.
　└ 미세먼지가 심하면 마스크를 꼭 ㉡써야 합니다.

10 밑줄 친 ⓐ, ⓑ에 대한 설명으로 적절한 것은?

> **보기**
>
> ┌ 어제는 종일 비가 오더니 오늘은 ⓐ날이 좋군요.
> └ 숫돌에 낫을 갈아 무뎌진 ⓑ날을 세웠다.

① 두 단어는 같은 어원에서 나온 말이다.
② 두 단어의 소리가 같은 것은 필연적이다.
③ 두 단어는 사전에 별개의 표제어로 등재된다.
④ 두 단어는 서로 다의 관계에 있다고 할 수 있다.
⑤ 문맥을 통해 두 단어의 의미를 파악하기는 어렵다.

11 밑줄 친 단어 중, 〈보기〉의 ㉠과 동음이의 관계인 것은?

> **보기**
>
> 나는 비행기를 ㉠타고 제주도에 갔다.

① 원숭이는 나무를 잘 탄다.
② 연이 바람을 타고 하늘로 날아갔다.
③ 동생과 같이 그네를 타고 집에 왔다.
④ 날이 더워서 그런지 금세 얼굴이 탔다.
⑤ 스케이트를 탈 때는 장갑을 끼는 것이 좋다.

3단계 실력 향상 문제

| 2014 11월 고1 학력평가 |

01 〈보기〉의 선생님 설명을 바탕으로 할 때, ㉠을 형태소로 바르게 나눈 것은?

> **보기**
>
> **선생님** 형태소란 일정한 뜻을 가진 가장 작은 말의 단위를 뜻합니다. 예를 들어 '나는'에서 '나'는 실질적인 의미를 지니므로 하나의 형태소가 되고, '는'은 문법적인 의미를 지니기 때문에 하나의 형태소로 인정받을 수 있습니다. 자, 그러면 ㉠'오늘은 날씨가 참 좋았다.'를 형태소로 나누어 볼까요?

① 오늘은/날씨가/참/좋았다.
② 오늘/은/날씨/가/참/좋았다.
③ 오늘/은/날씨/가/참/좋았-/-다.
④ 오늘/은/날씨/가/참/좋-/-았다.
⑤ 오늘/은/날씨/가/참/좋-/-았-/-다.

02 다음 문장에서 〈보기〉의 ⓐ, ⓑ에 들어갈 말을 골라 바르게 짝 지은 것은?

> 발 없는 말이 천 리 간다.

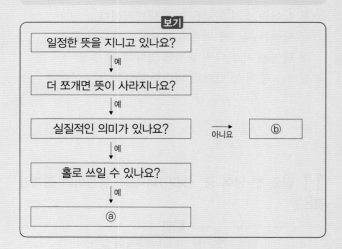

	ⓐ	ⓑ
①	발, 말, 천	는, 이, 리, -ㄴ-, -다
②	발, 말, 천, 리	없-, 가-
③	발, 말, 천, 리	-는, 이, -ㄴ-, -다
④	발, 말, 천, 리	없-, -는, 이, 간-, -다
⑤	발, 없-, 말, 천, 리, 가-	-는, 이, -ㄴ-, -다

03 〈보기〉는 문법 수업 장면의 일부이다. 이에 대한 학생의 반응으로 적절하지 <u>않은</u> 것은?

> **보기**
>
> **선생님** 단어는 자립할 수 있는 말이나, 자립할 수 있는 형태소에 붙어 쉽게 분리되는 말이고, 형태소는 일정한 뜻을 가진 가장 작은 말의 단위입니다. 다음 문장을 단어와 형태소로 나누면 다음과 같습니다.
>
> | 문장 | 나는 풋사과를 먹었다. | | | | | | |
> |---|---|---|---|---|---|---|---|
>
> ↓
>
> | 단어 | 나 | 는 | 풋사과 | 를 | 먹었다 | | |
> |---|---|---|---|---|---|---|---|
>
> ↓
>
> | 형태소 | 나 | 는 | 풋 | 사과 | 를 | 먹 | 었 | 다 |
> |---|---|---|---|---|---|---|---|---|

① '는', '를'의 경우는 자립성이 없는 형태소이지만 단어로 인정되고 있군.
② '었'은 자립할 수 없는 형태소로, 홀로 쓰일 수 있는 형태소와 결합하고 있군.
③ '풋사과', '먹었다'는 단어에서 더 작은 단위인 형태소로 분석되는 경우로군.
④ '는', '를', '었', '다'를 보니, 문법적 기능을 하는 말도 형태소에 해당함을 알 수 있군.
⑤ '먹'을 보니, 실질적 의미가 있는 형태소 중에서 단어에 해당하지 않는 경우가 있음을 알 수 있군.

04 〈보기〉를 바탕으로 어근과 접사에 대해 탐구한 내용으로 적절하지 <u>않은</u> 것은?

> **보기**
>
> 단어를 형성할 때, 실질적인 의미를 나타내는 중심 부분을 어근이라 하고, 어근에 붙어 그 뜻을 제한하는 주변 부분을 접사라고 한다. 접사는 어근에 특정한 뜻을 더하기도 하고 어근의 품사를 바꾸기도 한다.

① '먹이다'에서 어근은 '먹이-'이다.
② '풋고추'의 '풋-'은 어근에 뜻을 더해 준다.
③ '오르내리다'에서 '오르-'와 '내리-'는 어근이다.
④ '날개'의 '-개'는 어근의 품사를 바꾸는 접사이다.
⑤ '군식구'의 '군-'은 특정한 뜻을 더하는 접사이다.

05 다음 단어 중, 〈보기〉의 @에 해당하는 단어를 모두 골라 묶은 것은?

> 신비롭다 바느질 헛소리 죽음 치뜨다

> **보기**
>
> 어근의 앞이나 뒤에 접사가 결합하여 파생어가 된다. 이 과정에서 @품사가 변하는 경우도 있고 품사가 변하지 않는 경우도 있다.

① 바느질, 헛소리
② 헛소리, 치뜨다
③ 신비롭다, 죽음
④ 신비롭다, 죽음, 치뜨다
⑤ 신비롭다, 바느질, 죽음, 치뜨다

06 〈보기〉의 설명을 바탕으로 단어 형성에 대해 탐구한 내용으로 적절한 것은?

> **보기**
>
> '바다'와 같이 하나의 어근으로 이루어진 단어를 단일어라고 한다. '뛰놀다'와 같이 둘 이상의 어근으로 이루어진 단어는 합성어라고 하고, '멋쟁이'처럼 어근과 접사가 결합하여 이루어진 단어는 파생어라고 한다.

① '달리기'는 하나의 어근으로 된 단일어이군.
② '날짐승'은 실질적인 의미를 지닌 어근끼리 결합한 합성어이군.
③ '덮밥'은 '덮-'이라는 접사와 '밥'이라는 어근이 결합한 파생어이군.
④ '이슬비'는 특정한 뜻을 더하는 접사가 어근에 결합한 단어로 볼 수 있군.
⑤ '나무꾼'과 '배나무'는 모두 실질적인 의미를 나타내는 어근끼리 결합한 합성어에 해당하겠군.

07 다음 단어들을 형성 원리가 같은 것끼리 (A)~(C)에 나눠 담으려고 한다. 각 상자에 들어갈 단어를 분류해 쓰시오.

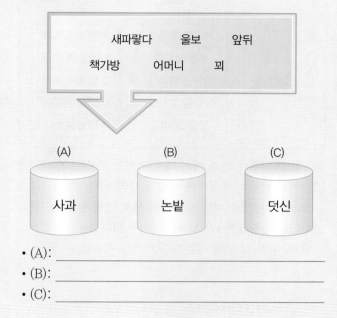

- (A): _____
- (B): _____
- (C): _____

08 〈보기〉의 ㉠~㉤에 해당하는 예로 적절하지 않은 것은?

> **보기**
>
> 합성어는 둘 이상의 어근이 결합하여 이루어진 단어이다. 합성어는 ㉠어근이 대등하게 결합하여 어근의 본래 뜻을 유지하는 합성어, ㉡한쪽 어근이 다른 쪽 어근을 꾸며 주는 합성어, ㉢둘 이상의 어근이 결합하여 새로운 뜻을 나타내는 합성어로 나눌 수 있다.
> 또한 ㉣우리말의 일반적인 단어 배열 방식에 따라 만들어진 합성어도 있고, ㉤우리말의 일반적인 단어 배열 방식과 다른 방식으로 만들어진 합성어도 있다.

① ㉠: 오가다
② ㉡: 팔다리
③ ㉢: 검버섯
④ ㉣: 손발
⑤ ㉤: 검붉다

| 2015 9월 고1 학력평가 |

09 〈보기〉의 (가)~(다)에 대한 설명으로 적절하지 <u>않은</u> 것은?

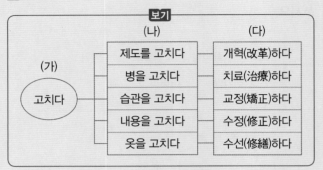

① (가)는 상황에 따라 여러 가지 의미로 사용된다.
② (나)의 의미는 목적어에 의해서 제한적으로 해석된다.
③ (다)의 어휘들끼리는 문장에서 서로 바꿔 쓸 수 있다.
④ (다)는 문장에서 (가)로 바꿔 쓸 수 있다.
⑤ (다)는 (가)에 비해 세분화된 의미를 지닌다.

11 〈보기〉를 바탕으로 밑줄 친 '마음'을 다른 단어로 바꾸었을 때 적절하지 <u>않은</u> 것은?

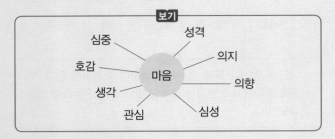

① 피노키오는 공부에는 <u>마음</u>이 없었죠. → 관심
② 놀부의 못된 <u>마음</u>을 고칠 수 있을까요? → 심성
③ 마법사를 보러 오즈에 갈 <u>마음</u>이 있나요? → 의향
④ 너, 저 사람에게 <u>마음</u>이 있는 모양이로구나. → 호감
⑤ 콩쥐는 팥쥐의 심술을 <u>마음</u>에 담아 두었다. → 성격

10 〈보기〉에 쓰인 사회 방언에 대한 설명으로 적절한 것은?

> **보기**
> (갑자기 쓰러져서 병원에 실려 온 환자를 진찰한 후)
> **의사 1** 심계 항진에 문제가 보이고, 안구 진탕과 연하 곤란도 있습니다. 자세한 의학적 검사가 필요해 보입니다.
> **의사 2** 그럼 CT에 MRI를 추가하여 검사하도록 하지.
> **의사 1** 네, 그럼 바로 오더를 넣겠습니다.

① 언어 순화를 위해 일방적으로 만든 말이다.
② 외부로 알려지면 암호의 기능을 상실하는 말이다.
③ 사람들에게 독특하고 신선한 느낌을 주는 말이다.
④ 일시적으로 사람들 사이에서 널리 유행하는 말이다.
⑤ 전문 분야에서 효율적인 의사소통을 위해 쓰는 말이다.

12 〈보기〉의 ⓐ~ⓔ에 들어갈 예문으로 적절하지 <u>않은</u> 것은?

> **보기**
> 반의 관계는 서로 반대되거나 대립되는 의미를 가진 단어 사이의 의미 관계이다. 반의 관계에 있는 단어들은 오직 한 개의 의미 자질만 다르고 나머지는 공통적이며, 다의어일 경우 각 의미에 따라 여러 개의 반의어가 있을 수 있다.
>
> | 단어 | 예문 | 반의어 |
> | --- | --- | --- |
> | 서다 | ⓐ | 앉다 |
> | | ⓑ | 내리다 |
> | | ⓒ | 깎이다 |
> | | ⓓ | 가다 |
> | | ⓔ | 무너지다 |

① ⓐ: 버스에 사람이 많아 한참을 <u>서서</u> 갔다.
② ⓑ: 토끼의 귀가 쫑긋 <u>섰다</u>.
③ ⓒ: 이제야 사장으로서 체면이 <u>섰다</u>.
④ ⓓ: 건전지가 다 되었는지 시계가 <u>섰다</u>.
⑤ ⓔ: 치밀한 계획이 <u>서면</u> 시작해라.

고난도

13 <보기>의 원칙에 따라 단어들의 의미 관계를 이해한 내용으로 적절하지 <u>않은</u> 것은?

보기

[국어사전 수록의 원칙]
　'동음이의어'는 형태와 소리는 같지만 의미가 서로 다른 단어들로 국어사전에는 다른 표제어로 수록한다. 반면 '다의어'는 하나의 단어가 둘 이상의 뜻을 가진 것으로 국어사전에는 하나의 표제어로 수록한다. 이때 가장 기본적이고 핵심적인 의미를 '중심적 의미'라고 하고, 중심적 의미에서 확장되어 사용된 의미를 '주변적 의미'라고 한다.

① '볕이 <u>들다</u>.'와 '잠자리에 <u>들다</u>.'의 '들다'는 다의어에 해당해.
② '문제를 <u>풀다</u>.'와 '신발 끈을 <u>풀다</u>.'의 '풀다' 중에서 '문제를 <u>풀다</u>.'의 '풀다'는 주변적 의미에 해당해.
③ '서울로 <u>가다</u>.'와 '맛이 <u>가다</u>.'의 '가다'는 국어사전에서 하나의 표제어로 수록돼.
④ '예의가 <u>바르다</u>.'와 '약을 <u>바르다</u>.'에서 '바르다'는 국어사전에서 각각 다른 표제어로 수록돼.
⑤ '<u>다리</u>가 굵다.'와 '부서진 책상 <u>다리</u>' 중에서 '부서진 책상 <u>다리</u>'의 '다리'가 중심적 의미에 해당해.

14 다음 ㉠~㉤에 대한 설명으로 적절하지 <u>않은</u> 것은?

　얼룩말은 무리를 지어 살아간다. 이들이 살아가는 ㉠초원에는 사자, 표범, 하이에나 등 얼룩말을 노리는 사나운 동물들이 많이 있다. 이런 ㉡맹수들과 일대일로 붙는다면 얼룩말은 ㉢살아남을 수 없을 것이다.
　맹수들의 공격을 받으면 얼룩말 무리는 머리를 가운데로 모아 둥글게 뭉친다. 그리고 튼튼한 뒷다리로 맹수를 걷어차서 물리친다. 평소에 ㉣먹이나 물을 구할 때도 경험이 많은 얼룩말이 무리의 우두머리가 되어 앞장서고 다른 얼룩말들이 뒤따라간다. 이들은 함께 먹을 것을 찾고, 함께 힘센 ㉤동물들의 공격을 물리치며 살아남았다.

① '풀밭'은 ㉠의 상의어이다.
② '표범'은 ㉡의 하의어이다.
③ '생존하다'는 ㉢의 유의어로 볼 수 있다.
④ '식이'는 ㉣과 유의 관계에 있는 단어이다.
⑤ '얼룩말'은 ㉤과 상하 관계에 있는 단어이다.

✔ 수능 기출　　2017학년도 수능

15 <보기>의 ㉠, ㉡에 해당하는 예로 적절한 것은?

보기

학생 선생님, 다음 두 문장을 보면 모두 '가깝다'가 쓰였는데 의미가 좀 다른 것 같아요.
　(1) 우리 집은 학교에서 가깝다.
　(2) 그의 말은 거의 사실에 가깝다.
선생님 (1)의 '가깝다'는 "어느 한 곳에서 다른 곳까지의 거리가 짧음"을 뜻하고, (2)의 '가깝다'는 "성질이나 특성이 기준이 되는 것과 비슷함"을 뜻한단다. 이는 본래 ㉠공간과 관련된 중심적 의미를 지니던 것이 ㉡추상화되어 주변적 의미도 지니게 된 것이라고 할 수 있지.
학생 아, 그렇군요. 그러면 '가깝다'는 여러 의미를 지닌 단어로군요.
선생님 그렇지. 그래서 '가깝다'는 다의어란다.

	㉠	㉡
①	물은 <u>낮은</u> 곳으로 흐른다.	환경에 대한 관심도가 <u>낮다</u>.
②	그는 성공할 가능성이 <u>크다</u>.	힘든 만큼 기쁨이 <u>큰</u> 법이다.
③	두 팔을 최대한 <u>넓게</u> 벌렸다.	도로 폭이 <u>넓어서</u> 좋다.
④	내 <u>좁은</u> 소견을 말씀드렸다.	마음이 <u>좁아서</u>는 곤란하다.
⑤	<u>작은</u> 힘이라도 보태고 싶다.	우리 학교는 운동장이 <u>작다</u>.

✔ 유형 분석　다의어의 의미 관계 파악하기

✔ 이렇게 풀어 봐!　다의어는 한 단어가 지니는 주변 의미 때문에 두 가지 이상의 뜻을 갖는데 의미들 사이에는 서로 관련이 있어. 그 가운데에서 가장 기본적이고 핵심적인 의미를 '중심적 의미'라고 하고, 중심적 의미가 문맥이나 상황에 따라 그 범위가 확장되어 사용되는 의미를 '주변적 의미'라고 해. 사전에서 맨 처음에 나오는 의미가 그 단어의 '중심적 의미'에 해당해. 예문에 사용된 단어가 기본적이고 핵심적인 의미인지, 범위가 확장되어 적용된 의미인지 문맥을 통해 구분하도록 하자!

■ 주성분

문장을 구성하는 데 골격이 되는 필수적인 성분. 주어, 서술어, 목적어, 보어가 있음.

1 주어 (주인主 말씀語)

● **개념** 문장에서 동작 또는 상태나 성질의 주체가 되는 문장 성분. '무엇이/누가'에 해당함.

● **형식**

· 체언에 주격 조사 '이/가/께서/에서'가 붙어 만들어짐. **예** 영미가 집에 간다.

· 주격 조사가 생략되기도 하고, 보조사가 붙어 만들어지기도 함.

   예 엄마 어디 가셨어? / 철수도 집에 간다.
        주격 조사 '께서' 생략   체언 + 보조사 '도'

2 서술어 (차례敍 지을述 말씀語)

● **개념** 문장에서 주어의 동작, 상태, 성질 등을 풀이하는 문장 성분. '어찌하다/어떠하다/무엇이다'에 해당함.

● **형식**

· 용언(동사, 형용사)이 그 자체로 서술어가 됨. **예** 윤호가 달린다. / 윤호는 착하다.
                                                        동사   형용사

· 체언에 서술격 조사 '이다'가 붙어 만들어짐. **예** 윤호는 학생이다.
                                                       체언 + 서술격 조사 '이다'

● **특징**

· 서술어의 성격에 따라 필요한 문장 성분의 개수가 다름.

3 목적어 (항목目 과녁的 말씀語)

● **개념** 문장에서 동작의 대상이 되는 문장 성분. '무엇을/누구를'에 해당함.

● **형식**

· 체언에 목적격 조사 '을/를'이 붙어 만들어짐. **예** 주하가 공을 던진다.

· 목적격 조사가 생략되기도 하고, 보조사가 붙어 만들어지기도 함.

   예 주하가 오늘 상 탔어. / 주하는 과일만 좋아한다.
         목적격 조사 '을' 생략   체언 + 보조사 '만'

4 보어 (도울補 말씀語)

● **개념** 주어와 서술어만으로 뜻이 완전하지 못한 문장에서 불완전한 부분을 보충하는 역할을 하는 문장 성분. 서술어 '되다, 아니다' 앞에서 보격 조사 '이/가'를 가지고 있는 성분임.

● **형식**

· 서술어 '되다, 아니다' 앞에서 체언에 보격 조사 '이/가'가 붙어 만들어짐.

   예 물이 얼음이 되었다. / 나는 바보가 아니다.

헷갈리는 1% 채우기

· 체언에 붙은 조사에 유의하여 문장 성분 파악하기

체언에 보조사가 붙어 주어나 목적어가 된 경우, 보조사 대신 주격 조사 '이/가'나 목적격 조사 '을/를'을 넣어 보면 주어인지 목적어인지 구분할 수 있어요.

예 그는 빵은 안 먹는다. → 그가 빵을 안 먹는다.: '그는'은 주어, '빵은'은 목적어!

'되다', '아니다' 앞에 쓰였더라도 보격 조사 '이/가'와 결합하지 않으면 보어가 아니에요.

예 물이 얼음이 되었다.(얼음 + 보격 조사 '이'): '얼음이'는 보어

   물이 얼음으로 되었다.(얼음 + 부사격 조사 '으로'): '얼음으로'는 부사어

문장 성분
· 문장: 생각이나 감정을 완결된 내용으로 표현하는 최소의 언어 형식
· 문장 성분: 문장을 구성하여 일정한 구실을 하는 요소. 주성분(주어, 서술어, 목적어, 보어), 부속 성분(관형어, 부사어), 독립 성분(독립어)으로 나눔.

1 주어

꽃이 예쁘다.
무엇이: 체언(꽃)+주격 조사 '이'

현서가 공부를 한다.
누가: 체언(현서)+주격 조사 '가'

너 언제 서울 가?
누가: 체언(너)+주격 조사 생략

나만 내일 가.
누가: 체언(나)+보조사 '만'

2 서술어의 자릿수

산이 높다. 나무가 많다.
주어 서술어 주어 서술어
→ **1** 한 자리 서술어: 주어 하나만 필요로 하는 서술어

지호가 공을 던졌다.
주어 목적어 서술어

지호는 화가 되었다.
주어 보어 서술어

이것은 저것과 같다.
주어 필수적 서술어
      부사어
→ **2** 두 자리 서술어: 주어 외에 목적어, 보어, 필수적 부사어 중 하나를 더 필요로 하는 서술어

지호는 윤서에게 편지를 보냈다.
주어 필수적부사어 목적어 서술어
→ **3** 세 자리 서술어: 주어 외에 목적어와 필수적 부사어를 필요로 하는 서술어

· 밑줄 친 부분의 문장 성분을 쓰시오.

· 주희도 노래는 못 부른다. → (   )
· 그것은 사실이 아니다. → (   )

1단계 ✓ 개념 확인 문제

1 다음 설명이 맞으면 ○, 틀리면 × 표시를 하시오.

(1) 문장은 생각이나 감정을 완결된 내용으로 표현하는 최소의 언어 형식이다. ( )

(2) 문장 성분은 문장에서 하는 역할에 따라 주성분, 부속 성분, 독립 성분으로 나눈다.

( )

(3) 주어나 목적어를 만드는 격 조사는 생략할 수 없다. ( )

(4) 세 자리 서술어는 주어, 목적어, 보어를 필요로 한다. ( )

2 다음 설명에 해당하는 문장 성분을 쓰시오.

(1) '되다', '아니다' 앞에서 뜻을 보충하는 문장 성분이다. ( )

(2) 문장에서 동작, 상태, 성질의 주체가 되는 문장 성분이다. ( )

(3) 문장에서 동작의 대상이 되는 문장 성분으로, '무엇을/누구를'에 해당한다.

( )

(4) 용언 그 자체로 쓰이거나 체언에 조사 '이다'가 붙어 만들어지는 문장 성분이다.

( )

3 다음 밑줄 친 부분의 문장 성분을 바르게 연결하시오.

(1) 강이 흐른다. •   • ㉠ 주어

(2) 이 가방도 무겁다. •   • ㉡ 서술어

(3) 그는 과학자가 되었다. •   • ㉢ 목적어

(4) 수진이가 요리를 했다. •   • ㉣ 보어

4 다음과 같이 문장 성분을 분석하여 쓰시오.

> 수진이가 노래를 부른다. → 주어 + 목적어 + 서술어

(1) 형은 대학생이 되었다. → _____

(2) 어머니께서 음식도 하셨다. → _____

✓ 어휘로 개념 확인

다음 빈칸에 들어갈 알맞은 말을 쓰시오.

1 [ ][ ][ ] : 문장을 구성하는 데 골격이 되는 필수적인 성분

2 **주어**: 동작 또는 상태나 성질의 [ ][ ] 이/가 되는 문장 성분

3 [ ][ ][ ] : 주어의 동작, 상태, 성질 등을 풀이하는 문장 성분

4 **목적어**: 문장에서 동작의 [ ][ ] 이/가 되는 문장 성분

5 **보어**: 서술어 '[ ][ ] , [ ][ ][ ] ' 앞에서 보격 조사 '이/가'를 가지고 있는 문장 성분

01 문장의 주성분에 대한 설명으로 적절하지 <u>않은</u> 것은?

① 문장의 기본 구조를 이룬다.
② 어떤 경우라도 생략할 수 없다.
③ 문장을 구성하는 데 필수적인 성분이다.
④ 체언에 격조사가 붙어 만들어지기도 한다.
⑤ 주어, 서술어, 목적어, 보어가 주성분에 해당한다.

02 주성분으로만 이루어진 문장으로 적절한 것은?

① 하얀 눈이 내린다.
② 강아지가 꼬리를 흔든다.
③ 눈사람이 철수와 꼭 닮았다.
④ 나는 눈사람에게 모자를 씌웠다.
⑤ 철수가 커다란 눈사람을 만들었다.

서술형
03 다음 단어를 활용하여 〈조건〉에 맞는 문장을 완성하시오.

| 빨리 | 영희 | 되다 | 달리다 | 과학자 | 예쁘다 |

조건
• 제시된 단어 중 3개를 골라 '주어 + 보어 + 서술어'의 구조로 만들 것.
• 조사를 적절히 활용하여 의미를 완결할 것.

_____

고난도
04 〈조건〉을 모두 만족하는 문장으로 적절한 것은?

조건
• 주성분으로만 이루어진 문장이다.
• '누가 어찌하다'의 구조이다.
• 서술어가 주어 이외에도 다른 성분 하나를 반드시 필요로 한다.

① 그녀는 나와 다르다.
② 나는 마음이 아팠다.
③ 재호가 학교에 간다.
④ 태우가 공을 잡았다.
⑤ 구름이 솜사탕과 같다.

05 밑줄 친 부분의 문장 성분을 잘못 정리한 것은?

① 그녀의 취미는 <u>달리기이다.</u> → 서술어
② <u>정부에서</u> 공원을 조성했다. → 보어
③ 도대체 <u>너는</u> 언제 철들거니? → 주어
④ 나는 <u>너만을</u> 영원히 사랑한다. → 목적어
⑤ 정답은 <u>2번이</u> 아니고 4번이다. → 보어

06 밑줄 친 부분의 문장 성분이 나머지와 <u>다른</u> 것은?

① 매일 <u>떡볶이만</u> 먹는다.
② <u>영주만</u> 숙제를 다해 왔다.
③ 연극의 <u>주인공은</u> 철수이다.
④ 소년의 <u>눈이</u> 별처럼 빛났다.
⑤ 나에게 <u>너는</u> 아무것도 아니다.

07 밑줄 친 부분의 문장 성분이 주어가 <u>아닌</u> 것은?

① 어제 <u>나는</u> 외가댁에 갔다.
② <u>나</u> 혼자 버스를 타고 갔다.
③ <u>외할머니께서</u> 나를 반겨 주셨다.
④ 동갑내기 <u>사촌도</u> 외가댁에 왔다.
⑤ 사촌의 꿈은 <u>가수가</u> 되는 것이다.

08 〈보기〉의 ㉠과 같은 구조를 지닌 문장으로 적절한 것은?

> **보기**
>
> 문장은 서술어의 종류에 따라 '무엇이/누가 어찌하다', ㉠'무엇이/누가 어떠하다', '무엇이/누가 무엇이다'의 구조를 지닌다.

① 아이는 다섯 살이다.
② 귤이 무척 시큼하다.
③ 해가 높이 떠올랐다.
④ 윤아가 노래를 부른다.
⑤ 그는 선생님이 되었다.

신유형
09 학생들이 〈보기〉에 따라 문장을 만드는 놀이를 하고 있다. 처음으로 뽑은 서술어 카드가 다음과 같을 때 더 꺼내야 하는 카드의 개수로 알맞지 <u>않은</u> 것은?

> **보기**
>
> 1. 서술어가 적힌 단어 카드가 들어 있는 통에서 카드를 꺼낸다.
> 2. 1에서 꺼낸 서술어로 문장을 만들기 위해 필요한 최소한의 문장 성분을 파악한다.
> 3. 더 필요한 문장 성분이 들어 있는 통에서 카드를 꺼내 문장을 완성한다.

	서술어 카드	더 꺼내야 하는 카드 수
①	불이야!	0개
②	누구세요?	0개
③	아니다.	1개
④	먹다.	2개
⑤	주다.	3개

10 목적어가 사용되지 않은 문장으로 알맞은 것은?

① 연필 좀 빌려 줄래?
② 지호는 매일 공부만 한다.
③ 나는 신나는 노래를 좋아한다.
④ 이것과 저것의 크기는 비슷하다.
⑤ 영희는 철수에게 선물도 보냈다.

11 〈보기〉의 ㉠에 대한 설명으로 적절한 것은?

> **보기**
>
> 그가 태어난 곳은 ㉠<u>도시가</u> 아니다.

① '아니다'의 대상이 되는 문장 성분이다.
② 주성분을 꾸며 의미를 구체적으로 전달한다.
③ 문장에서 행동의 주체가 누구인지 나타낸다.
④ 문장에서 의미가 불완전한 부분을 보충한다.
⑤ 문장에서 필요한 문장 성분의 개수를 결정한다.

서술형
12 다음에서 설명하는 문장 성분에 해당하는 부분을 〈보기〉에서 찾아 쓰시오.

> 주성분 중에는 주어와 서술어만으로는 뜻이 완전하지 못한 문장에서 불완전한 부분을 보충하는 문장 성분이 있다.

> **보기**
>
> 바닷속 생물들의 세계를 살펴보면 신기한 점이 여럿 있다. 우선, 바다의 왕이라 할 수 있는 고래를 살펴보자. 놀랍게도 고래는 어류가 아니다. 고래는 포유류이다. 아가미로 숨을 쉬는 대부분의 물고기와 달리, 고래는 사람처럼 폐로 숨을 쉰다.

■ 부속 성분

문장에서 주로 주성분을 꾸며 주는 성분. 관형어, 부사어가 있음.

1 관형어 (갓관冠 모양형形 말씀어語)

- **개념** 체언을 꾸며 주는 문장 성분. '어떤'에 해당함.
- **형식**
- 관형사는 그 자체로 관형어가 됨. 예 그는 <u>새</u> 옷을 샀다.
  관형사
- 체언에 관형격 조사 '의'가 붙어 만들어짐. 예 <u>나의</u> 소원은 통일이다.
  체언 + 관형격 조사 '의'
- 용언의 어간에 관형사형 어미 '-는, -(으)ㄴ, -(으)ㄹ, -던'이 붙어 만들어짐.
  예 길가에 <u>예쁜</u> 꽃이 피었다.
  용언의 어간 + 관형사형 어미 '-ㄴ'
- **특징**
- 체언 없이 단독으로 쓸 수 없음. 예 <u>헌</u> 책을 버렸다.(○) / 헌 버렸다.(X)
- 반드시 체언 앞에 놓임. 예 그는 <u>옛</u> 추억에 잠겼다.(○) / 그는 추억에 옛 잠겼다.(X)

2 부사어 (도울부副 말사詞 말씀어語)

- **개념** 용언이나 관형어 또는 다른 부사어를 꾸며 주는 문장 성분. 문장 전체를 꾸미기도 함. '어찌, 어떻게'에 해당함.
- **형식**
- 부사는 그 자체로 부사어가 됨. 예 버스가 <u>벌써</u> 떠났다.
  부사
- 체언에 부사격 조사 '에, 에서, 에게, (라)고, (으)로, 과/와' 등이 붙어 만들어짐.
  예 그는 <u>도시에서</u> 왔다.
  체언 + 부사격 조사 '에서'
- 용언의 어간에 부사형 어미 '-게' 등이 붙어 만들어짐. 예 자동차가 <u>빠르게</u> 달린다.
  용언의 어간 + 어미 '-게'
- **특징**
- 문장 내에서 위치가 비교적 자유로움. 예 <u>정말</u> 너는 예쁘다. / 너는 <u>정말</u> 예쁘다.
- 보조사가 붙기도 함. 예 세월이 참 <u>빨리도</u> 간다.

■ 독립 성분

문장에서 주성분이나 부속 성분과 직접적인 관련이 없는 성분. 독립어가 있음.

1 독립어 (홀로독獨 설립立 말씀어語)

- **개념** 다른 문장 성분과 직접적인 관련이 없는 성분. 주로 감탄, 부름, 응답을 나타내며 홀로 쓰임.
- **형식**
- 감탄사는 그 자체로 독립어가 됨. 예 <u>아!</u> 드디어 기다리던 방학이다.
  감탄사
- 체언에 호격 조사 '아, 야, (이)여' 등이 붙어 만들어짐. 예 <u>철수야!</u> 창문 좀 열어라.
  체언 + 호격 조사 '야'
- 제시어나 표제어가 독립어가 되기도 함. 예 <u>사랑</u>, 변하지 않는 영원한 것.
  제시어

1 관형어

그 사람들은 모임에 참석했다.
관형사
→ 체언(사람들)을 꾸며 주는 관형어

준수의 발이 크다.
체언+관형격 조사 '의'
→ 체언(발)을 꾸며 주는 관형어

맑은 물이 흐른다.
용언의 어간+관형사형 어미 '-은'
→ 체언(물)을 꾸며 주는 관형어

2 부사어

하늘이 참 맑다.
부사 → 용언(맑다)을 꾸며 주는 부사어

그 옷은 나에게 줘.
체언+부사격 조사 '에게'
→ 용언(줘)을 꾸며 주는 부사어

보미는 예쁘게 생겼다.
용언의 어간+부사형 어미 '-게'
→ 용언(생겼다)을 꾸며 주는 부사어

2 필수적 부사어

선생님은 준수를 제자로 삼았다.
생략 불가능 → 필수적 부사어

그는 쌀가마를 창고에 두었다.
생략 불가능 → 필수적 부사어

→ 부사어는 부속 성분에 해당하지만, 생략할 경우 문장이 성립하지 않는 필수적 부사어도 있음.

헷갈리는 1% 채우기

- **품사와 문장 성분은 똑같을까?**
'품사'는 단어 자체의 성질에 따라 나눈 것이고, '문장 성분'은 문장에서 하는 역할에 따라 나눈 것입니다. 따라서 품사와 문장 성분이 항상 일치하지는 않아요. 예를 들어, 관형어의 품사가 모두 관형사는 아니고, 독립어의 품사가 모두 감탄사는 아니랍니다.
예 <u>푸른</u> 하늘: 관형어 / 관형사(X), 형용사(○)   <u>돈</u>, 돈이 전부?: 독립어 / 감탄사(X), 명사(○)

- 밑줄 친 부분의 문장 성분과 품사를 쓰시오.

| · 나는 <u>새</u> 옷을 입었다. → (|) |
| · 나는 <u>노란</u> 옷을 입었다. → (|) |

답 관형어, 관형사 / 관형어, 형용사

1단계 ✔ 개념 확인 문제

1 다음 설명이 맞으면 ○, 틀리면 × 표시를 하시오.

(1) 문장의 부속 성분에는 관형어, 부사어, 독립어가 있다. ( )

(2) 관형어는 모두 관형사이다. ( )

(3) 부사어는 주성분을 수식하는 역할을 하므로 모두 생략할 수 있다. ( )

(4) 독립어는 문장의 어느 성분과도 직접적인 관련이 없다. ( )

2 다음 밑줄 친 부분에 해당하는 것을 바르게 연결하시오.

(1) 비행기가 <u>높게</u> 떴다. ·   · ㉠ 품사=문장 성분

(2) 나는 <u>새</u> 옷을 입었다. ·   · ㉡ 체언 + 격 조사

(3) 친구가 <u>철수의</u> 책을 읽었다. ·   · ㉢ 용언의 어간 + 어미

3 (1)~(6)의 밑줄 친 부분의 문장 성분이 다음 중 어디에 해당하는지 쓰시오.

관형어	부사어	독립어

(1) <u>응</u>, 도와줘서 고마워. ( )

(2) 영주는 <u>정말</u> 공부를 열심히 한다. ( )

(3) 영주는 아침 일찍 <u>학교로</u> 갔다. ( )

(4) <u>하윤아!</u> 물 좀 갖다 줘. ( )

(5) 엄마는 신발장에서 <u>헌</u> 신발을 꺼내셨다. ( )

(6) <u>나의</u> 고향은 꽃 피고 새 우는 곳이다. ( )

4 다음 문장에서 부속 성분과 독립 성분을 찾고, 그 부분의 문장 성분을 쓰시오.

> 아! 마침내 영주가 그 일을 해냈구나.

_____

✔ 어휘로 개념 확인

다음 빈칸에 들어갈 알맞은 말을 쓰시오.

1 ☐☐ 성분: 문장에서 주로 주성분을 꾸며 주는 성분

2 ☐☐☐ : 체언을 꾸며 주는 문장 성분

3 부사어: ☐☐ (이)나 관형어 또는 다른 부사어를 꾸며 주는 문장 성분

4 ☐☐☐ : 문장의 주성분이나 부속 성분과 직접적인 관련이 없는 성분으로, 체언에

☐☐ 조사가 붙어 만들어지기도 함.

01 문장의 부속 성분에 대한 설명으로 적절한 것은?

① 문장에서 가장 앞에 위치한다.
② 관형어, 부사어, 독립어가 있다.
③ 문장 성분과 품사가 항상 일치한다.
④ 문장에서 주성분의 내용을 꾸며 준다.
⑤ 문장의 골격을 이루므로 생략이 불가능하다.

02 〈보기〉의 ㉠~㉤ 중, 부속 성분이 <u>아닌</u> 것은?

> 보기
> ㉠행복한 왕자는 ㉡제비에게 ㉢이제 그만 ㉣자신의 곁을 떠나라고 ㉤말했다.

① ㉠   ② ㉡   ③ ㉢   ④ ㉣   ⑤ ㉤

03 관형어와 부사어가 모두 쓰인 문장으로 알맞은 것은?

① 말로 온 공을 갚는다.
② 청춘이란 마음의 젊음이다.
③ 세계는 한 권의 멋진 책이다.
④ 날아간 화살은 돌아오지 않는다.
⑤ 성공과 실패는 마음먹기에 달렸다.

04 〈보기〉의 ㉠~㉤ 중, 관형어를 모두 골라 묶은 것은?

> 보기
> • ㉠웬 걱정이 그렇게 많아?
> • 재희는 비밀을 ㉡나에게만 말했다.
> • 엄마는 ㉢시골의 풍경을 좋아한다.
> • 승우가 사과 껍질을 ㉣칼로 깎았다.
> • 봄이 오니 ㉤온 천지에 꽃이 만발하였다.

① ㉠, ㉡, ㉢   ② ㉠, ㉡, ㉤   ③ ㉠, ㉢, ㉤
④ ㉡, ㉢, ㉤   ⑤ ㉢, ㉣, ㉤

05 다음은 사례를 바탕으로 관형어의 특징을 탐구한 내용이다. 빈칸에 들어갈 내용으로 적절한 것은?

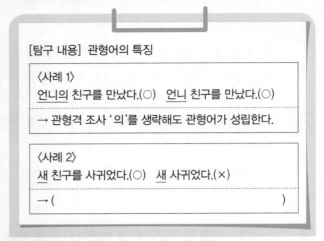

> [탐구 내용] 관형어의 특징
>
> 〈사례 1〉
> 언니의 친구를 만났다.(○)   언니 친구를 만났다.(○)
> ───────────────────
> → 관형격 조사 '의'를 생략해도 관형어가 성립한다.
>
> 〈사례 2〉
> 새 친구를 사귀었다.(○)   새 사귀었다.(×)
> ───────────────────
> → (   )

① 관형어는 반드시 관형사여야 한다.
② 관형어는 체언 없이 단독으로 쓸 수 없다.
③ 관형어는 문장 안에서 자리를 옮길 수 있다.
④ 관형어가 문장 앞에서 독립어처럼 쓰이기도 한다.
⑤ 관형어를 문장에서 생략하면 안 되는 경우도 있다.

서술형
06 다음을 참고하여 〈보기〉의 ㉠~㉢에 쓰인 부사어와 그 역할을 정리하였다. 빈칸에 들어갈 내용을 쓰시오.

> 부사어는 문장에서 용언이나 관형어 또는 다른 부사어를 꾸미거나 문장 전체를 꾸미기도 한다.

> 보기
> ㉠ 왕은 용감한 기사를 사위로 삼았다.
> ㉡ 틀림없이 그들은 약속을 지킬 것이다.
> ㉢ 은서가 아주 새 자전거를 타고 지나갔다.

	부사어	역할
㉠	사위로	용언 수식
㉡	틀림없이	문장 전체 수식
㉢		

07 다음 ㉠~㉤에 대한 설명으로 적절한 것은?

> 엄마, 엄마는 ㉠제게 ㉡늘 말씀하시죠.
> '㉢얘야, 넌 참 ㉣소중한 존재란다. 너는 ㉤엄마의 보물이야'
> 라고요.
>
> — 박민식 작사·강동수 작곡, 「엄마 아빠께」

① ㉠~㉤은 다른 성분을 꾸며 주는 역할을 한다.
② ㉠과 ㉤은 체언에 조사가 붙은 문장 성분이다.
③ ㉡과 ㉣은 문장 안에서 쉽게 자리를 바꿀 수 있다.
④ ㉡과 ㉣은 품사가 곧 문장 성분인 예에 해당한다.
⑤ ㉢과 ㉣은 반드시 필요한 성분이므로 생략할 수 없다.

신유형
08 〈보기〉의 질문에 대한 답으로 알맞은 것은?

> **보기**
>
> ※ 제시된 문장을 보고 질문의 답을 찾아보세요.
>
> "철수야, 나는 그 편지를 새 가방에 바로 넣었어."
>
> ↓
>
> 이것은 부속 성분입니다.
>
> ↓
>
> 이것은 문장에서 자신과 같은 성분을 꾸밀 수 있는
> 문장 성분입니다.
>
> ↓
>
> 이것은 문장에서 생략 가능합니다.
>
> ↓
>
> 이것은 무엇일까요?

① 철수야   ② 그   ③ 새
④ 가방에   ⑤ 바로

09 다음 밑줄 친 부분 중, 〈보기〉의 ㉠과 문장 성분이 같은 것은?

> **보기**
>
> 사람이 ㉠꽃보다 아름답다.

① 이런, 방이 얼음장이구나.
② 강물이 흘러 바다가 된다.
③ 새 한 마리가 쏜살같이 날아간다.
④ 그는 그만의 일기를 몰래 읽었다.
⑤ 풍성한 가을 들판에 노을이 지고 있다.

서술형
10 〈보기〉의 문장에서 ㉠과 ㉡의 문장 성분과 품사를 각각 쓰시오.

> **보기**
>
> ㉠바다. ㉡푸른 물결이 넘실대는 곳.

	문장 성분	품사
㉠		
㉡		

11 〈보기〉에서 설명하는 문장 성분을 포함한 문장이 아닌 것은?

> **보기**
>
> · 문장의 어느 성분과도 직접적인 관련이 없는 문장 성분이다.
> · 주로 문장의 첫머리에 놓이고 생략해도 문장의 의미가 온전하다.

① 이런, 코피가 나네.
② 아이고, 간 떨어질 뻔했다.
③ 어쩌면 내가 합격할지도 몰라.
④ 아들아, 인생을 올곧게 살아라.
⑤ 신이시여, 우리의 소원을 들어주소서.

17 이어진문장

■ 이어진문장

- 둘 이상의 홑문장이 연결 어미에 의해 이어진 문장
- 문장이 이어지는 방법에 따라 대등하게 이어진 문장과 종속적으로 이어진 문장으로 나눔.

❶ 대등하게 이어진 문장

둘 이상의 홑문장이 대등한 의미 관계로 이어진 문장

● 종류

의미 관계	연결 어미	예
나열	-고, -(으)며	하늘은 높고, 바람은 시원하다.
대조	-(으)나, -지만	어제는 맑았으나, 오늘은 비가 온다.
선택	-거나, -든지	자장면을 먹거나, 짬뽕을 먹어라.

● 특징

- 앞 문장과 뒤 문장의 순서를 바꾸어도 의미상 차이가 없음.
  - 예 낮말은 새가 듣고, 밤말은 쥐가 듣는다. → 밤말은 쥐가 듣고, 낮말은 새가 듣는다.
- 앞 문장과 뒤 문장의 서술어가 같을 때에는 앞 문장의 서술어를 생략할 수 있음.
  - 예 낮말은 새가 (듣고), 밤말은 쥐가 듣는다.

❷ 종속적으로 이어진 문장

둘 이상의 홑문장이 종속적인 의미 관계로 이어진 문장

● 종류

의미 관계	연결 어미	예
원인	-아서/-어서, -(으)니, -(으)므로 등	비가 내려서 길이 미끄럽다.
조건	-(으)면, -거든 등	최선을 다하면 결과가 좋다.
목적(의도)	-(으)러, -(으)려고 등	해돋이를 보려고 일찍 일어났다.
양보	-(으)ㄹ지라도, -아도/-어도 등	비가 올지라도 외출을 할 것이다.
배경(상황)	-는데	집에 가는데 선생님께서 부르셨다.

● 특징

- 앞 문장과 뒤 문장의 순서를 바꾸면 의미가 통하지 않거나 달라질 수 있음.
  - 예 무쇠도 갈면 바늘 된다.(○) → 바늘 되면 무쇠도 간다.(×)
- 앞 문장과 뒤 문장의 서술어가 같아도 서술어를 생략할 수 없는 경우가 있음.
  - 예 국민이 없으면 국가도 없다.(○) → 국민이, 국가도 없다.(×)

헷갈리는 1% 채우기

• 이어진문장의 구별

앞 문장과 뒤 문장의 순서를 바꿔서 의미 차이가 없으면 대등하게 이어진 문장, 의미가 어색해지면 종속적으로 이어진 문장이에요.
  - 예 비가 내리고 바람이 분다. → 바람이 불고 비가 내린다.(○): 대등하게 이어진 문장
  - 비가 내려서 길이 미끄럽다. → 길이 미끄러워서 비가 내린다.(×): 종속적으로 이어진 문장

문장의 종류

홑문장	주어와 서술어의 관계가 한 번만 나타나는 문장 예 하늘이 맑다. 주어 + 서술어 → 홑문장
겹문장	주어와 서술어의 관계가 두 번 이상 나타나는 문장 예 은서가 오고 영주가 간다. 주어 + 서술어 / 주어 + 서술어 → 겹문장 • 이어진문장: 대등하게 이어진 문장, 종속적으로 이어진 문장 • 안은문장: 명사절, 관형절, 부사절, 서술절, 인용절을 안은 문장

❶ 대등하게 이어진 문장

그는 노래를 부르고 그녀는 춤을 춘다.
주어 + 서술어 / 주어 + 서술어 → 나열

그는 키가 크지만 그녀는 키가 작다.
주어 + 서술어 / 주어 + 서술어 → 대조

동물원에 가거나 미술관에 가라.
(주어)+ 서술어 / (주어)+ 서술어 → 선택

❷ 종속적으로 이어진 문장

봄이 와서 꽃이 피었다.
주어 + 서술어 / 주어 + 서술어 → 원인

집에 도착하거든 연락을 줘.
(주어) + 서술어 / (주어) + 서술어 → 조건

그는 밖을 보려고 창문을 열었다.
주어 + 서술어 / (주어)+ 서술어 → 목적

잘 못해도 끝까지 한다.
(주어)+ 서술어 / (주어)+ 서술어 → 양보

이야기를 시작하는데 종이 울렸다.
(주어)+ 서술어 / 주어 + 서술어 → 상황

- 다음 문장이 대등하게 이어진 문장인지, 종속적으로 이어진 문장인지 구분하시오.

  · 편지를 쓰려고 연필을 꺼냈다. → (   )
  · 인생은 짧고 예술은 길다. → (   )

답 종속적으로 이어진 문장, 대등하게 이어진 문장

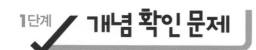
1 다음 문장이 홑문장이면 '홑', 겹문장이면 '겹'이라고 쓰시오.

(1) 내 동생이 방긋 웃었다. ( )

(2) 내가 신호를 보내면 밖으로 나가라. ( )

(3) 도현이가 윤서에게 생일 선물을 주었다. ( )

(4) 형우는 버스를 타고 주희는 기차를 탔다. ( )

2 (1)~(4)의 문장이 ㉠과 ㉡ 중 어디에 해당하는지 찾아 기호를 쓰시오.

> ㉠ 대등하게 이어진 문장 ㉡ 종속적으로 이어진 문장

(1) 바람이 불어서 모자가 날아갔다. ( )

(2) 하늘은 맑으며 바람은 상쾌하다. ( )

(3) 밥을 먹어도 여전히 배가 고프다. ( )

(4) 철수는 씩씩하고 영수는 현명하다. ( )

3 (1)~(4)의 앞 문장과 뒤 문장의 의미 관계를 바르게 연결하시오.

(1) 자료를 찾으려고 도서관에 갔다. ·   · ㉠ 조건

(2) 첫눈이 내렸으니 겨울이 오겠지. ·   · ㉡ 원인

(3) 날씨가 흐려도 소풍을 갈 것이다. ·   · ㉢ 양보

(4) 내가 너를 부르거든 집 앞으로 나와라. ·   · ㉣ 목적

4 제시된 두 문장을 이어진문장으로 만드시오.

(1) 배가 고프다. + 밥을 먹었다. → _____

(2) 바람이 불었다. + 꽃이 떨어졌다. → _____

(3) 해가 저문다. + 날이 어두워진다. → _____

⊘ 어휘로 개념 확인

다음 빈칸에 들어갈 알맞은 말을 쓰시오.

1 ☐ 문장: 주어와 서술어의 관계가 한 번만 나타나는 문장

2 ☐ 문장: 주어와 서술어의 관계가 두 번 이상 나타나는 문장

3 ☐☐☐ 문장: 둘 이상의 홑문장이 연결 어미에 의해 이어진 문장

4 ☐☐ 하게 이어진 문장: 둘 이상의 홑문장이 대등한 의미 관계로 이어진 문장

5 종속적으로 이어진 문장: 둘 이상의 홑문장이 ☐☐ 적인 의미 관계로 이어진 문장

01 〈보기〉의 ㉠에 들어갈 분류 기준으로 적절한 것은?

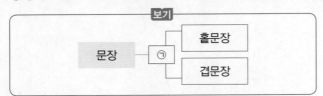

① 주성분으로만 이루어져 있는가?
② 앞 문장이 뒤 문장에 종속되어 있는가?
③ 앞뒤 문장의 의미가 대칭을 이루고 있는가?
④ 주어와 서술어의 관계가 몇 번 나타나는가?
⑤ 하나의 완성된 생각이나 느낌을 담고 있는가?

02 이어진문장의 종류가 나머지와 <u>다른</u> 것은?

① 목이 말라서 물을 마셨다.
② 산을 오르는데 땀이 났다.
③ 하늘이 맑고 바람이 시원했다.
④ 힘이 들지라도 정상까지 오르겠다.
⑤ 산에 오르려고 아침 일찍 일어났다.

03 앞 문장과 뒤 문장의 의미 관계가 〈보기〉 문장과 같은 것은?

> **보기**
> 철수는 부지런하나 영수는 게으르다.

① 내 친구가 웃고 나도 웃었다.
② 우유를 마시면 키가 클 것이다.
③ 나는 성공했지만 그는 실패했다.
④ 태우는 현명하며 배려심이 깊다.
⑤ 창문을 열거나 선풍기를 틀어라.

서술형

04 다음 두 문장을 〈조건〉에 맞게 하나의 겹문장으로 만드시오.

> • 나는 도현이와 짝이다.
> • 나는 도현이와 친하지 않다.

> **조건**
> • 대등하게 이어진 문장으로 만들 것.
> • 앞 문장과 뒤 문장이 대조의 의미 관계를 갖도록 만들 것.
> • 앞 문장과 뒤 문장에 같은 말이 거듭되지 않도록 할 것.

---

05 〈보기〉의 ㉠~㉤ 중, 종속적으로 이어진 문장이 <u>아닌</u> 것은?

> **보기**
> ㉠성장기에 스마트폰을 자주 사용하면 건강에 이상이 생긴다. 우선, ㉡스마트폰을 사용할 때 등과 목을 구부리면 척추가 휜다. ㉢게임에 과하게 집중하면 손목에 무리가 오기도 한다. ㉣시력이 나빠지거나 청력이 손상되기도 한다. ㉤현대 사회에서 스마트폰 사용이 필수적일지라도 건강을 위해 불필요한 사용은 줄이도록 하자.

① ㉠　　② ㉡　　③ ㉢　　④ ㉣　　⑤ ㉤

06 다음 의미 관계에 해당하는 예문이 적절하지 <u>않은</u> 것은?

	의미 관계	예문
①	원인	물이 오염되니 물고기가 죽었다.
②	조건	네가 오지 않으면 재미가 없다.
③	목적	윤호는 책을 사려고 서점에 갔다.
④	양보	아무리 더워도 일을 해야 한다.
⑤	배경	비가 와서 길이 무척 미끄럽다.

신유형 **서술형**
07 다음과 같은 놀이를 할 때, 〈보기〉에서 색칠할 칸을 모두 골라 번호를 쓰시오.

- 빙고 판에 있는 아홉 개의 칸에 속담을 적은 후, 한 사람씩 돌아가며 자신이 적은 속담을 하나씩 말한다.
  ※ 이때 '종속적으로 이어진 문장'인 속담만 말할 수 있다.
- 자신이 말한 속담 칸을 색칠하고, 다른 사람이 말한 속담 중 자신의 빙고 판에 있는 속담 칸도 색칠한다.
- 가로, 세로, 대각선으로 일직선이 되도록 세 칸을 색칠하면 "빙고"를 외친다.

보기

❶ 낮말은 새가 듣고 밤말은 쥐가 듣는다.	❷ 꼬리가 길면 밟힌다.	❸ 쥐구멍에도 볕 들 날 있다.
❹ 세 살 적 버릇이 여든까지 간다.	❺ 남의 떡이 커 보인다.	❻ 콩 심은 데 콩 나고 팥 심은 데 팥 난다.
❼ 입은 비뚤어져도 말은 바로 해라.	❽ 말이 씨가 된다.	❾ 꿩 먹고 알 먹는다.

고난도
08 〈보기〉를 통해 문장의 구조를 이해한 내용으로 적절한 것은?

보기
- 내가 밥을 먹고 영희는 빵을 먹는다.
- 내가 밥을 먹지만 영희는 빵을 먹는다.
- 내가 밥을 먹어서 영희는 빵을 먹는다.
- 내가 밥을 먹는데 영희는 빵을 먹는다.

① 홑문장이 조사에 의해 결합해 겹문장으로 확대된다.
② 서술어의 성격에 따라 활용할 연결 어미가 정해진다.
③ 연결 어미로 인해 앞뒤 문장의 의미 관계가 달라진다.
④ 앞뒤 문장의 서술어가 동일하면 앞 문장의 서술어를 생략해야 한다.
⑤ 앞뒤 문장의 문장 성분 수가 동일하면 두 문장이 대등하게 이어진다.

09 다음을 참고하여 〈보기〉의 ㉠~㉤을 설명한 내용으로 적절하지 않은 것은?

이어진문장은 둘 이상의 홑문장 사이의 의미 관계에 따라 대등하게 이어진 문장과 종속적으로 이어진 문장으로 나눈다. 대등하게 이어진 문장은 앞 문장과 뒤 문장이 나열, 대조, 선택 등의 의미 관계를 지닌다. 종속적으로 이어진 문장은 앞 문장이 뒤 문장에 대해 원인, 조건, 목적, 양보, 배경 등의 의미를 지닌다.

보기
㉠ 숲에 오니 머리가 맑아졌다.
㉡ 집에 빨리 가려고 버스를 탔다.
㉢ 잠을 실컷 자도 몸이 피곤하다.
㉣ 내일 비가 내리면 집에 머물 것이다.
㉤ 형은 고향을 떠났고 누나도 고향을 떠났다.

① ㉠: 원인의 의미 관계로 종속적으로 이어진 문장이다.
② ㉡: 목적의 의미 관계로 종속적으로 이어진 문장이다.
③ ㉢: 대조의 의미 관계로 대등하게 이어진 문장이다.
④ ㉣: 조건의 의미 관계로 종속적으로 이어진 문장이다.
⑤ ㉤: 나열의 의미 관계로 대등하게 이어진 문장이다.

10 〈보기〉의 ㉠과 ㉡에 대한 설명으로 적절하지 않은 것은?

보기
㉠ 정아는 미술관에, 재호는 동물원에 갔다.
㉡ 그는 점심을 굶어서 배가 몹시 고팠다.

① ㉠과 ㉡ 모두 주어와 서술어의 관계가 두 번 나타난다.
② ㉠과 ㉡ 모두 앞 문장과 뒤 문장의 순서를 바꿔도 의미에 큰 변화가 없다.
③ ㉠은 대등하게 이어진 문장이고, ㉡은 종속적으로 이어진 문장이다.
④ ㉠에서는 앞 문장의 서술어 '갔다'가 뒤 문장의 서술어와 같아서 생략되었다.
⑤ ㉡은 앞뒤 문장이 원인과 결과의 관계로 이어져 있다.

■ 안은문장과 안긴문장

· 안긴문장: 다른 문장 속에 들어가 하나의 문장 성분처럼 쓰이는 문장
· 안은문장: 안긴문장을 포함한 겹문장
· 안긴문장은 '절'의 형태로 다른 문장에 안기는데, 문장에서의 역할에 따라 명사절, 관형절,
주어와 서술어를 갖추었으나 독립하여 쓰이지 못하고 다른 문장의 한 성분으로 쓰이는 단위
부사절, 서술절, 인용절로 나뉨.

❶ 명사절을 안은 문장

· 명사절: 문장에서 주어, 목적어, 부사어 등의 역할을 함.
· 명사형 어미 '-기, -(으)ㅁ' 등이 붙어서 만들어짐.
　　　　　주어　목적어　　서술어
　예) 나는 그가 오기를 기다렸다. 그가 '오- + -기'
　　　　 주어 서술어　　　　→ 명사처럼 쓰이며 목적격 조사 '를'이 붙어 목적어 역할

❷ 관형절을 안은 문장

· 관형절: 문장에서 관형어의 역할을 함.
· 관형사형 어미 '-(으)ㄴ, -는, -(으)ㄹ, -던' 등이 붙어서 만들어짐.
· 관형사형 어미를 통해 과거, 현재, 미래, 회상의 시간을 표현함.
　　　　 주어　　　관형어　　　　서술어
　예) 이것은 내가 [읽은/읽는/읽을/읽던] 책이다. 내가 읽- + -은(과거) / -는(현재) / -을(미래) / -던(회상)
　　　　 주어　　　　서술어　　　　→ 체언 '책'을 꾸며 주는 관형어 역할

❸ 부사절을 안은 문장

· 부사절: 문장에서 부사어의 역할을 함.
· 부사형 어미 '-게, -도록', 부사 파생 접사 '-이' 등이 붙어서 만들어짐.
　　　　 주어　　부사어　　서술어
　예) 고구마가 군침이 돌게 구워졌다. 군침이 '돌- + -게' → 서술어 '구워졌다'를 꾸며 주는 부사어 역할
　　　　 주어　 서술어

❹ 서술절을 안은 문장

· 서술절: 문장에서 서술어의 역할을 함.
　　　　 주어　　서술어
　예) 토끼가 귀가 길다. [토끼가 (귀가 길다.)] → '토끼가'의 서술어 역할
　　　 주어 서술어

❺ 인용절을 안은 문장

· 인용절: 다른 사람의 말이나 생각을 인용한 것이 절의 형식으로 안김.
· 다른 사람의 말이나 글을 그대로 인용하는 '직접 인용절'과 말하는 이의 표현으로 바꾸어
인용하는 '간접 인용절'이 있음.
· 직접 인용절에는 인용 조사 '라고'가 붙고, 간접 인용절에는 인용 조사 '고'가 붙음.
　예) 희재가 나에게 "영화 보러 가자."라고 말했다. "영화 보러 가자." + 라고 → 희재의 말을 직접 인용
　　　 희재가 나에게 영화 보러 가자고 말했다. 영화 보러 가자 + 고 → 희재의 말을 '나'의 표현으로 바꾸어 간접 인용

겹문장의 종류

| 홑문장 | + | 홑문장 | → 이어진문장 |
연결 어미

| 홑문장 | 홑문장 | → 안은문장 |
안긴문장

❶ 명사절을 안은 문장

그 소문이 사실임이 밝혀졌다.
　명사절(주어 역할)
나는 그가 즐겁게 지내기를 바랐다.
　　　명사절(목적어 역할)
우리는 그 일을 하기에 너무 어
리다. 명사절(부사어 역할)

❷ 관형절을 안은 문장

나는 비가 내리는 소리를 들었다.
관형절('소리'를 꾸미는 관형어 역할)
빨간 장미가 한 송이 피었다.
장미가 빨갛다. → (장미가) 빨갛- + -ㄴ
→ 관형절('장미'를 꾸미는 관형어 역할)
내가 어제 본 영화는 재미있었다.
관형절('영화'를 꾸미는 관형어 역할)

❸ 부사절을 안은 문장

고양이가 소리도 없이 다가왔다.
부사절('다가왔다'를 꾸미는 부사어 역할)
영화가 눈물이 나도록 슬프다.
　　　부사절('슬프다'를 꾸미는 부사어 역할)

❹ 서술절을 안은 문장

형은 키가 크다.
서술절('형은'의 서술어 역할)

❺ 인용절을 안은 문장

태호가 "밥 먹으러 가자."라고 했다.
　　　인용절(태호의 말을 직접 인용)
태호가 밥 먹으러 가자고 했다.
　　　인용절(태호의 말을 간접 인용)

헷갈리는 1% 채우기

· **서술어 하나에 주어가 둘이면 서술절!**
서술절을 안은 문장은 한 문장에 주어가 두 개 있는 것처럼 보여요. 이런 경우 앞에 있는 주어가
전체 문장의 주어이고, 뒤에 있는 주어가 서술절의 주어랍니다. [주어a + [주어b + 서술어]]의 구
조이죠. 이때 '주어 + 보어 + 서술어'로 이루어진 문장은 주의해야 해요. '내가 회장이 되었다.'라
는 문장은 '내가'와 '회장이'라는 두 개의 주어가 있는 것처럼 보이지만 '되다' 앞의 '회장이'는 보
어이므로 이 문장은 홑문장이랍니다!
　예) 고래는 몸집이 크다.: 서술절을 안은 겹문장 / 고래는 어류가 아니다.: 주어 + 보어 + 서술어 구조의 홑문장

· 밑줄 친 부분의 서술어를 쓰시오.

| · 영주는 눈이 예쁘다. → (　　　) |
| · 펭귄은 날개가 있다. → (　　　) |
| · 나는 천재가 아니다. → (　　　) |

정답 곱이 에쁘다, 날개가 있다, 아니다

1 다음 문장이 안은문장이면 ○, 그렇지 않으면 × 표시를 하시오.

(1) 나는 급행 기차로 고향에 갔다. ( )

(2) 옆집에 사는 영미는 공부를 잘한다. ( )

(3) 그는 춤을 추고 그녀는 노래를 부른다. ( )

(4) 나영이는 집에 빨리 가야 한다고 말했다. ( )

2 다음 문장의 종류를 바르게 연결하시오.

(1) 기린은 목이 길다. · · ㉠ 명사절을 안은 문장

(2) 맑은 하늘에 구름이 떠 있다. · · ㉡ 관형절을 안은 문장

(3) 나는 그녀가 옳았음을 깨달았다. · · ㉢ 부사절을 안은 문장

(4) 그는 소식도 없이 고향으로 돌아왔다. · · ㉣ 서술절을 안은 문장

(5) 그녀는 우리가 서로 도와야 한다고 말했다. · · ㉤ 인용절을 안은 문장

3 다음과 같이 안긴문장에 밑줄을 긋고, 안긴문장의 종류를 쓰시오.

> 나는 <u>당신을 만났던</u> 기억이 없습니다. (관형절)

(1) 암사자는 갈기가 없다. ( )

(2) 현수가 말도 없이 사라졌다. ( )

(3) 농부들은 비가 내리기를 기다렸다. ( )

(4) 나는 엄마가 만들어 준 김밥을 먹었다. ( )

(5) 선생님께서 교실에 누가 있냐고 물으셨다. ( )

⊙ **어휘로 개념 확인**

다음 빈칸에 들어갈 알맞은 말을 쓰시오.

1 홑문장이 다른 문장 속에 들어가 하나의 문장 성분처럼 쓰일 때 이 문장을 □□ 문장이라고 하고, 이 문장을 포함한 전체 문장을 □□ 문장이라고 함.

2 □□절: 명사형 어미가 붙어서 만들어지는 절로, 문장에서 주어, 목적어, 부사어 등의 역할을 하는 절

3 **관형절**: 문장에서 체언을 꾸미는 □□□의 역할을 하는 절

4 □□절: 문장에서 주로 서술어를 꾸미는 부사어의 역할을 하는 절

5 **서술절**: 문장에서 □□□의 역할을 하는 절

6 □□절: 다른 사람의 말이나 생각을 인용한 것이 절의 형식으로 안긴 절

01 안은문장에 해당하지 <u>않는</u> 것은?

① 그 포도가 알이 크다.
② 혼자서 밥을 먹기가 쉽지 않다.
③ 요리사가 직접 구운 빵을 먹었다.
④ 세 사람은 차를 타고, 나머지는 걸어갔다.
⑤ 지난 생일에 받은 편지를 잘 보관해 두었다.

02 안은문장의 종류가 나머지와 <u>다른</u> 것은?

① 그 소문이 사실임이 밝혀졌다.
② 그는 연락도 없이 갑자기 찾아왔다.
③ 하늘이 별을 관찰하기에 좀 흐리다.
④ 나는 그가 열심히 공부하기를 바랐다.
⑤ 우리는 우리 팀이 이겼음을 확신했다.

03 〈보기〉의 ㉠~㉤에 대한 설명으로 알맞지 <u>않은</u> 것은?

> **보기**
> ㉠ 철수는 고기를 파는 음식점에 갔다.
> ㉡ 이 집 음식은 아이들도 먹기에 좋다.
> ㉢ 철수는 배가 터지도록 고기를 먹었다.
> ㉣ 다음에 또 와야겠다고 철수가 말했다.
> ㉤ 배가 부른 철수는 기분이 좋았다.

① ㉠: 관형사형 어미 '-는'이 붙어서 만들어진 관형절을 안고 있다.
② ㉡: 명사절에 부사격 조사 '에'가 붙어서 부사어의 역할을 하고 있다.
③ ㉢: 서술어 '먹었다'를 꾸며 주는 부사절을 안고 있다.
④ ㉣: 철수가 한 말을 그대로 인용한 직접 인용절을 안고 있다.
⑤ ㉤: '철수'를 꾸며 주는 관형절과 전체 문장의 서술어 역할을 하는 서술절을 안고 있다.

04 안은문장의 종류가 〈보기〉의 문장과 같은 것은?

> **보기**
> 사람들은 소원이 이루어지기를 빌었다.

① 그는 이미 늦었음을 깨달았다.
② 나는 꽃이 만발한 공원에 갔다.
③ 내가 태어난 해에 사건이 있었다.
④ 어제 보았던 영화가 감동적이었다.
⑤ 저 동네에 내가 공부했던 학교가 있다.

05 〈보기〉를 바탕으로 명사절을 안은 문장에 대해 탐구한 내용으로 적절하지 <u>않은</u> 것은?

> **보기**
> • 나는 그가 옳았음을 나중에 알았다.
> • 친구 간에 신뢰를 얻기가 매우 어렵다.
> • 그녀는 그 역할을 하기에 너무 어리다.

① 명사절은 명사처럼 뒤에 조사가 붙을 수 있다.
② 명사절은 명사형 어미 '-(으)ㅁ, -기'가 붙어 만들어진다.
③ 명사절 뒤에 붙은 격 조사에 따라 문장에서의 역할이 달라진다.
④ 명사절은 문장에서 주어나 목적어가 되어 문장의 골격을 이룬다.
⑤ 하나의 문장이 명사절로 다른 문장에 안길 때, 중복되는 주어가 생략되는 경우도 있다.

[서술형]

06 〈보기〉의 ㉠을 절의 형태로 바꾸어 ㉡을 안은문장으로 만드시오.

[보기]

㉠ 세아가 부산으로 이사 갔다.
↓
㉡ 나는 (   ) 날짜를
기억하지 못한다.

[고난도]

07 〈보기〉의 문장을 설명한 내용으로 알맞지 <u>않은</u> 것은?

[보기]

그가 쓴 이야기가 꿈이 없는 아이들에게 희망을 주었다.

① 전체 문장에서 주어와 서술어의 관계가 세 번 나타난다.
② 문장 전체의 주어는 '그가'이고, 서술어는 '주었다'이다.
③ 안긴문장은 모두 관형절로, 체언을 꾸미는 역할을 한다.
④ 안긴문장은 서술어의 어간에 어미 '-ㄴ, -는'이 붙어서 만들어진 절이다.
⑤ 전체 문장은 '관형어+주어+관형어+부사어+목적어+서술어'로 구성되어 있다.

---

08 〈보기〉의 밑줄 친 부분과 같은 역할을 하는 안긴문장을 포함하지 <u>않은</u> 것은?

[보기]

그는 노래를 잘 부른다.

① 빵이 냄새가 달콤하게 구워졌다.
② 자동차가 속도가 느리게 달려간다.
③ 그는 아는 것도 없이 잘난 체를 한다.
④ 우리는 우리 반이 승리하도록 응원했다.
⑤ 아이들은 과자로 만든 집을 보고 웃었다.

---

09 문장 전체의 서술어 역할을 하는 절을 안은 문장으로 알맞은 것은?

① 첫눈이 예고도 없이 내렸다.
② 성현이는 성격이 정말 좋다.
③ 털이 하얀 백구는 공놀이를 잘한다.
④ 우리 모두 크리스마스가 오기를 기다렸다.
⑤ 선생님은 모든 사람이 평등하다고 말씀하셨다.

---

10 〈보기〉의 설명에 해당하는 문장이 <u>아닌</u> 것은?

[보기]

· 어미나 조사가 붙지 않는 절을 안고 있다.
· 주어가 잇달아 나타나서 한 문장에 주어가 두 개 있는 것처럼 보인다.

① 이 산은 나무가 많다.
② 기린은 목이 무척 길다.
③ 우리 할머니는 인정이 많으시다.
④ 윤주의 새 가방은 색깔이 예쁘다.
⑤ 내 짝 철수가 학급 회장이 되었다.

[신유형] [서술형]

11 친구들에게 다음 내용을 한 문장으로 전달하려고 한다. 친구들에게 전달할 문장을 〈조건〉에 맞게 쓰시오.

재판장을 나서며 갈릴레이는 중얼거렸다.
"그래도 지구는 돈다."

[조건]

· 안은문장으로 만들 것.
· 적절한 조사를 사용하여 문장을 간접적으로 인용할 것.

01 문장 성분에 대한 설명으로 적절하지 않은 것은?

① 문장을 구성하여 일정한 구실을 하는 요소이다.
② 주성분, 부속 성분, 독립 성분으로 나눌 수 있다.
③ 주성분은 문장을 구성하는 데 골격이 되는 성분으로, 주어, 서술어, 목적어, 보어가 있다.
④ 부속 성분은 주성분을 꾸며 주는 성분으로, 관형어, 부사어가 있다.
⑤ 독립 성분은 문장 전체를 꾸며 주는 성분으로, 독립어가 있다.

03 밑줄 친 부분의 문장 성분이 같은 것끼리 묶인 것은?

①	영희만 그날 오지 않았다. 나는 영희만 초대하고 싶다.
②	윤재가 이번 학기에 회장이 되었다. 이번 학기에 회장은 윤재가 아니다.
③	이런, 선생님께서 화가 나시겠다. 이런 일로 선생님을 화나게 하지 마라.
④	차가운 얼음이 금세 물이 되었다. 차가운 얼음이 금세 물로 변했다.
⑤	학교가 주민들을 위해 운동장을 개방했다. 학교에서 주민들을 위해 운동장을 개방했다.

| 2015 중3 학업성취도평가 |

02 〈보기〉의 ㉠~㉤ 중, ⓐ에 해당하는 것은?

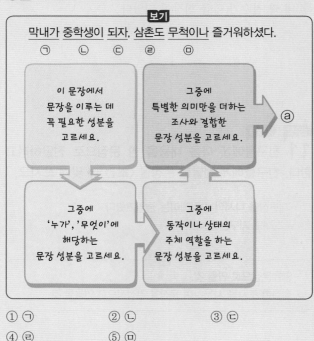

막내가 중학생이 되자, 삼촌도 무척이나 즐거워하셨다.
㉠   ㉡   ㉢   ㉣   ㉤

① ㉠　　② ㉡　　③ ㉢
④ ㉣　　⑤ ㉤

04 〈보기〉의 ㉠~㉤에 대한 설명으로 적절하지 않은 것은?

보기
· 나는 너를 ㉠정말 많이 좋아한다.
· ㉡돈, 돈이 세상의 전부란 말인가?
· 선생님, 이 ㉢책 빌려 가도 될까요?
· ㉣동생 혼자 이 과자를 다 먹어 버렸다.
· 십 년 뒤 찾은 고향은 ㉤옛 모습 그대로였다.

① ㉠은 다른 부사어를 꾸며 주고 있으며 문장 안에서 자리 옮김이 비교적 자유롭다.
② ㉠과 ㉤은 주로 주성분을 꾸며 주는 성분이므로 생략이 가능하다.
③ ㉡은 품사는 명사이지만, 문장 안에서 다른 성분과 직접적인 관련이 없는 독립어이다.
④ ㉢과 ㉣은 격 조사가 생략되어 있지만 문장의 골격을 이루는 주성분의 역할을 하고 있다.
⑤ ㉤은 품사와 문장 성분이 일치하며 문장 안에서 체언을 꾸며 주는 역할을 하고 있다.

05 다음은 문장 성분을 이해하기 위한 학습 활동의 일부이다. [A]에 들어갈 내용으로 적절하지 <u>않은</u> 것은?

[탐구 방법]
1. 특정 문장 성분을 생략할 경우 문장이 성립하는가를 확인하고 그 성분이 문장 구성에 필수적인지를 판단한다.
2. 특정 문장 성분이 어떤 기능을 하는가를 문장 내 다른 성분과의 관계를 고려해서 판단한다.

[탐구 대상]
ㄱ. 꼼꼼한 소윤이가 가위로 색종이를 잘랐다.
ㄴ. 경민이는 옆집의 효빈이를 동생으로 삼았다.

[탐구 결과]

[A]

① ㄱ의 '색종이를'은 필수적인 성분으로, '잘랐다'라는 행위의 대상으로 기능한다.
② ㄱ의 '꼼꼼한'과 ㄴ의 '옆집의'는 필수적이지 않은 성분으로, 문장 내에서 동일한 기능을 한다.
③ ㄱ의 '소윤이가'와 ㄴ의 '경민이는'은 필수적인 성분으로, 문장 안에서 행위의 주체로 기능을 한다.
④ ㄱ의 '잘랐다'와 ㄴ의 '삼았다'는 필수적인 성분으로, 문장 안에서 주체의 행위를 표현하는 기능을 한다.
⑤ ㄱ의 '가위로'와 ㄴ의 '동생으로'는 필수적이지 않은 성분으로, 문장 내의 특정 단어를 수식하는 기능을 한다.

고난도
06 〈조건〉을 모두 만족하는 문장으로 알맞은 것은?

조건
• '무엇이 어떠하다'의 문장 구조이다.
• 다른 성분을 꾸며 주는 문장 성분이 두 개 이상 쓰였다.
• 문장의 어느 성분과도 관계가 없는 성분을 포함하고 있다.

① 어쩌면 이 책은 이렇게 슬플까.
② 와, 지호의 새 옷이 정말 예쁘다.
③ 우정, 우리의 마음을 이어 주는 것이다.
④ 응, 너는 세상에서 가장 멋진 학생이야.
⑤ 얘들아, 저기 자동차가 빠르게 달려간다.

07 〈보기〉의 문장을 분석한 내용으로 적절하지 <u>않은</u> 것은?

보기
그 나라의 왕은 가장 지혜로운 왕자를 적지로 보냈다.

① '누가 어찌하다'의 문장 구조를 취하고 있다.
② '가장 지혜로운'이라는 관형절을 안은 문장이다.
③ 부사어 '적지로'는 부속 성분이므로 생략 가능하다.
④ '그'는 '나라'를, '나라의'는 '왕'을 꾸며 주는 관형어이다.
⑤ 문장 전체의 주어와 서술어는 각각 '왕은', '보냈다'이다.

신유형
08 다음 ㉠~㉣에 대해 탐구한 내용으로 적절하지 <u>않은</u> 것은?

올해도 과꽃이 피었습니다 ················· ㉠
꽃밭 가득 예쁘게 피었습니다 ············· ㉡
누나는 과꽃을 좋아했지요 ··············· ㉢
꽃이 피면 꽃밭에서 아주 살았죠 ·········· ㉣
– 어효선, 「과꽃」

① ㉠에서 필수적인 문장 성분은 두 개이다.
② ㉡에는 문장의 주어인 '과꽃이'가 생략되었다.
③ ㉡은 '예쁘게 피었습니다'라는 서술절을 안고 있다.
④ ㉢은 주성분만으로 이루어진 문장이다.
⑤ ㉣은 앞뒤 문장이 조건의 의미 관계로 이어져 있다.

09 이어진문장의 종류가 나머지와 <u>다른</u> 것은?

① 실력은 부족하지만 마음은 하나이다.
② 영주는 사과를, 지호는 감을 맛있게 먹었다.
③ 현준이는 바이올린과 첼로를 연주할 수 있다.
④ 몇 달 동안 비가 오지 않아서 농작물이 다 죽었다.
⑤ 미술관을 관람하든지 도서관에서 책을 읽든지 해라.

| 2016 3월 고1 학력평가 |

10 다음을 바탕으로 〈보기〉의 ㄱ~ㄷ을 탐구한 결과로 적절하지 <u>않은</u> 것은?

> **이어진문장**
>
> 둘 이상의 홑문장이 이어져 있는 문장으로, 주어가 같은 홑문장이 이어질 때는 주어를 하나만 사용할 수도 있음.
> ・**대등하게 이어진 문장**
> 둘 이상의 홑문장이 동등한 자격으로 이어진 문장으로, 앞 절과 뒤 절이 '나열, 대조, 선택' 등의 의미 관계를 가짐.
> ・**종속적으로 이어진 문장**
> 앞 홑문장과 뒤 홑문장의 의미가 독립적이지 못하고 종속적으로 이어진 문장으로, 앞 절과 뒤 절이 '원인, 조건, 의도' 등의 의미 관계를 가짐.

> **보기**
> ㄱ. 암벽 등반은 힘들고 재미있다.
> ㄴ. 암벽 등반은 힘들어서 재미있다.
> ㄷ. 암벽 등반은 힘들지만 재미있다.

① ㄱ, ㄴ, ㄷ은 '암벽 등반은 힘들다.'와 '암벽 등반은 재미있다.'라는 두 홑문장이 이어진 문장이군.
② ㄱ, ㄴ, ㄷ은 앞 절과 뒤 절의 순서를 바꾸어도 의미에 변화가 생기지 않는 이어진문장이군.
③ ㄱ, ㄴ, ㄷ에서 뒤 절의 주어가 없는 것은 앞 절과 주어가 같기 때문이군.
④ ㄱ, ㄷ은 두 홑문장이 각각 나열, 대조의 의미를 갖는 어미 '-고'와 '-지만'으로 연결된 대등하게 이어진 문장이군.
⑤ ㄴ은 두 홑문장이 원인의 의미를 갖는 어미 '-어서'로 연결된 종속적으로 이어진 문장이군.

11 〈보기〉의 ㉮~㉲의 예문으로 적절하지 <u>않은</u> 것은?

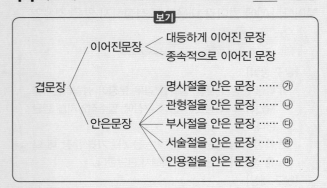

> **보기**
> 겹문장 ─┬─ 이어진문장 ─┬─ 대등하게 이어진 문장
>   │   └─ 종속적으로 이어진 문장
>   └─ 안은문장 ─┬─ 명사절을 안은 문장 …… ㉮
>   ├─ 관형절을 안은 문장 …… ㉯
>   ├─ 부사절을 안은 문장 …… ㉰
>   ├─ 서술절을 안은 문장 …… ㉱
>   └─ 인용절을 안은 문장 …… ㉲

① ㉮: 나는 소원이 이루어지기를 바랐다.
② ㉯: 경기에서 졌다는 소식에 우리는 기운을 잃었다.
③ ㉰: 그들은 다리가 아프도록 걷고 또 걸었다.
④ ㉱: 말썽꾸러기였던 도율이가 선생님이 되었다.
⑤ ㉲: "너 자신을 알라."라고 소크라테스가 말했다.

12 안긴문장을 문장 형태로 분리한 것으로 적절하지 <u>않은</u> 것은?

① 우리 할아버지는 귀가 아직도 밝으시다.
  → 귀가 아직도 밝으시다.
② 형은 동생이 망가뜨린 장난감을 고쳤다.
  → 동생이 장난감을 고쳤다.
③ 그가 어제 이미 떠났음을 이제야 알았다.
  → 그가 어제 이미 떠났다.
④ 아이들은 발에서 땀이 나도록 뛰어다녔다.
  → 아이들은 발에서 땀이 나다.
⑤ 선생님께서 불가능이란 없다고 말씀하셨다.
  → 불가능이란 없다.

고난도

13 〈보기〉의 ㉠과 ㉡에 대한 설명으로 옳지 <u>않은</u> 것은?

보기

㉠ 나는 연필을 어디에 둔 줄 모르겠다.
㉡ 엄마는 내가 훌륭한 과학자가 되기를 바란다.

① ㉠과 ㉡ 모두 '누가 어찌하다'의 구조이다.
② ㉠과 ㉡ 모두 목적어 자리에 명사절이 안겨 있다.
③ ㉠과 ㉡에서 안긴문장의 서술어는 필요로 하는 문장 성분의 개수가 다르다.
④ ㉠에서 안긴문장의 주어는 안은문장의 주어와 같다.
⑤ ㉡의 안긴문장에는 주어, 관형어, 보어, 서술어가 들어 있다.

서술형

14 다음 밑줄 친 부분의 공통점과 차이점을 〈조건〉에 맞게 쓰시오.

• 우리가 진실을 <u>말했음</u>이 밝혀졌다.
• 아이는 <u>사탕을 사기</u>에 돈이 부족했다.
• 나는 <u>우리 가족이 이사 가지 않기</u>를 바랐다.

조건

• 공통점: 만들어진 방법과 관련지어 쓸 것.
• 차이점: 문장에서의 역할과 관련지어 쓸 것.

15 〈보기〉와 같은 방식으로 이루어진 안은문장이 <u>아닌</u> 것은?

보기

고양이가 내게 다가왔다. / 소리가 없다.
→ 고양이가 내게 소리 없이 다가왔다.

① 옆 집 아가는 꽃과 같이 예쁘다.
② 고구마가 군침이 돌게 구워졌다.
③ 새로 나온 라면이 아주 많이 맵다.
④ 너는 아무런 노력 없이 성공하려고 했니?
⑤ 그는 소리가 크게 들리도록 마이크를 사용했다.

✔ 수능 기출   2019학년도 수능

16 〈보기〉의 ⓐ~ⓒ를 이해한 내용으로 적절하지 <u>않은</u> 것은?

보기

ⓐ 그는 위기를 좋은 기회로 삼았다.
ⓑ 바다가 눈이 부시게 파랗다.
ⓒ 동주는 반짝이는 별을 응시했다.

① ⓐ의 '삼았다'는 주어 이외에도 두 개의 문장 성분을 필수적으로 요구하는군.
② ⓑ의 '바다가'와 '눈이'는 각각 다른 서술어의 주어이군.
③ ⓒ의 '별을'은 안긴문장의 목적어이면서 안은문장의 목적어이군.
④ ⓐ의 '좋은'과 ⓒ의 '반짝이는'은 안긴문장의 서술어이군.
⑤ ⓑ의 '눈이 부시게'와 ⓒ의 '반짝이는'은 수식의 기능을 하는군.

✔ **유형 분석**   문장 성분과 문장의 구조 이해

✔ **이렇게 풀어 봐!**   문장 성분과 문장의 구조를 동시에 이해하는 것이 어려울 수 있지만, 차분히 문장을 분석해 보자. 우선, 안긴문장을 찾아 표시를 해 봐. 그리고 이것을 '누구', '무엇', '어떤', '어떻게', '어떠하다(어찌하다)' 등으로 대치해 보면 안긴문장의 종류를 파악할 수 있어. 안긴문장의 종류를 알면 안긴문장이 문장에서 어떤 역할을 하는지 알 수 있겠지? 그러고 나서 안긴문장을 하나의 홑문장이라고 생각하고, 그 안에 들어 있는 문장 성분을 분석해 봐. 쉽지? 천천히 따져 보면 충분히 풀 수 있는 문제야!

19 종결 표현, 높임 표현, 시간 표현

■ 문장의 종결(끝날종終 맺을결結) 표현

문장을 끝맺는 표현으로, 서술어의 종결 어미에 따라 문장의 유형이 결정됨. 말하는 이의 의도에 따라 평서문, 의문문, 명령문, 청유문, 감탄문으로 표현함.

❶ 평서문

· 말하는 이가 어떤 내용을 객관적으로 진술하는 문장
· '-다', '-네' 등의 종결 어미를 사용하고 마침표(.)를 붙임.

  예 꽃이 아름답게 피었다. → 꽃이 아름답게 피었다는 자신의 생각 진술
      종결 어미 '-다'

❷ 의문문

· 말하는 이가 듣는 이에게 질문하여 대답을 요구하는 문장
· '-어/-아(요)', '-니', '-냐', '-ㄹ까' 등의 종결 어미를 사용하고 물음표(?)를 붙임.
· 구체적인 설명을 요구하는 '설명 의문문', 긍정·부정의 대답을 요구하는 '판정 의문문', 굳이 대답을 요구하지 않고 서술이나 명령의 효과를 나타내는 '수사 의문문'이 있음.

  예 뭐 먹고 싶어? → 듣는 이가 먹고 싶은 음식이 무엇인지 대답을 요구
      종결 어미 '-어'

❸ 명령문

· 말하는 이가 듣는 이에게 어떤 행동을 하도록 요구하는 문장
· '-아라/-어라' 등의 종결 어미를 사용하고, 서술어는 동사만 쓰일 수 있음.
· 명령문의 주어는 항상 '듣는 이'로, 문장에서 밝히지 않는 경우가 대부분임.
· 과거를 나타내는 선어말 어미 '-았-/-었-'은 함께 쓸 수 없음.

  예 빨리 일어나서 밥 먹어라. → 듣는 이가 밥을 먹는 행동을 하기를 요구
      종결 어미 '-어라'

❹ 청유문

· 말하는 이가 듣는 이에게 어떤 행동을 함께하자고 요청하는 문장
· '-자', '-ㅂ시다' 등의 종결 어미를 사용하고, 서술어는 동사만 쓰일 수 있음.
· 청유문의 주어는 일반적으로 말하는 이와 듣는 이가 함께 포함됨.
· 과거를 나타내는 선어말 어미 '-았-/-었-'은 함께 쓸 수 없음.

  예 나랑 같이 도서관에 가자. → 듣는 이에게 도서관에 함께 가기를 요청
      종결 어미 '-자'

❺ 감탄문

· 말하는 이가 듣는 이를 별로 의식하지 않거나 독백하듯 자신의 느낌을 표현하는 문장
· '-구나', '-아라/-어라' 등의 종결 어미를 사용하고 느낌표(!)를 붙임.

  예 바람이 정말 시원하구나! → 바람이 시원하다는 느낌을 독백하듯 표현
      종결 어미 '-구나'

---

❶ 평서문

준호는 자전거를 탄다.
                종결 어미 '-다'
함박눈이 펑펑 쏟아져 내리네.
                    종결 어미 '-네'
숙제는 밥 먹고 하겠습니다.
                    종결 어미 '-ㅂ니다'
→ 어떤 내용을 객관적으로 진술

❷ 의문문

                        설명 의문문
이 상자는 어떻게 만들어요?↗
                종결 어미 '-어요'
이 우산 네 것 맞아? → 판정 의문문
              종결 어미 '-아'
줄을 서야 하지 않니? → 수사 의문문
              종결 어미 '-니'

❸ 명령문

잃어버린 지갑 먼저 찾아라.
                  종결 어미 '-아라'
음식을 천천히 먹어라.
              종결 어미 '-어라'
→ 주어(듣는 이) 생략, 서술어는 동사

❹ 청유문

언제 밥 한번 먹자.
              종결 어미 '-자'
밥 먹고 합시다.
          종결 어미 '-ㅂ시다'
→ 주어(말하는 이와 듣는 이) 생략,
  서술어는 동사

❺ 감탄문

꽃이 향기롭구나!
            종결 어미 '-구나'
아이고, 웃겨라!
          종결 어미 '-어라'
→ 독백하듯 자신의 느낌 표현

■ 높임 표현

말하는 이가 말하는 대상이나 듣는 이의 높고 낮은 정도를 구별하여 표현한 것. 높임의 대상이 누구인가에 따라 주체 높임법, 객체 높임법, 상대 높임법으로 나눔.

❶ 주체(주인主 몸체體) 높임법

서술어의 주체에 해당하는 문장의 주어를 높이는 것

- **실현 방법**

·용언의 어간에 선어말 어미 '-(으)시-'를 결합함. ·주격 조사 '이/가' 대신 '께서'를 사용함. ·높임의 의미를 지닌 특수한 어휘를 사용함.	특수한 어휘 예 할머니께서 말씀을 <u>하신다.</u> 　주격 조사　　하- + -시- + -ㄴ- + -다 　　　　　　　높임의 선어말 어미

- **직접 높임과 간접 높임**

·직접 높임: 주어를 직접 높임. ·간접 높임: 주어와 관련된 대상(신체, 소유물, 가족, 생각 등)을 높임으로써 주어를 간접적으로 높임. 높임의 특수한 어휘는 쓰이지 않음.	예 선생님께서 키가 크시다. ┐높임의 대상인 선생님의 　　　　　　　　　　　　　 └신체를 간접적으로 높임. 예 할머니께서는 걱정거리가 {있으시다(○), 　　계시다(×)}. ┐높임의 대상인 할머니의 걱정을 　특수 어휘는 쓸 수 없음. └간접적으로 높임.

❷ 객체(손님객客 몸체體) 높임법

서술어의 객체에 해당하는 목적어나 부사어를 높이는 것

- **실현 방법**

·부사격 조사 '에' 대신 '께'를 사용함. ·높임의 의미를 지닌 특수한 어휘를 사용함.	높임의 대상이 부사어로 쓰임. 예 나는 선생님께 편지를 드렸다. 　　　　부사격 조사　특수한 어휘

❸ 상대(서로상相 대할대對) 높임법

말하는 이가 듣는 이를 높이거나 낮추는 것. 종결 어미로 실현되는데 결합하는 어미에 따라 상대 높임의 등급이 결정됨.

- **종류**

  공식적인 대화에서 사용하는 '격식체'(하십시오체, 하오체, 하게체, 해라체)와 비공식적인 대화에서 사용하는 '비격식체'(해요체, 해체)로 나눔.

구분	평서문	의문문	명령문	청유문	감탄문
하십시오체 (아주높임)	가십니다	가십니까?	가십시오	(가시지요)	–
하오체 (예사 높임)	가(시)오	가(시)오?	가(시)오, 가구려	갑시다	가는구려
하게체 (예사 낮춤)	가네, 감세	가는가?, 가나?	가게	가세	가는구먼
해라체 (아주낮춤)	간다	가니?, 가냐?	가(거)라, 가렴, 가려무나.	가자	가는구나
해요체 (두루높임)	가요	가요?	가(세/셔)요	가(세/셔)요	가(세/셔)요
해체 (두루낮춤)	가, 가지	가?, 가지?	가, 가지	가, 가지	가, 가지

(좌측 여백 주석)
듣는 이를 가장 높이는 표현으로 말하는 이보다 낮은 사람에게는 쓰지 않음.

말하는 이와 동등하거나 낮은 사람을 존중하는 표현으로 하게체보다 상대방을 조금 더 높이고 예의를 차릴 때 쓰임.

말하는 이와 동등하거나 낮은 사람을 존중하며 대우하는 표현

┌→ 듣는 이를 가장 낮추는 표현

듣는 이를 두루 높이는 표현으로 일상 대화에서 가장 폭넓게 쓰임.

듣는 이를 두루 낮추는 표현으로 해라체보다 덜 권위적이며 상대방에게 친밀감을 드러낼 때 쓰임.

예사말	높임말
있다	계시다
자다	주무시다
죽다	돌아가시다
먹다	들다, 드시다, 잡수다, 잡수시다
아프다	편찮으시다
말	말씀
집	댁
밥	진지

❷ 객체 높임법의 특수한 어휘

예사말	높임말
데리다	모시다
묻다	여쭈다, 여쭙다
보다	뵈다, 뵙다
주다	드리다

❸ 상대 높임법

국민 여러분, 저를 믿어 주십시오.
　　　　　　　종결 어미 '-ㅂ시오'
→ 듣는 이(국민 여러분)를 아주높임

여보게, 이리 와서 앉게.
　　　　　　종결 어미 '-게'
→ 듣는 이(여보)를 예사 낮춤

엄마, 오늘 학교 가지요?
　　　종결 어미 '-지' + 높임 보조사 '요'
→ 듣는 이(엄마)를 두루높임

그래, 오늘 학교 가지.
　　　　종결 어미 '-지'
→ 듣는 이를 두루낮춤

■ 시간 표현

❶ 시제(때時 만들制)

말하는 시점(발화시)을 기준으로 하여 사건이 언제 일어났는지(사건시)를 나타내는 표현. 발화시와 사건시의 관계에 따라 과거 시제, 현재 시제, 미래 시제로 나눔.

● **과거 시제** 사건이 일어난 시점(사건시)이 말하는 시점(발화시)보다 앞선 시제

> 사건이 발화시보다 훨씬 앞서 발생하여 현재와 단절된 사건을 표현

실현 방법	・선어말 어미: '-았-/-었-', '-았었-/-었었-', '-더-'를 서술어에 결합함. ・관형사형 어미: 동사에는 '-(으)ㄴ, -던'을, 형용사와 서술격 조사에는 '-던'을 결합함. ・시간 부사어: '어제', '이미' 등을 사용	📙 선재는 어제 책을 읽었다. 시간 부사어 과거 시제 선어말 어미

> 과거의 일이나 경험을 회상

● **현재 시제** 사건이 일어난 시점(사건시)과 말하는 시점(발화시)이 일치하는 시제

실현 방법	・선어말 어미: 동사에는 '-ㄴ-/-는-'을 결합함. 형용사와 서술격 조사에는 선어말 어미를 결합하지 않고 기본형으로 나타냄. ・관형사형 어미: 동사에는 '-는'을, 형용사와 서술격 조사에는 '-(으)ㄴ'을 결합함. ・시간 부사어: '지금', '오늘' 등을 사용	📙 선재는 지금 음악을 듣는다. 시간 부사어 현재 시제 선어말 어미

● **미래 시제** 사건이 일어난 시점(사건시)이 말하는 시점(발화시)보다 이후인 시제

실현 방법	・선어말 어미: '-겠-'을 서술어에 결합함. ・관형사형 어미: '-(으)ㄹ'을 서술어에 결합함. ・'-(으)ㄹ 것이-', '-(으)리-'를 서술어에 결합함. ・시간 부사어: '내일', '곧' 등을 사용	📙 이제 곧 선재가 집에 오겠다. 시간 부사어 미래 시제 선어말 어미

> 선어말 어미 '-겠-'과 비슷하게 쓰임.

❷ 동작상(움직일動 지을作 서로相)

시간의 흐름 속에서 동작이 지속되는지, 완료되었는지를 나타내는 표현

진행상	・말하는 시점에 동작이 진행되고 있는 것 ・'-고 있다, -아/-어 가다, -(으)면서' 등으로 실현	📙 선재가 지금 숙제를 하고 있다. 말하는 시점에 선재가 숙제를 하고 있는 중임.
완료상	・말하는 시점에 동작이 이미 끝난 것 ・'-아/-어 버리다, -아/-어 있다, -고서' 등으로 실현	📙 선재가 숙제를 다 해 버렸다. 말하는 시점에 선재가 이미 숙제를 끝냄.

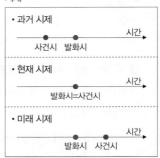

❶ 시제

〈과거 시제〉

지난달에 나는 농구를 했었다.
시간 부사어 　　 선어말 어미 '-었었-'

어제 본 영화가 기억에 남는다.
시간 부사어 관형사형 어미 '-(으)ㄴ'

〈현재 시제〉

아기가 새근새근 잠을 잔다.
자+-ㄴ-+다: 동사의 경우 '-ㄴ-'으로 실현

나는 아직 학생이다.
서술격 조사의 경우 그대로 실현

오늘 아침 하늘이 파랗다.
시간 부사어 　 형용사의 경우 그대로 실현

〈미래 시제〉

내일 비가 오겠다.
시간 부사어 선어말 어미 '-겠-'

다가올 우리의 미래가 밝다.
관형사형 어미 '-(으)ㄹ'

❷ 동작상

나는 밥을 먹고 있다.
'-고 있다': 동작의 진행

철수는 이미 밥을 다 먹어 버렸다.
'-어 버리다': 동작의 완료

헷갈리는 1% 채우기

● **발화시와 사건시의 관계로 판단하는 시제**

'-았-/-었-'은 과거 시제를 나타내는 선어말 어미이지만 맥락에 따라서는 현재나 미래의 일을 나타내기도 해요. 특히 미래에 일어날 수 있는 사건을 이미 정해진 것처럼 말할 때 써요.

📙 창문을 깼으니 이제 엄마한테 혼났다. → 사건시(혼난다)가 발화시보다 이후이므로 미래 시제

'-겠-'은 주로 미래의 일을 나타내지만 추측이나 의도를 나타낼 때는 과거 시제, 현재 시제도 될 수 있어요.

📙 영수는 벌써 집에 도착했겠지? → 발화시보다 사건시(도착하다)가 앞서므로 과거 시제
　　지금 아마 신나게 놀고 있겠지? → 발화시와 사건시(놀다)가 일치하므로 현재 시제

● 다음 문장의 시제를 쓰시오.

> ・비가 와서 내일 소풍은 다 갔다. → (　　　　　)
> ・영화 시간이 이미 지나갔겠지? → (　　　　　)

답 미래 시제, 과거 시제

1 다음 문장에 해당하는 종결 표현을 쓰시오.

(1) 지안이가 그림을 그리고 있다. (   )

(2) 지안이가 그림을 그리고 있니? (   )

(3) 지안이가 그림을 그리는구나! (   )

(4) 지안아, 같이 그림을 그리자. (   )

(5) 지안아, 그림을 그려라. (   )

2 다음과 같이 높임의 대상에 밑줄을 긋고, 높임법의 종류를 쓰시오.

> <u>할머니</u>께서 주무신다. (주체 높임법)

(1) 나는 아버지를 모시고 갔다.   (   )

(2) 여러분, 조용히 해 주십시오.   (   )

(3) 할아버지께서 귀가 밝으시다.   (   )

(4) 이 편지를 선생님께 가져다 드려라.   (   )

3 다음 문장에 나타난 시제의 종류를 바르게 연결하시오.

(1) 독수리는 높이 난다.   ·   · ㉠ 과거 시제

(2) 눈이 많이 내리더라.   ·   · ㉡ 현재 시제

(3) 기차가 곧 떠날 것이다. ·   · ㉢ 미래 시제

✓ **어휘로 개념 확인**

다음 빈칸에 들어갈 알맞은 말을 쓰시오.

1 ☐☐ **표현**: 말하는 이가 말하는 대상이나 듣는 이의 높고 낮은 정도를 구별하여 표현한 것

(1) ☐☐ **높임법**: 서술어의 주체인 문장의 주어를 높이는 것

(2) ☐☐ **높임법**: 서술어의 대상이 되는 목적어나 부사어를 높이는 것

(3) ☐☐ **높임법**: 말하는 이가 듣는 이를 높이거나 낮추는 것

2 ☐☐ : 말하는 시점을 기준으로 하여 사건이 언제 일어났는지를 나타내는 표현. 말하는

시점인 ☐☐☐ 과/와 사건이 일어난 시점인 ☐☐☐ 의 관계에 따라 과거, 현

재, 미래 시제로 나눔.

3 ☐☐☐ : 시간의 흐름 속에서 동작의 지속이나 완료를 나타내는 표현

01 〈보기〉를 바탕으로 종결 어미를 탐구한 내용으로 알맞지 <u>않은</u> 것은?

> **보기**
> ㄱ. 날씨가 정말 덥구나!
> ㄴ. 오늘 아침에 늦잠을 잤다.
> ㄷ. 아침에 일어나는 게 힘드니?
> ㄹ. 나하고 같이 국어 숙제 하자.
> ㅁ. 늦게까지 깨어 있지 말고 일찍 자라.

① 문장을 끝맺는 기능을 한다.
② 말하는 이의 의도를 나타낸다.
③ 다양한 문장의 종류를 결정한다.
④ 사건이나 상황이 일어난 때를 나타낸다.
⑤ 진술, 의문, 명령, 청유, 감탄을 나타낸다.

02 ㉠~㉤에 대한 이해로 적절하지 <u>않은</u> 것은?

> **보기**
> ㉠아빠가 아이를 안고 자장가를 부른다. 잠이 오지 않는 아이는 아빠에게 묻는다. ㉡"아빠는 자장가를 어디에서 배웠어요?" ㉢"얘야, 이제 그만 자거라." "무서운 얘기 하나만 듣고 잘래요." ㉣"그럼, 딱 하나만 듣고 자자." 이야기가 시작되자 아이는 아빠 품에 숨는다. ㉤"아이고, 무서워라!"

① ㉠: 말하는 이가 사실을 객관적으로 진술한다.
② ㉡: 말하는 이가 듣는 이에게 설명을 요구한다.
③ ㉢: 말하는 이가 듣는 이에게 행동을 하도록 요구한다.
④ ㉣: 말하는 이가 듣는 이에게 양보를 요청한다.
⑤ ㉤: 말하는 이가 독백하듯 자신의 느낌을 표현한다.

03 다음 문장 중, 수사 의문문에 해당하는 것은?

① 여기 앉아도 될까요?
② 이 강아지 종류가 무엇이니?
③ 연주야, 그 가방 새로 산 거니?
④ 그렇게 쉬운 걸 어떻게 모를 수가 있어?
⑤ 미술관에 가려면 몇 번 버스를 타야 하나요?

04 다음 문장 중, 명령문으로 바꿀 수 있는 것은?

① 가을 하늘이 높다.
② 우리는 중학생이다.
③ 운동장을 빨리 달린다.
④ 휴가 기간에 유독 바쁘다.
⑤ 화원에서 꽃을 많이 샀다.

05 ㉠~㉤에 대한 설명으로 적절하지 <u>않은</u> 것은?

> **보기**
> 어머니, ㉠어머니께서 ㉡부탁하신 대로 ㉢할머니께 편지를 ㉣드리고 ㉤왔어요.

① ㉠: '어머니'를 높이기 위해 조사 '께서'를 붙였다.
② ㉡: 서술의 주체인 '어머니'를 높이기 위해 '-시-'를 붙였다.
③ ㉢: 부사어인 '할머니'를 높이기 위해 조사 '께'를 붙였다.
④ ㉣: 서술의 객체를 높이기 위해 특수한 어휘를 사용하였다.
⑤ ㉤: 문장의 주어인 '할머니'를 높이기 위해 상대 높임법을 사용하였다.

서술형
06 〈보기〉와 같이 문장의 주어를 바꿔 쓰려고 한다. 높임 표현을 사용하여 다음 문장을 알맞게 바꿔 쓰시오.

> 동생이 밥을 먹는다.
> → 할아버지 _____.

> **보기**
> 친구에게 모르는 것을 물어보았다.
> → 선생님께 모르는 것을 여쭤보았다.

_____

07 높임 표현을 바르게 사용한 문장으로 알맞은 것은?

① 할머니, 아픈 건 좀 괜찮으세요?

② 도현아, 선생님께서 오라고 하셨어.

③ 손님, 주문하신 음식 나오셨습니다.

④ 교장 선생님의 말씀이 계시겠습니다.

⑤ 예진이는 어제 할머니를 뵙고 오셨다.

08 객체 높임법이 나타난 문장으로 적절한 것은?

① 어머니께서 걱정이 많으시다.

② 선생님께서 슬픈 영화를 보신다.

③ 나는 할머니를 모시고 병원에 다녀왔다.

④ 할아버지께서는 여전히 귀가 무척 밝으시다.

⑤ 아버지께서 나에게 좋은 말씀을 들려주셨다.

09 (가)와 (나)의 대화 상황에서 윤호의 말을 탐구한 내용으로 적절하지 <u>않은</u> 것은?

> ┌─ 보기 ──────────────────────────
> (가) (학급 회의 시간)
>   **윤호** 지욱 군, 의견을 말씀해 주십시오.
> (나) (친구와 집에 가는 길)
>   **윤호** 지욱아, 도서관에 들렀다 갈 거지?
> └────────────────────────────────

① (가)와 (나)는 모두 상대 높임법이 실현되었다.

② (가)에서 듣는 이는 같은 반 학생이지만 공식적인 상황이므로 상대방을 높이고 있다.

③ (가)는 듣는 이를 아주 높이는 표현을, (나)는 듣는 이를 아주 낮추는 표현을 사용하고 있다.

④ (가)에 비해 (나)는 부드럽고 친근한 느낌을 주며 대화 상대와의 심리적 거리감이 해소되고 있다.

⑤ (나)는 일상생활이라는 비공식적 상황에서 친구와 대화를 나누는 것이므로 상대방을 높이지 않고 있다.

10 문장의 시제를 파악한 것으로 적절하지 <u>않은</u> 것은?

① 기차가 곧 떠난다. → 현재

② 바깥바람이 시원하다. → 현재

③ 그때도 그는 멋졌더라. → 과거

④ 화단에 꽃이 활짝 피었다. → 과거

⑤ 겨울이 지나면 봄이 올 것이다. → 미래

고난도
11 〈보기〉를 바탕으로 시제를 탐구한 내용으로 적절하지 <u>않은</u> 것은?

> ┌─ 보기 ──────────────────────────
> ㉠ 그해 겨울에 눈이 많이 내렸었다.
> ㉡ 마을 사람들은 이미 겨울 준비를 끝냈다.
> ㉢ 겨우내 아이들이 먹은 것은 곶감이었다.
> ㉣ 겨울 바다는 정말 춥더라.
> └────────────────────────────────

① ㉠은 '-었었-'을 사용하여 사건이 발화시보다 훨씬 앞서 일어났음을 나타냈다.

② ㉡은 시간을 나타내는 부사어를 추가하여 과거 시제를 나타냈다.

③ ㉢의 '먹은'은 관형사형 어미 '-(으)ㄴ'이 결합되어 과거 시제를 나타냈다.

④ ㉡, ㉢은 모두 서술어에 '-았-/-었-'을 사용하여 발화시가 사건시보다 앞섬을 드러냈다.

⑤ ㉣의 '춥더라'는 선어말 어미 '-더-'를 사용하여 과거 회상의 의미를 더했다.

서술형
12 다음 빈칸에 알맞은 말을 〈조건〉에 맞게 쓰시오.

> 나는 지금 책을 (　　　　　　　　　　　).

> ┌─ 조건 ──────────────────────────
> • 서술어는 '읽다'를 활용할 것.
> • 사건이 일어난 시점과 말하는 시점을 일치시킬 것.
> • 보조 용언을 사용하여 말하는 시점에 동작이 진행되고 있음을 나타낼 것.
> └────────────────────────────────

20 피동 표현과 사동 표현

■ **능동**(능할能 움직일動) **표현과 피동**(입을被 움직일動) **표현**

동작이나 행위를 누가 하느냐에 따라 능동문과 피동문으로 나눔.

능동 표현(능동문)	피동 표현(피동문)
주어가 스스로의 힘이나 의지로 어떤 동작을 하는 것	주어가 다른 주체에 의해서 어떤 동작을 당하게 되는 것

● **피동 표현을 만드는 방법**
· 능동사 어간에 피동 접사 '-이-, -히-, -리-, -기-'를 붙임.
· 능동사 어간에 '-어지다', '-게 되다' 등을 붙임.
· 명사에 '-되다' 등을 붙임.

▶ '능동사 어간 + 피동 접사'에 의한 피동
경찰이 도둑을 잡다. → 능동문
주어 목적어 서술어
도둑이 경찰에게 잡히다. → 피동문
주어 부사어 서술어

▶ '능동사 어간 + -어지다'에 의한 피동
서운한 마음이 풀어지다. → 피동문
[능동문] 서운한 마음을 풀다.
▶ '명사 + -되다'에 의한 피동
회장으로 선출되다. → 피동문
[능동문] 회장을 선출한다.

■ **주동**(주인主 움직일動) **표현과 사동**(부릴使 움직일動) **표현**

동작이나 행위를 주어가 직접 하느냐, 다른 사람에게 하도록 하느냐에 따라 주동문과 사동문으로 나눔.

주동 표현(주동문)	사동 표현(사동문)
주어가 직접 어떤 동작을 하는 것	주어가 다른 대상에게 어떤 동작을 하도록 시키는 것

● **사동 표현을 만드는 방법**
· 주동사, 일부 형용사의 어간에 사동 접사 '-이-, -히-, -리-, -기-, -우-, -구-, -추-'를 붙임.
· 주동사, 일부 형용사의 어간에 '-게 하다'를 붙임.
· 명사에 '-시키다'를 붙임.

▶ '주동사 어간 + 사동 접사'에 의한 사동
아이가 옷을 입다.
주어 목적어 서술어
엄마가 아이에게 옷을 입히다.
새로운 주어 부사어 목적어 서술어

▶ '주동사 어간 + -게 하다'에 의한 사동
엄마가 아이를 웃게 하다. → 사동문
[주동문] 아이가 웃다.
▶ '명사 + -시키다'에 의한 사동
엄마가 동생과 나를 화해시키다. → 사동문
[주동문] 동생과 내가 화해하다.

피동 표현의 특징
· 피동 표현은 동작을 당한 사람이나 사물에 초점을 두고, 행동을 당함을 강조하려는 의도가 담겨 있음.
· 동작 주체가 불분명하거나 스스로 동작을 하지 못할 때 피동 표현을 사용함.
· 모든 동사 어간에 피동 접사가 결합할 수 있는 것은 아님.

■ **피동문 만들기**

바람이 문을 닫았다.
→ 문이 바람에 닫혔다.

가방을 바닥에 놓다.
→ 가방이 바닥에 놓이다.

능동문의 목적어는 피동문의 주어로, 능동문의 주어는 피동문의 부사어로 바뀐다. (능동문의 주어가 드러나지 않는 경우도 있음.)

■ **능동문이 어색한 피동문**

집이 물에 잠기다.
→ 물이 집을 잠그다. (×)
동작 주체가 불분명하거나 스스로 동작을 하지 못하는 경우 능동문을 만들 수 없음.

사동 표현의 특징
· 사동 표현은 행동을 시키는 사람에게 초점을 두고, 시키는 행위를 강조하려는 의도가 담겨 있음.
· 사동 표현은 직접 사동(주어가 사건 행위에 참여)과 간접 사동(주어가 말로 시키기만 하고 행위는 사동의 대상이 함.)으로 나눔.

■ **사동사로 만드는 사동 표현**

동사	사동사	예문
녹다	녹이다	열기가 얼음을 녹인다.
앉다	앉히다	엄마가 아기를 앉히다.
울다	울리다	누나가 동생을 울린다.
낮다	낮추다	의자의 높이를 낮췄다.

헷갈리는 1% 채우기

· **형태가 같은 피동사와 사동사**
어떤 동사가 접미사에 의해 피동사도 되고 사동사도 되는 경우, '먹히다(피동)'와 '먹이다(사동)'처럼 형태가 다른 경우도 있지만 종종 형태가 같은 경우도 있어요. 다음과 같은 경우에 주의하세요!
※ 형태가 같은 피동사와 사동사의 예: 보이다, 업히다, 잡히다 등
📖 멀리 하늘이 보였다. (→ 피동사), 그는 나에게 영화를 보였다. (→ 사동사)
아기가 아빠에게 업혔다. (→ 피동사), 내가 아기를 동생에게 업혔다. (→ 사동사)

· 다음 서술어를 피동사와 사동사로 구분해 쓰시오.

· 쥐가 고양이에게 잡혔다. → (	)
· 아이에게 연필을 잡혔다. → (	)

答 피동사, 사동사

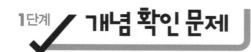

1 다음 설명이 맞으면 ○, 틀리면 × 표시를 하시오.

(1) 언어는 그 언어를 사용하는 사람들이 의사소통을 위해 만든 사회적 약속이므로, 시간이 지나도 바뀌지 않는다. ( )

(2) 같은 대상을 부르는 이름이 언어마다 다른 이유는 언어의 의미와 말소리 사이가 임의적인 관계로 이루어져 있기 때문이다. ( )

(3) 이미 알고 있던 단어를 활용하여 새로운 문장을 무한히 만들 수 있는 것은 언어의 창조성과 관계가 깊다. ( )

2 다음 ㉠, ㉡ 안에 들어갈 말을 쓰시오.

언어는 (㉠)과/와 (㉡)이/가 결합하여 만들어진 기호 체계이다. 이것을 언어의 기호성이라고 한다.

3 다음에서 (1)과 (2)의 설명에 해당하는 언어의 본질을 골라 쓰시오.

기호성   자의성   사회성   역사성   창조성   규칙성

(1) '밤[夜]에 밤[栗]을 먹었다.'에서 두 '밤'은 의미상 관련이 없음에도 불구하고 우연히 소리가 같다.: ( )

(2) '어리다'는 15세기에 '어리석다'의 뜻으로 사용하였지만, 오늘날에는 '나이가 적다'라는 뜻으로 사용한다.: ( )

4 언어의 기능과 그 예에 해당하는 것을 찾아 바르게 연결하시오.

(1) 정보적 기능 ·   · ㉠ "네 이야기를 들으니 마음이 아프구나."

(2) 명령적 기능 ·   · ㉡ "안녕하세요? 만나서 반갑습니다."

(3) 친교적 기능 ·   · ㉢ "이 건물은 200년 전에 지은 것입니다."

(4) 정서적 기능 ·   · ㉣ "세수 좀 해라."

✔ 어휘로 개념 확인

다음 빈칸에 들어갈 알맞은 말을 쓰시오.

1 언어의 ☐☐☐ : 언어는 시간이 흐르면서 끊임없이 생성, 변화, 소멸함.

2 언어의 ☐☐☐ : 언어마다 일정한 규칙이 있어서 그것에 맞게 사용해야 함.

3 언어의 ☐☐☐ : 언어는 그 언어를 사용하는 사람들 사이의 사회적 약속이므로 어느 한 개인이 함부로 바꿀 수 없음.

4 언어의 ☐☐☐ 기능: 다른 사람들과 원활하고 친밀한 관계를 맺게 하는 기능임.

01 〈보기〉의 내용과 가장 관련 깊은 언어의 본질은?

> 보기
>
> '물'은 '자연계에 강, 호수, 바다 따위의 형태로 널리 분포하는 액체'를 가리키는 말이다. 우리는 '자연계에 강, 호수, 바다 따위의 형태로 널리 분포하는 액체'를 '물'이라는 글자나 음성으로 표현하여 서로 소통을 한다. 여기서 언어란 의미와 말소리가 결합하여 만들어진 것임을 알 수 있다.

① 언어의 기호성
② 언어의 역사성
③ 언어의 창조성
④ 언어의 자의성
⑤ 언어의 사회성

02 언어의 자의성에 해당하는 예로 적절한 것은?

① '나는 어제 운동을 하겠다.'는 국어 문법에 맞지 않는 어색한 표현이다.
② '사람이나 동물이 살기 위하여 지은 건물'을 한국어로는 '집[집]', 불어로는 'maison[메종]'이라고 한다.
③ 조선 시대에는 '강(江)'을 '가람'이라고 불렀으나, 지금 '강'을 '가람'이라고 부르는 사람은 거의 없다.
④ 아이가 '사과'라는 단어와 '엄마 좋아.'라는 문장을 배운 후 '사과 좋아.'라는 말을 만들어 사용하였다.
⑤ 어느 한 사람이 '배추'를 '고무'라고 부르면 다른 사람들은 그가 무슨 말을 하는지 이해하지 못한다.

서술형
03 〈보기〉의 대화를 들은 사람들이 같은 단어를 떠올렸다고 할 때, 이와 가장 관련 깊은 언어의 특성을 쓰시오.

> 보기
>
> 초원 사람이 세상에 태어난 날을 말해.
> 서우 사람이 태어난 날을 기념하는 해마다의 그날을 뜻하는 말이야.

04 언어의 역사성에 해당하는 예로 적절한 것은?

① '인터넷'이라는 말은 고려 시대에는 없었지만, 지금은 모르는 사람이 거의 없을 정도이다.
② '부추'라는 말은 지역에 따라 '솔'이나 '졸', '세우리', '정구지'라고도 부른다.
③ '사람의 복부'를 '배'라고 하는데, '물 위를 떠다니는 교통수단'도 '배'라고 한다.
④ '나는 제주에 가고 싶어.' 대신 '나는 가고 제주에 싶어.'라고 표현하면 의사소통에 문제가 생긴다.
⑤ 우리나라에서 '넓고 길게 흐르는 큰 물줄기'를 '공'이라고 하는 사람과는 정상적인 대화가 불가능하다.

05 다음 글의 ㉠에 대한 답을 언어의 본질과 관련하여 설명할 때 제시할 수 있는 것은?

> 남자는 다음과 같이 생각했다.
> '똑같은 의자, 침대, 사진. 나는 언제나 책상을 책상이라 말하고, 그림을 그림이라 말하고, 침대는 침대라 부르고, 의자는 의자라고 부른다. 도대체 왜 그렇게 불러야 한단 말인가?'
> 프랑스인들은 침대를 '리', 책상을 '타블'이라고 말하고, 그림은 '타블로', 의자는 '셰에즈'라 부른다. 그 말들을 사용하여 그들은 의견을 주고받는다. 중국인들도 그들끼리 역시 이런 식으로 의사소통한다.
> ㉠무엇 때문에 침대를 사진이라 부르면 안 된단 말인가.'
> — 페터 빅셀, 「책상은 책상이다」

① 언어의 기호성
② 언어의 창조성
③ 언어의 사회성
④ 언어의 역사성
⑤ 언어의 자의성

06 〈보기〉에 해당하는 언어의 본질을 설명한 내용으로 적절한 것은?

> **보기**
>
> "물 주세요.", "날씨가 시원해."라는 말을 배운 민지는 다음 날 "시원한 물 주세요.", "물이 시원하지 않아.", "과자 주세요."와 같은 말을 하기 시작했다.

① 언어는 일종의 기호 체계로 볼 수 있다.
② 시간이 흐르면서 언어의 형식이 변하기도 한다.
③ 언어의 내용과 형식 사이의 관계는 필연적이지 않다.
④ 언어는 그 언어를 사용하는 사람들 사이의 약속이다.
⑤ 인간은 한정된 단어로 무한히 많은 문장을 만들 수 있다.

서술형

07 ㉠과 관련 깊은 언어의 기능을 쓰시오.

> **연합 뉴스**
>
> 국립국어원이 '2018년 4분기 표준국어대사전 정보 수정 주요 내용'을 공개했다. ㉠명사 '동네'는 '자기가 사는 집의 근처'에서 '사람들이 생활하는 여러 집이 모여 있는 곳'으로 뜻풀이가 변경됐다.
>
> – 『연합 뉴스』(2019. 3. 30. 자)

고난도

08 〈보기〉의 ㉠이 의미하는 내용으로 적절한 것은?

> **보기**
>
> 어젯밤에 라면이 먹고 싶은데 움직이기가 너무 싫은 거야. 그래서 오빠한테 "오빠, 라면 먹고 싶지 않아?"라고 말했는데 오빠는 "응. 먹고 싶어."라고만 하고 계속 누워 있는 거 있지? 오빠는 ㉠내 말에 담긴 언어의 기능을 몰랐나 봐.

① 언어는 어떤 대상을 가리킨다.
② 언어는 어떤 사실이나 정보를 전달한다.
③ 언어는 말하는 사람의 감정이나 태도를 드러낸다.
④ 언어는 사람들 사이의 관계가 원활해지도록 한다.
⑤ 언어는 듣는 사람의 생각이나 감정을 움직여 어떤 행동을 하게 한다.

---

09 〈보기〉에 공통적으로 나타나는 언어의 기능은?

> **보기**
>
> (가) 휴대 전화로 문자를 주고받을 때 나는 'ㅎㅎ'나 'ㅋㅋ'를 쓰면서 대화를 하곤 한다. 이러한 글자는 특별한 뜻이 있는 것이 아니라 그저 친구와 즐거운 마음으로 대화를 하고 있다는 것을 보여 준다.
> (나) "안녕하세요?"라는 말을 들었을 때 굳이 안녕 여부에 대해 대답을 하지 않아도 어색하지 않다. 이런 인사말은 대화를 하는 사람들의 관계를 원활하게 하는 데 기여한다.

① 지시적 기능　　　　② 정보적 기능
③ 명령적 기능　　　　④ 정서적 기능
⑤ 친교적 기능

---

10 언어의 정서적 기능과 관련 깊은 그림은?

①
이것은 '책'이라고 해.

②
어머나, 정말 맛있구나.

③
한 봉지에 3,000원입니다.

④
날씨가 좋군요.
네, 요즘 건강은 어떠세요?

⑤
소금 좀 이리 다오.

23 한글 맞춤법과 표준어 규정

■ 한글 맞춤법

1. 한글 맞춤법의 기본 원리

〈제1장 총칙〉

> 제1항 한글 맞춤법은 표준어를 소리대로 적되, 어법에 맞도록 함을 원칙으로 한다.

소리대로 적는다.	표준어의 발음대로 적는다는 뜻임. 예 바람, 노래, 아침, 뛰다 표기와 소리가 같음.
어법에 맞도록 한다.	소리 나는 대로 적으면 뜻을 알기 어려운 경우 어법에 맞게 형태를 밝혀 적는다는 뜻임. 예 늘거, 늘꼬, 늑찌, 능는(×) → 늙어, 늙고, 늙지, 늙는(○) 활용형이 환경에 따라 다르게 소리 나지만 '늙-'으로 어간의 형태를 밝혀 적음.

> 제2항 문장의 각 단어는 띄어 씀을 원칙으로 한다.

2. 한글 맞춤법의 주요 규정

〈제3장 소리에 관한 것〉

된소리	제5항 한 단어 안에서 뚜렷한 까닭 없이 나는 된소리는 다음 음절의 첫소리를 된소리로 적는다. '된소리되기'의 규칙이 적용되는 조건이 아닐 때를 의미함. 1. 두 모음 사이에서 나는 된소리 예 어깨, 오빠, 아끼다, 기쁘다 2. 'ㄴ, ㄹ, ㅁ, ㅇ' 받침 뒤에서 나는 된소리 예 산뜻하다, 잔뜩, 살짝, 엉뚱하다
두음 법칙	제10항 한자음 '녀, 뇨, 뉴, 니'가 단어 첫머리에 올 적에는, 두음 법칙에 따라 '여, 요, 유, 이'로 적는다. 예 여자(女子), 연세(年歲)

〈제4장 형태에 관한 것〉

체언과 조사	제14항 체언은 조사와 구별하여 적는다. 예 집이[지비], 집을[지블], 집만[짐만] 소리대로 적지 않고 어법에 맞게 적는다는 뜻
어간과 어미	제15항 용언의 어간과 어미는 구별하여 적는다. 예 같다[갇따], 같으니[가트니], 같이[가치] 어법에 맞게 적음으로써 형태소의 의미를 쉽게 파악할 수 있음.
사이시옷	제30항 사이시옷은 다음과 같은 경우에 받치어 적는다. 1. 순우리말로 된 합성어로서 앞말이 모음으로 끝난 경우 예 나룻배 → 나루 + ㅅ + 배, 냇가 → 내 + ㅅ + 가 2. 순우리말과 한자어로 된 합성어로서 앞말이 모음으로 끝난 경우 예 귓병 → 귀 + ㅅ + 병(病), 훗날 → 후(後) + ㅅ + 날 3. 두 음절로 된 다음 한자어 예 곳간(庫間), 셋방(貰房), 숫자(數字), 찻간(車間), 툇간(退間), 횟수(回數)

〈제5장 띄어쓰기〉

조사	제41항 조사는 그 앞말에 붙여 쓴다. 예 이것은 책상이다. 물을 먹다.
단어	제42항 의존 명사는 띄어 쓴다. 예 할 수 있다. 아는 것이 힘
	제43항 단위를 나타내는 명사는 띄어 쓴다. 예 한 개, 한 벌
	제45항 두 말을 이어 주거나 열거할 적에 쓰이는 다음의 말들은 띄어 쓴다. 예 국장 겸 과장, 청군 대 백군, 이사장 및 이사들, 책상, 걸상 등

한글 맞춤법
- 개념: 우리말을 한글로 적는 방법을 정한 규칙
- 필요성: 세대, 지역, 집단, 계층 간의 원활한 의사소통을 위해 필요한 기본적인 약속임.

■ 한글 맞춤법 제1장 제1항

꽃 꽃이 꽃도 꽃나무
[꼳] [꼬치] [꼳또] [꼰나무]
→ 소리 나는 대로 적으면 뜻을 알기 어려운 경우 의미 파악을 쉽게 할 수 있도록 어법에 맞게 본래의 모양을 밝혀 적음.

한글 맞춤법 제3장
제11항 [붙임 1] 다만, 모음이나 'ㄴ' 받침 뒤에 이어지는 '렬, 률'은 '열, 율'로 적는다.
예 나열(羅列), 비율(比率), 백분율(百分率)
제12항 [붙임 2] 접두사처럼 쓰이는 한자가 붙어서 된 단어는 뒷말을 두음 법칙에 따라 적는다.
예 신여성(新女性), 공염불(空念佛)

한글 맞춤법 제4장
제19항 어간에 '-이'나 '-음/ㅁ'이 붙어서 명사로 된 것과 '-이'나 '-히'가 붙어서 부사로 된 것은 그 어간의 원형을 밝히어 적는다.
예 높이 웃음 조용히
어간+'-이' 어간+'-음' 어간+'-히'
제27항 둘 이상의 단어가 어울리거나 접두사가 붙어서 이루어진 말은 각각 그 원형을 밝히어 적는다.
예 꽃잎 풋배
'꽃'+'잎' '풋-'+'배'

■ 표준어 규정

제1부. 표준어 사정 원칙

1. 표준어 사정 원칙의 기본 원리

〈제1장 총칙〉

제1항	표준어는 교양 있는 사람들이 두루 쓰는 현대 서울말로 정함을 원칙으로 한다.

사회적 조건 / 시대적 조건 지역적 조건

표준어 규정
서로 다른 방언을 사용하는 사람들의 의사
소통이 원활하도록 표준어를 규정한 것

2. 표준어 사정 원칙의 주요 규정

〈제2장 발음 변화에 따른 표준어 규정〉

자음	제5항	어원에서 멀어진 형태로 굳어져서 널리 쓰이는 것은, 그것을 표준어로 삼는다.
	제7항	수컷을 이르는 접두사는 '수-'로 통일한다. 예 수꿩, 수소
		다만, '숫양, 숫염소, 숫쥐'의 경우에는 '숫'으로 쓴다.
모음	제8항	양성 모음이 음성 모음으로 바뀌어 굳어진 다음 단어는 음성 모음 형태를 표준어로 삼는다. 예 강충깡충, -둥이, 오뚝이
	제9항	[붙임 2] 기술자에게는 '-장이', 그 외에는 '-쟁이'가 붙는 형태를 표준어로 삼는다. 예 미장이, 옹기장이 / 멋쟁이, 욕심쟁이
	제12항	'웃-' 및 '윗-'은 명사 '위'에 맞추어 '윗-'으로 통일한다. 다만, 된소리나 거센소리 앞에서는 '위-'로 하며, '아래, 위'의 대립이 없는 단어는 '웃-'으로 발음되는 형태를 표준어로 삼는다.

〈제3장 어휘 선택의 변화에 따른 표준어 규정〉

한자어	제21항, 제22항	고유어 계열의 단어와 그에 대응하는 한자어 계열의 단어 중 더 널리 쓰이는 단어만을 표준어로 삼는다.
방언	제24항	방언이던 단어가 널리 쓰이게 됨에 따라 표준어이던 단어가 안 쓰이게 된 것은, 방언이던 단어를 표준어로 삼는다.

■ 표준어 규정 제2장 제5항

강낭콩(○) - 강남콩(×)
[어원] 중국 강남(江南)에서 들어온 콩

사글세(○) - 삯월세(×), 삭월세(×)
[어원] 다달이 내는 월세인 삭월세(朔月貰)

■ 표준어 규정 제2장 제12항

윗니 윗도리 윗몸 윗입술
→ '윗-'으로 통일하는 것이 원칙임.

위쪽 위층 위채
→ 된소리나 거센소리 앞에서는 '위-'임.

웃돈 웃어른 웃옷
→ '아래, 위'의 대립이 없는 단어는 '웃-'임.

■ 표준어 규정 제2장 제21, 22, 24항

성냥(○) - 화곽(×)
→ 고유어가 표준어

윤달(閏달)(○) - 군달(×)
→ 한자어가 표준어

빈대떡(○) - 빈자떡(×)
역겹다(○) - 역스럽다(×)
→ 방언이던 단어가 표준어가 됨.

제2부. 표준 발음법

발음이 사람마다 달라 의사소통에 지장이 생기는 것을 방지하기 위해 표준어를 발음할 때의 표준을 정해 놓은 규범

제1장 총칙 제1항	표준 발음법은 표준어의 실제 발음을 따르되, 국어의 전통성과 합리성을 고려하여 정함을 원칙으로 한다.

역사적 전통 어법상 합리성

→ 표준 발음법의 세부 조항은 'ㅣ음운' 단원에서 설명하고 있음.

헷갈리는 1% 채우기

• 왜 '수개'가 아니고 '수캐'지?
수컷을 이르는 접두사 '수-'의 옛말은 '숳'이에요. 지금은 '수-'로 쓰이지만 끝소리 'ㅎ'의 흔적이 남아 다음에 오는 말에 영향을 주어 거센소리로 소리 나기도 한답니다. 그래서 다음 단어들은 접두사 다음에 나는 거센소리를 표준어로 인정해요.

수캐 수강아지 수컷 수탉 수퇘지 수평아리

• 다음 두 단어 중 표준어인 것을 고르시오.

·수강아지 / 수캉아지 → ( )
·웃니 / 윗니 → ( )

답 수강아지, 윗니

1단계 ✔ 개념 확인 문제

1 다음 설명이 맞으면 ○, 틀리면 × 표시를 하시오.

(1) 한글 맞춤법은 표준어를 소리대로 적되, 어법에 맞도록 함을 원칙으로 한다. (　　)

(2) 표준어 사정 원칙의 기본 원리는 '표준어는 서울 사람들이 두루 쓰는 현대 서울말로 정함을 원칙으로 한다.'이다. (　　)

(3) 한글 맞춤법과 표준어 규정은 올바른 언어생활을 하기 위해 꼭 필요한 규범이다.
(　　)

2 우리말 어문 규범과 그 예에 해당하는 것을 바르게 연결하시오.

(1) 한글 맞춤법 ·　　　　　　　　　· ㉠ 수컷을 이루는 접두사는 '수-'로 통일한다.

(2) 표준어 규정 ·　　　　　　　　　· ㉡ 문장의 각 단어는 띄어 씀을 원칙으로 한다.

3 다음 문장 중에서 띄어쓰기가 바르게 된 것에 ○표시를 하시오.

(1) ㉠ 벌써 네가 열살이 되었구나. (　　)

　　㉡ 벌써 네가 열 살이 되었구나. (　　)

(2) ㉠ 콩심은데 콩나고 팥심은데 팥난다. (　　)

　　㉡ 콩 심은데 콩 나고 팥 심은데 팥 난다. (　　)

　　㉢ 콩 심은 데 콩 나고 팥 심은 데 팥 난다. (　　)

4 다음 두 단어 중에서 표준어인 것을 골라 쓰시오.

(1) 웃옷 / 윗옷: (　　　　　　　　　)

(2) 옹기장이 / 옹기쟁이: (　　　　　　　　　)

(3) 깻잎 / 깨잎: (　　　　　　　　　)

✅ 어휘로 개념 확인

다음 빈칸에 들어갈 알맞은 말을 쓰시오.

1 ▢▢▢▢▢ : 우리말을 한글로 적는 방법을 정한 규칙

2 한글 맞춤법은 ▢▢▢ 을/를 소리대로 적되, 어법에 맞도록 함을 원칙으로 한다.

3 표준어는 ▢▢ 있는 사람들이 두루 쓰는 ▢▢▢▢▢(으)로 정함을 원칙으로 한다.

4 ▢▢▢▢ : 발음이 사람마다 달라 의사소통에 지장이 생기는 것을 방지하기 위해 표준어를 발음할 때의 표준을 정해 놓은 규범

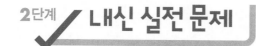

01 〈보기〉의 한글 맞춤법 규정을 이해한 내용으로 적절하지 <u>않은</u> 것은?

보기

제1항 한글 맞춤법은 표준어를 ㉠소리대로 적되, ㉡어법에 맞도록 함을 원칙으로 한다.

① '구름'은 ㉠에 근거한 표기로 볼 수 있어.
② '짐꾼'은 ㉠에 근거한 표기로 볼 수 있어.
③ '얼음'은 ㉠에 근거한 표기로 볼 수 있어.
④ '꽃잎'은 ㉡에 근거한 표기로 볼 수 있어.
⑤ '깊다'는 ㉡에 근거한 표기로 볼 수 있어.

02 〈보기〉의 한글 맞춤법 규정을 뒷받침하는 예끼리 바르게 묶은 것은?

보기

제30항 사이시옷은 다음과 같은 경우에 받치어 적는다.
1. 순우리말로 된 합성어로서 앞말이 모음으로 끝난 경우
2. 순우리말과 한자어로 된 합성어로서 앞말이 모음으로 끝난 경우

① 웃음, 햇볕   ② 뱃길, 속옷   ③ 냇가, 훗날
④ 못질, 잣나무   ⑤ 입맛, 바닷물

03 〈보기〉를 참고하여 다음 문장을 바르게 띄어 쓰시오.(띄어쓰기는 '/'로 표시할 것.)

보기

제1장 제2항 문장의 각 단어는 띄어 씀을 원칙으로 한다.
제5장 제41항 조사는 그 앞말에 붙여 쓴다.
제5장 제43항 단위를 나타내는 명사는 띄어 쓴다.
제5장 제45항 두 말을 이어 주거나 열거할 적에 쓰이는 말들은 띄어 쓴다.

연필한개및지우개가필요합니다.

04 우리 주변에서 흔히 볼 수 있는 표현 중에서 표준어 규정에 맞는 것은?

① 빈자떡 맛집!
② 전셋집 있음!
③ 멋장이 모자 팝니다.
④ 실패률 낮은 다이어트 비법
⑤ 떡은 방아간에서 만듭니다.

05 〈보기〉는 어느 학생의 국어 시험지이다. 한 문제에 1점이라고 할 때, 학생이 받은 점수는 몇 점인가?

보기

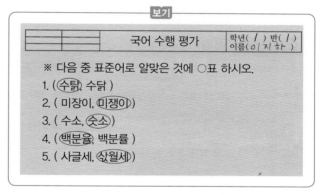

① 1점   ② 2점   ③ 3점   ④ 4점   ⑤ 5점

06 〈보기〉를 바탕으로 한 설명으로 적절한 것은?

보기

제12항 '웃-' 및 '윗-'은 명사 '위'에 맞추어 '윗-'으로 통일한다.
  다만 된소리나 거센소리 앞에서는 '위-'로 하며, '아래, 위'의 대립이 없는 단어는 '웃-'으로 발음되는 형태를 표준어로 삼는다.

① '위층'이 아니라 '윗층'으로 써야 해.
② '위입술', '윗니'가 표준어에 해당해.
③ '위쪽'이 아니라 '윗쪽'으로 써야 해.
④ '웃도리'는 표준어로 볼 수 있어.
⑤ '윗어른'이 아니라 '웃어른'으로 써야 해.

24 담화의 맥락

발화
구체적인 의사소통 상황 속에서 생각이 실제 문장 단위로 표현된 것 ⓔ "불이야!"

■ **담화**(말씀담談 말씀화話)
발화가 모여서 이루어지는 말의 단위. 일상적인 대화, 강연, 토의, 토론, 발표 등

❶ 담화의 구성 요소

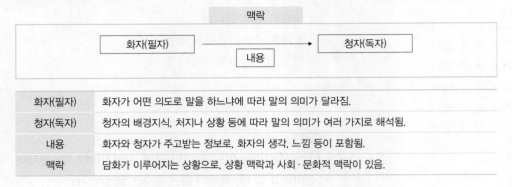

화자(필자)	화자가 어떤 의도로 말을 하느냐에 따라 말의 의미가 달라짐.
청자(독자)	청자의 배경지식, 처지나 상황 등에 따라 말의 의미가 여러 가지로 해석됨.
내용	화자와 청자가 주고받는 정보로, 화자의 생각, 느낌 등이 포함됨.
맥락	담화가 이루어지는 상황으로, 상황 맥락과 사회·문화적 맥락이 있음.

❷ 담화의 상황 맥락
<u>의사소통이 이루어지는 구체적인 상황(장면)</u>으로 담화의 의미에 직접적으로 영향을 미침.
개별적이고 구체적임.

화자, 청자	화자와 청자의 관계, 나이, 친밀도, 화제에 대한 화자와 청자의 지식수준, 관심 정도, 심리적 태도 등
시간, 공간	담화가 이루어지는 시간적, 공간적 배경
의도, 목적	정보 제공, 호소, 친교, 약속, 사교, 설득 등

❸ 담화의 사회·문화적 맥락
- <u>의사소통이 이루어지는 사회·문화적 배경</u>으로 역사적·사회적 상황, 이념, 공동체의 가치, 개인의 신념 등을 포함함. 담화의 의미에 간접적으로 영향을 미침.
집단적이고 보편적임
- 지역, 세대, 문화 등 보편적인 요소와 관련된 맥락
- 지역, 세대, 문화 등에 따라 발생하는 언어의 차이를 받아들여야 원활한 의사소통을 할 수 있음.
  → 올바른 의사소통을 위해서는 담화가 이루어지는 상황을 잘 고려하는 동시에 상대방의 입장과 처지를 이해하려는 노력이 필요함.

❷ 상황 맥락과 담화의 의미

"어떻습니까?" / "괜찮습니다."
1) 의사와 환자의 관계
 – 아픈 곳이 없는지를 묻고 답함.
2) 음식점 주인과 손님의 관계
 – 음식의 맛이 어떤지를 묻고 답함.

"지금 몇 시니?"
1) 등교 시간이 지난 후, 교문 앞에서 선생님이 질문할 때
 – 늦게 온 것을 꾸짖으려는 의도가 담김.
2) 수업 끝나기 1분 전, 교실에서 선생님이 질문할 때
 – 수업 시간이 얼마나 남았는지를 물음.
→ 상황 맥락에 따라 담화의 의미가 다르게 전달됨.

❸ 사회·문화적 맥락과 담화의 의미

(외국인 손님을 초대한 집에서)
주인: 차린 건 없지만 많이 드세요.
외국인 손님: 차린 거 많은데요?
주인: 아, 역시 국물이 시원하군!
외국인 손님: 네? 엄청 뜨거운데요?
→ 문화, 관습 등에 따라 담화의 의미 해석에 차이가 있을 수 있음.
→ 올바른 언어생활을 위해서는 상대방의 문화를 이해하려는 노력을 해야 함.

헷갈리는 1% 채우기

• **발화와 담화**
각 발화는 담화의 주제를 향해 밀접하게 연결되어 있어야 하고(주제의 통일성), 담화를 이루는 발화들끼리는 표면적으로 긴밀하게 연결되어 있어야 해요.(표현의 응집성)
ⓔ 학교에 갔다. 나는 민수가 좋다. 산이 웅장하다.
→ 3개의 발화가 있으나, 발화 사이에 통일성과 응집성이 없으므로 담화로 보기 어려움.

• 다음 빈칸에 들어갈 알맞은 말을 쓰시오.

'나는 네가 좋다. 아침에 추웠다. 사과는 맛있다.'가 담화가 될 수 없는 이유는 발화들 사이에 (   )과/와 응집성이 부족하기 때문이다.

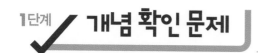

1 다음 설명이 맞으면 ○, 틀리면 × 표시를 하시오.

(1) 담화의 구성 요소는 화자, 청자, 내용, 맥락의 네 가지로, 원활한 의사소통을 위해서는 네 가지 요소를 모두 고려해야 한다. ( )

(2) 상황 맥락은 의사소통이 이루어지는 구체적인 장면을 뜻하며, 담화의 의미에 직접적으로 영향을 미친다. ( )

(3) 상황 맥락은 담화의 상황과 관련된 맥락이므로 사회·문화적 맥락보다 중요하다.

( )

2 담화의 구성 요소 중, (1)과 (2)의 설명에 해당하는 것을 골라 쓰시오.

> 화자   청자   내용   맥락

(1) 담화가 이루어지는 상황: ( )

(2) 구체적인 의사소통 상황에서 화자와 청자가 주고받는 정보: ( )

3 다음 빈칸에 들어갈 알맞은 말을 쓰시오.

(가) "식사하기에 불편한 점은 없으셨나요?"라는 말을 음식점 주인이 손님에게 하였다면 그 말은 음식 맛이 괜찮았는지, 식사하는 동안 편안했는지를 묻는 것이다. 그러나 같은 말을 치과 의사가 환자에게 하였다면 치아 때문에 먹는 것에 불편함이 없었는지를 묻는 것이다. 이처럼 담화의 의미는 ( ) 맥락에 따라 달라질 수 있다.

(나) 주인 초대에 응해 주셔서 감사합니다. 차린 것은 없지만 많이 드세요.
    외국인 손님 차린 것이 없다고요? 먹을 것이 이렇게 많은데…….
    주인 제 말은 그게 아니라…….

이 담화에서 의사소통에 문제가 생긴 이유는 주인과 외국인 손님의 ( ) 배경이 다르기 때문이다.

✓ 어휘로 개념 확인

다음 빈칸에 들어갈 알맞은 말을 쓰시오.

1 ☐☐ : 구체적인 의사소통 상황에서 발화가 모여서 이루어지는 말의 단위

2 ☐☐ 맥락: 의사소통이 이루어지는 구체적인 상황

3 ☐☐☐·☐☐☐ 맥락: 의사소통이 이루어지는 사회·문화적 배경

01 〈보기〉의 ㉠과 ㉡에 들어갈 말이 바르게 묶인 것은?

> **보기**
>
> 우리는 언어를 통해 마음속에 있는 생각을 구체적인 말소리로 표현한다. 이때 생각이 실제 문장 단위로 표현된 것을 (㉠)(이)라고 하며, 이러한 (㉠)이/가 모여 이루어진 것을 (㉡)(이)라고 한다.

	㉠	㉡		㉠	㉡
①	담화	발화	②	대화	발화
③	토의	토론	④	발화	담화
⑤	대화	담화			

02 〈보기〉의 ㉠에 들어갈 구성 요소에 대한 설명으로 적절하지 <u>않은</u> 것은?

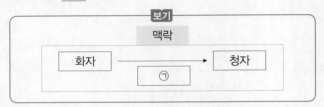

① 구체적인 말소리로 표현한다.
② 담화가 이루어지는 상황이다.
③ 담화의 구성 요소 중 하나이다.
④ 화자의 생각, 느낌이 담겨 있다.
⑤ 화자와 청자가 주고받는 정보를 뜻한다.

03 〈보기〉의 담화에 대한 설명으로 적절하지 <u>않은</u> 것은?

> **보기**
>
> (병원 진료실에서)
> **의사** 오늘은 어떠세요?
> **환자** 어제보다는 좀 나아졌어요.

① 두 개의 발화로 구성되어 있다.
② 화자와 청자는 의사와 환자이다.
③ 공간적 배경은 병원 진료실이다.
④ 담화의 구성 요소를 갖추고 있지 않다.
⑤ 의사는 환자를 진료하려는 목적으로 대화를 나누고 있다.

04 〈보기〉의 담화를 분석한 내용으로 적절하지 <u>않은</u> 것은?

> **보기**
>
> **여학생** 어, 민재야. 이 시간에 웬 전화?
> **남학생** 앗, 벌써 11시구나. 밤늦게 미안. 국어 수행 평가 때문에 물어볼 게 있어서.
> **여학생** 괜찮아. 뭔데?
> **남학생** 혹시 수행 평가 계획서 집에 있니?
> **여학생** 응. 이메일로 보내 줄까?

① 화자와 청자가 계속 바뀌고 있다.
② 시간적 배경은 알 수 있으나, 공간적 배경은 알기 어렵다.
③ 여학생의 "괜찮아."는 남학생의 사과에 대한 수락의 의미로 지금 통화할 수 있다는 뜻이다.
④ 여학생의 "뭔데?"는 '수행 평가가 무엇이니?'라는 뜻이다.
⑤ 여학생은 남학생의 마지막 발화 의도를 이해하였다.

05 〈보기〉의 담화에서 ㉠에 들어갈 대답으로 가장 적절한 것은?

> **보기**
>
> (축구 경기가 끝난 후)
> **학생 1** 경기 끝났어!
> **학생 2** 그래, 우리가 이겼어!
> **학생 1** 잘했다, 잘했어. 네가 넣은 역전 골 덕분에 이겼어.
> **학생 2** (㉠)

① 목마르다. 물 좀 줘.
② 진심으로 칭찬해 주면 좋겠어.
③ 상대팀이 못해서 우리가 이긴 거야.
④ 너, 오늘 계속 실수한 것 알고 있어?
⑤ 고마워, 너도 잘했어. 수비가 최고였어.

06 ㉠에 대한 설명으로 적절하지 <u>않은</u> 것은?

① (가)에서 ㉠은 음식 맛이나 서비스의 질을 묻기 위한 의도를 가진 발화이다.

② (나)에서 ㉠은 치아의 상태를 알기 위한 의도를 가진 발화이다.

③ (가), (나)에서 ㉠이 각각 다른 의미로 해석된 이유는 화자와 청자 간의 관계가 서로 다르기 때문이다.

④ (가), (나)에서 ㉠은 화자의 생각을 청자에게 이해시키기 위한 목적으로 한 발화이다.

⑤ ㉠은 상황 맥락에 따라 담화의 의미가 다르게 해석될 수 있음을 알려 주는 자료로 사용될 수 있다.

07 〈보기〉의 담화에서 '환자'의 말하기 방식의 문제점으로 적절한 것은?

> 보기
>
> **간호사** (약 봉투를 보며) 식사하신 지 30분이 넘었어요.
> **환자** (시계를 보며) 간호사님, 이제 29분 지났는데요.
> **간호사** (당황한 듯) 네?

① 상대방이 누구인지 파악하지 못하였다.

② 상대방이 말하는 의도를 파악하지 못하였다.

③ 발화의 표면적인 의미를 파악하지 못하였다.

④ 화자와 청자와의 관계를 파악하지 못하였다.

⑤ 지역에 따른 의미 차이를 파악하지 못하였다.

08 〈보기〉에서 외국인의 의문과 관련 있는 사회·문화적 맥락은?

① 세대   ② 성별   ③ 신념   ④ 계층   ⑤ 문화

고난도

09 〈보기〉의 담화를 설명한 내용으로 적절하지 <u>않은</u> 것은?

> 보기
>
> (가) (밤늦게까지 게임을 하는 아들에게)
> **엄마** 내일 학교 안 가니?
> **아들** (㉠   )
> (나) (달력을 보며)
> **엄마** 내일 학교 안 가니?
> **아들** 네. 내일은 재량 휴업일이에요.
> (다) (제주도 올레 시장에서)
> **상인** 혼저옵서예. 왕방갑서.
> **손님** 혼자 왔냐고요? 친구랑 왔는데요.
> **상인** 놀멍 놀멍 봅서. 몬딱 좋은게 마씸.
> **손님** 네? 무슨 얘기인지 통 모르겠어요.

① (가)에서 엄마는 자신의 의도를 간접적으로 나타냈다.

② 상황 맥락을 고려한다면 (가)의 ㉠에 들어갈 말은 "잘 모르겠어요. 누나에게 물어보세요."와 같다.

③ (나)에서 아들의 발화 의도는 정보를 전달하기 위한 것으로 볼 수 있다.

④ (다)에서 손님이 상인의 발화를 이해하지 못하는 이유는 지역에 따른 어휘 차이 때문이다.

⑤ (다)의 문제를 해결하기 위해서는 상대방을 고려하여 대화 상황에 맞는 어휘를 사용해야 한다.

25 한글의 창제 원리와 가치

■ **훈민정음** (가르칠훈訓 백성민民 바를정正 소리음音)

　백성을 가르치는 바른 소리라는 뜻으로, 1443년에 세종 대왕이 창제한 우리나라 글자를 뜻하는 말임.

❶ 자음의 창제 원리

· **상형**의 원리: 발음 기관의 <u>모양을 본떠서</u> 기본자 'ㄱ, ㄴ, ㅁ, ㅅ, ㅇ'을 만듦.
· **가획**의 원리: 기본자에 <u>획을 더해</u> 소리의 세기를 나타냄. → 획을 더할 때마다 소리가 세짐.
　+ [이체자] 근거 없이 획을 더한 예외적인 <u>(모양이 다른)</u> 글자 → 소리의 세기와 무관함.

기본자	이름	창제 원리(상형)	가획자	이체자
ㄱ	어금닛소리	혀뿌리가 목구멍을 막는 모양을 본뜸.	ㅋ	ㆁ(옛이응)
ㄴ	혓소리	혀가 윗잇몸에 닿는 모양을 본뜸.	ㄷ ㅌ	ㄹ
ㅁ	입술소리	입 모양을 본뜸.	ㅂ ㅍ	
ㅅ	잇소리	이의 모양을 본뜸.	ㅈ ㅊ	ㅿ(반치음)
ㅇ	목구멍소리	목구멍의 모양을 본뜸.	ㆆ ㅎ	

❷ 모음의 창제 원리

· **상형**의 원리: '하늘, 땅, 사람'의 <u>모양을 본떠서</u> 기본자 'ㆍ(아래아), ㅡ, ㅣ'를 만듦.
· **합성**의 원리: 모음의 기본자를 <u>합쳐서</u> 초출자 4자와 재출자 4자를 만듦.
　┌ 초출자(初出字): 'ㆍ'와 'ㅡ', 'ㅣ'를 한 번 결합하여 만듦.
　└ 재출자(再出字): 초출자에 'ㆍ'를 하나씩 더하여 만듦.

기본자	창제 원리(상형)			초출자	재출자
ㆍ		천(天)	하늘의 둥근 모양을 본뜸.	ㅗ, ㅏ, ㅜ, ㅓ	ㅛ, ㅑ, ㅠ, ㅕ
ㅡ		지(地)	땅의 평평한 모양을 본뜸.		
ㅣ		인(人)	사람이 서 있는 모양을 본뜸.		

❸ 한글의 우수성과 가치

독창성	다른 문자를 모방, 변형하지 않고 독창적으로 새롭게 글자를 만듦.
과학성	글자의 모양(발음 기관의 모양을 본뜸)과 소리의 관계(가획의 원리)를 쉽게 이해할 수 있도록 만듦. → 같은 위치에서 소리 나는 글자들은 모양이 서로 비슷함.
경제성	적은 수의 글자(자음 17자, 모음 11자)로 많은 소리를 표현할 수 있음.
실용성	· 음절 단위로 모아쓰기를 해서 읽기 편하고 의미도 파악하기 쉬움. · 자판으로 문자를 입력할 때 속도가 다른 문자에 비해 빨라 정보화 시대에 적합함.

헷갈리는 1% 채우기

· **훈민정음은 글자의 이름? 책의 제목?**
　훈민정음은 글자의 이름이기도 하고, 책의 제목이기도 해요.
　┌ 글자 '훈민정음': 세종 대왕이 만든 글자의 이름. '백성을 가르치는 바른 소리'라는 뜻으로 '언
　│ 문', '암클', '아햇글' 등으로 불리다가 20세기 이후에 '한글'로 불림.
　└ 책 『훈민정음』: 훈민정음 해설서인 『훈민정음』 해례본의 이름

훈민정음
창제 당시에는 자음 17자(기본5+가획9+이체3), 모음 11자(기본3+초출4+재출4)로 총 28자였으나, 현재는 'ㅿ(반치음), ㆁ(옛이응), ㆆ(여린히읗), ㆍ(아래아)'를 사용하지 않고 24자만 사용함.

❶ 자음의 창제 원리 – 상형의 원리

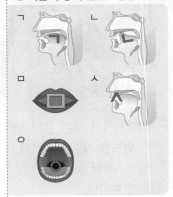

❶ 자음의 창제 원리 – 가획의 원리

ㄱ→ㅋ ㄴ→ㄷ→ㅌ ㅁ→ㅂ→ㅍ ㅅ→ㅈ→ㅊ ㅇ→ㆆ→ㅎ	· 기본자를 바탕으로 만든 가획자는 각 기본자와 소리 나는 위치가 동일함. · 획을 더할 때마다 소리가 세짐.

❷ 모음의 창제 원리 – 합성의 원리

초출자 ('ㆍ'와 'ㅡ', 'ㅣ' 결합)	ㆍ + ㅡ → ㅗ ㅣ + ㆍ → ㅏ ㅡ + ㆍ → ㅜ ㆍ + ㅣ → ㅓ
재출자 (초출자 + 'ㆍ')	ㆍ + ㅗ → ㅛ ㅏ + ㆍ → ㅑ ㅜ + ㆍ → ㅠ ㆍ + ㅓ → ㅕ

훈민정음 운용법
· 병서(나란히 쓰기): 자음자 두 개 이상을 옆으로 나란히 쓰는 방법
　예 ㄲ, ㄸ, ㅃ, ㅆ, ㅳ 등
· 연서(이어 쓰기): 'ㅁ, ㅂ, ㅍ, ㅃ'과 'ㅇ'을 세로로 이어 쓰는 방법 예 ㅱ, ㅸ, ㅹ, ㆄ

· 다음 빈칸에 들어갈 알맞은 말을 쓰시오.

1443년 세종 대왕이 만든 글자의 이름은 (　　　　　)이다.

1 **다음 설명이 맞으면 ○, 틀리면 × 표시를 하시오.**

(1) 훈민정음은 창제 당시에 자음 17자, 모음 11자로 총 28자였다. ( )

(2) 자음 기본자는 'ㄱ, ㄴ, ㅁ, ㅅ, ㅇ' 5자로 발음 기관의 모양을 본떠서 만들었다.

( )

(3) 모음은 상형의 원리와 가획의 원리에 따라 만들었다. ( )

(4) 모음 중 '재출자'는 'ㅗ, ㅏ, ㅜ, ㅓ' 4자이다. ( )

2 **자음의 기본자와 그 모양을 본뜬 대상을 바르게 연결하시오.**

(1) ㄱ ·　　　　　　　　　　　　　· ㉠ 입 모양

(2) ㄴ ·　　　　　　　　　　　　　· ㉡ 혀뿌리가 목구멍을 막는 모양

(3) ㅁ ·　　　　　　　　　　　　　· ㉢ 혀가 윗잇몸에 닿는 모양

(4) ㅅ ·　　　　　　　　　　　　　· ㉣ 이 모양

(5) ㅇ ·　　　　　　　　　　　　　· ㉤ 목구멍 모양

3 **다음 중 (1)~(3)의 설명에 해당하는 자음을 모두 골라 쓰시오.**

ㄱ ㅋ ㆁ ㄴ ㄷ ㅌ ㄹ ㅁ ㅂ ㅍ ㅅ ㅈ ㅊ ㅿ ㅇ ㅎ ㆆ

(1) 'ㅁ'에서 가획한 글자: ( )

(2) 'ㄷ, ㅌ'을 만들 때 기본이 된 글자: ( )

(3) 근거 없이 획을 더한 이체자: ( )

4 **다음 ⓐ~ⓒ에 들어갈 글자를 순서대로 쓰시오.**

　　모음의 기본자는 '하늘, 땅, 사람'의 삼재(三才)를 본떠서 만들었다. 하늘의 둥근 모양을 본떠서 (ⓐ)을/를, 땅의 평평한 모양을 본떠서 (ⓑ)을/를, 사람이 서 있는 모양을 본떠서 (ⓒ)을/를 만들었다.

✓ **어휘로** 개념 확인

다음 빈칸에 들어갈 알맞은 말을 쓰시오.

1 ☐☐☐☐ : '백성을 가르치는 바른 소리'라는 뜻으로, 1443년 세종이 창제한 우리 나라 글자이다.

2 모음의 기본자는 ☐☐, ☐, ☐☐ 의 모양을 본떠서 만들었다.

3 한글은 다른 문자를 모방, 변형하지 않고 ☐☐☐ (으)로 새롭게 글자를 만들었다.

4 한글은 음절 단위로 ☐☐☐☐ 을/를 하여 읽기 편하고 의미도 파악하기 쉽다.

01 다음 자료는 한글의 창제 동기와 정신을 밝히고 있는 「세종어제훈민정음」이다. ㉠~㉢에서 알 수 있는 한글의 창제 정신을 알맞게 짝 지은 것은?

> ㉠우리나라 말이 중국과 달라 한자와는 서로 통하지 아니하여서 이런 까닭으로 어리석은 백성이 말하고자 하는 바가 있어도 마침내 제 뜻을 펴지 못하는 사람이 많다. ㉡내가 이것을 가엾게 여겨 새로 스물여덟 글자를 만드니, ㉢모든 사람들로 하여금 쉽게 익혀서 날마다 쓰는 데 편하게 하고자 할 따름이다.

	㉠	㉡	㉢
①	자주 정신	실용 정신	애민 정신
②	자주 정신	애민 정신	실용 정신
③	실용 정신	애민 정신	자주 정신
④	실용 정신	자주 정신	애민 정신
⑤	애민 정신	실용 정신	자주 정신

신유형
02 〈보기〉에서 선생님의 질문에 대한 답으로 적절한 것은?

> **보기**
> **선생님** 한글의 창제 원리 중에서 '상형의 원리'는 어떤 대상의 모양을 본떠서 만드는 것으로, 자음과 모음의 기본자는 모두 상형의 원리로 만들어졌습니다. 그렇다면 상형의 원리로 만들어진 자음과 모음을 포함한 단어 카드를 찾아볼까요?

① 입술

② 손

③ 눈

④ 귀

⑤ 다리

03 〈보기〉의 내용과 가장 관련 깊은 한글의 창제 원리는?

> **보기**
> 'ㄱ'과 'ㄴ'은 이들 글자를 소리 낼 때의 혀의 모양, 즉 'ㄱ'은 혀뿌리가 목구멍을 막는 모양, 'ㄴ'은 혀가 윗잇몸에 닿는 모양을 본떴고, 'ㅁ, ㅅ, ㅇ'은 각각 그 글자를 발음할 때 관여하는 발음 기관인 입의 네모진 모양, 이의 뾰족한 모양, 목구멍의 둥근 모양을 본떠서 만들었다.

① 상형(象形)의 원리
② 가획(加劃)의 원리
③ 합성(合成)의 원리
④ 병서(竝書)의 원리
⑤ 연서(連書)의 원리

04 〈보기〉를 참고할 때, ㉠의 예로 적절한 것은?

> **보기**
> 한글의 자음 중 상형의 원리에 의거하여 만든 것은 다섯 자뿐이며, 나머지는 ㉠이것을 기본자로 하여 획을 하나씩 더해 소리를 세기를 나타냈다.

① ㄱ → ㅋ → ㆁ
② ㄴ → ㄷ → ㄹ
③ ㅅ → ㅿ → ㅊ
④ ㅁ → ㅱ → ㅂ
⑤ ㅇ → ㆆ → ㅎ

서술형
05 〈보기〉를 바탕으로 'ㄱ → ㅋ'이 만들어진 원리는 무엇인지 쓰시오.

> **보기**
> • 발음 기관의 모양을 본떠서 기본자 'ㄱ, ㄴ, ㅁ, ㅅ, ㅇ'을 만듦.
> • 같은 위치에서 소리 나지만 그 성질이 다른 자음자는 글자를 하나 더 쓰거나 획을 더하였음.
> • 가획자는 기본자에 획을 더해 소리의 세기를 나타냈음.

06 〈보기〉의 ㉠에 해당하는 글자로 알맞은 것은?

> **보기**
>
> 훈민정음 제자 원리의 다른 하나는 가획의 원리인데, 이때 획을 더하여 만든 글자들은 기본자보다 소리가 더 거세어진다. 그런데 다만 (㉠)은/는 그러한 근거 없이 획을 더한 예외적인 글자로 볼 수 있다.

① ㆆ   ② ㄹ   ③ ㆍ   ④ ㅂ   ⑤ ㄷ

07 〈보기〉의 ㉠~㉤에 들어갈 말로 알맞지 <u>않은</u> 것은?

> **보기**
>
> 모음자의 제자 원리는 어떠한가? 여기에서도 먼저 기본자 세 글자를 (㉠)의 원리로 만들었다. (㉡)은/는 하늘의 둥근 모양, 'ㅡ'는 (㉢), 'ㅣ'는 (㉣)을/를 본떠서 만든 것이 그것이다. 그런데 상형의 원리라는 점에서는 같되 자음자에서처럼 (㉤)을/를 본뜬 것이 아니라 천지인삼재(天地人三才)의 모양을 본뜬 것이 특이하다.

① ㉠: 상형
② ㉡: 'ㆍ'(아래아)
③ ㉢: 사람이 누워 있는 모양
④ ㉣: 사람이 서 있는 모양
⑤ ㉤: 발음 기관의 모양

08 다음 글자의 창제 원리를 설명한 내용으로 알맞은 것은?

> **보기**
>
>
> ㅛ ㅑ ㅠ ㅕ

① 자음자를 나란히 써서 만든 글자이다.
② 상형의 원리를 적용하여 만든 글자이다.
③ 발음 기관의 모양을 본떠 만든 글자이다.
④ 모음의 기본자를 합성하여 만든 글자이다.
⑤ 모음의 기본자에 획을 더하는 방식으로 만든 글자이다.

09 〈보기〉는 어느 휴대 전화의 문자 입력 방식에 대한 사용 설명서이다. ㉠~㉤에 대한 설명으로 적절하지 <u>않은</u> 것은?

> **보기**
>
>
>
> 〈사용 설명서〉
> ㉠ 모음 버튼은 세 개가 있습니다.
> ㉡ 'ㅣ' 버튼을 누른 후 'ㆍ'를 누르면 'ㅏ'가 됩니다.
> ㉢ 'ㅡ' 버튼을 누른 후 'ㆍ'를 두 번 누르면 'ㅠ'가 됩니다.
> ㉣ 'ㄱㅋ' 버튼을 두 번 누르면 'ㅋ'이 됩니다.
> ㉤ 'ㄱㅋ' 버튼을 세 번 누르면 'ㄲ'이 됩니다.

① ㉠에 해당하는 모음은 모두 초출자이다.
② ㉡은 합성의 원리가 적용된 것이다.
③ ㉢은 재출자를 만드는 방법과 동일하다.
④ ㉣에서 버튼을 두 번 눌러 나온 글자는 가획의 원리로 만들어진 글자이다.
⑤ ㉤에서 버튼을 세 번 눌러 나온 글자는 병서의 방법으로 쓴 글자이다.

10 한글의 우수성에 대한 설명으로 적절하지 <u>않은</u> 것은?

① 이체자를 통해 소리의 높낮이를 나타냈다.
② 음절 단위로 모아쓰기를 해서 글을 쉽게 읽을 수 있다.
③ 가획의 원리를 통해 소리의 세기를 문자로 표현하였다.
④ 적은 수의 글자로 많은 소리를 표현할 수 있어 경제적이다.
⑤ 다른 나라의 글자를 모방하지 않고 독창적으로 글자를 만들었다.

01 〈보기〉의 내용을 뒷받침하기에 적절한 문장은?

> **보기**
>
> 벌도 춤을 통해 의사소통을 할 수 있다. 그러나 벌의 춤은 제한된 정보만을 전달하는 반면, 인간은 한정된 수의 단어를 가지고 새로운 표현을 무한히 만들 수 있다.

① '날씨가 시원하다.', '밥을 먹다.'처럼 우리말에서 서술어는 문장의 끝에 위치한다.

② 우리는 '포유강 식육목 곰과의 동물'을 '곰'이라는 문자로 표현하고 [곰ː]이라고 소리 낸다.

③ '사람을 잘 따르고 영리한 갯과의 포유류'를 우리나라에서는 '개[개]', 미국에서는 'dog[도그]'라고 부른다.

④ 조선 시대에는 '생각'을 '혜윰'이라는 순우리말로 나타냈는데, 지금 '혜윰'이라는 말을 아는 사람은 거의 없다.

⑤ '나', '가다', '학교' 등의 단어를 활용하여 '나는 착하다.', '나는 학교에 가다.', '학교는 재미있는 곳이다.' 등의 표현을 만들었다.

|2017 중3 학업성취도평가|

02 〈보기〉의 ㉠에 들어갈 내용으로 가장 적절한 것은?

> **보기**
>
> 언어의 본질에는 여러 가지가 있다. 다음 예를 살펴보자.
>
> **동생** 형, 나 마구고 먹고 싶어. 마구고 먹자.
> **형** 무슨 뜻이야?
> **동생** 고구마 말이야. 난 다른 사람이 쓰는 말은 같이 쓰기 싫어. 난 이제부터 고구마를 '마구고'라고 할래.
> **형** 뭐? 네 멋대로 단어를 바꾸면 안 돼.
>
> 위의 대화에서 형이 동생에게 '고구마'를 '마구고'로 바꾸면 안 된다고 하는 이유는 언어가 '(㉠)'라는 본질을 가지고 있기 때문이다.

① 사회 구성원 간의 약속이다.

② 자음과 모음으로 이루어져 있다.

③ 시간의 흐름에 따라 의미가 변한다.

④ 새로운 의미의 문장을 무한히 만들 수 있다.

⑤ 말소리와 의미의 결합에 필연적인 관계가 없다.

03 〈보기〉에서 선생님의 질문 뒤에 이어질 학생들의 대답으로 적절한 것은?

> **보기**
>
> **선생님** 언어에는 생각이나 느낌을 나타내거나 정보를 전달하는 등 다양한 기능이 있습니다. 다음 그림과 관련 있는 언어의 기능을 말해 볼까요?
>
> (가)　　　　　　　　　(나)

① "(가)는 언어의 명령적 기능과 관련이 있고, (나)는 언어의 지시적 기능과 관련이 있습니다."

② "(가)는 언어의 정보적 기능과 관련이 있고, (나)는 언어의 정서적 기능과 관련이 있습니다."

③ "(가)는 언어의 명령적 기능과 관련이 있고, (나)는 언어의 친교적 기능과 관련이 있습니다."

④ "(가)는 언어의 친교적 기능과 관련이 있고, (나)는 언어의 정보적 기능과 관련이 있습니다."

⑤ "(가)는 언어의 친교적 기능과 관련이 있고, (나)는 언어의 명령적 기능과 관련이 있습니다."

04 밑줄 친 부분이 어문 규범에 맞게 쓰인 것은?

① <u>강남콩</u>을 수확할 시기가 다가오고 있습니다.

② 광수는 <u>멋장이</u>로 소문난 지효와 늘 붙어 다녔다.

③ 갑자기 <u>귀병</u>이 나서 제 귀가 잘 들리지 않습니다.

④ <u>기차길</u> 옆 오막살이에 사는 아기는 잠도 잘 잔다.

⑤ 암꿩을 까투리라고 하고, <u>수꿩</u>을 장끼라고 합니다.

07 〈보기〉의 밑줄 친 두 단어를 비교한 내용으로 적절한 것은?

> 〈보기〉
> • <u>달</u>을 보기 위해 천문대에 갔다.
> • <u>살</u>을 빼기 위해 체육관에 갔다.

① 첫소리의 소리 세기가 다르다.
② 첫소리를 소리 내는 방법이 다르다.
③ 첫소리가 소리 나는 위치가 다르다.
④ 끝소리를 소리 내는 방법이 다르다.
⑤ 끝소리가 소리 나는 위치가 다르다.

08 〈보기〉의 문장에서 비음에 해당하는 자음을 모두 찾아 쓰시오.

> 〈보기〉
> 발로 밤을 깐다.

09 〈보기〉의 밑줄 친 부분의 예로 적절하지 않은 것은?

> 〈보기〉
> 자음은 예사소리, 된소리, 거센소리로 나눌 수 있다. <u>된소리는 예사소리보다 더 강하고 단단한 느낌을 주고, 거센소리는 더 크고 거친 느낌을 준다.</u>

① 얼음이 <u>단단하게</u> 얼었다. / 밥이 <u>딴딴하게</u> 굳었다.
② 햇빛이 <u>부옇게</u> 비추었다. / 안개가 <u>뿌옇게</u> 끼었다.
③ 마당을 <u>삭삭</u> 쓸었다. / 마루를 걸레로 <u>싹싹</u> 닦았다.
④ 문이 <u>덜거덕</u>거린다. / 수레가 <u>떨거덕</u> 소리를 내었다.
⑤ 파리가 주변을 <u>뱅글뱅글</u> 맴돈다. / 팽이가 <u>팽글팽글</u> 돈다.

10 〈보기〉의 설명을 참고할 때, 밑줄 친 부분의 발음으로 적절하지 않은 것은?

> 〈보기〉
> 우리말 음절의 끝소리에서는 'ㄱ, ㄴ, ㄷ, ㄹ, ㅁ, ㅂ, ㅇ'의 일곱 자음만 발음된다. 이 밖의 자음들은 이 일곱 개의 자음 중 하나로 바뀌어 발음된다. 겹받침일 경우 겹받침을 이루는 두 개의 자음 중 하나만 발음된다. 다만 뒤에 모음으로 시작하는 조사나 어미가 올 경우에는 겹받침 중 뒤엣것만이 다음 음절의 첫소리로 발음된다.

① <u>잎</u>[입] 모양이 다양하다.
② 포장지에 <u>흙이</u>[흘기] 묻어 있다.
③ 우리 <u>닭이</u>[다기] 달걀을 낳았다.
④ 내 친구 경희는 마음이 <u>넓다</u>[널따].
⑤ 이 부엌은 우리 집 <u>부엌</u>[부억]과는 다르다.

11 〈보기〉의 ㉠과 같이 잘못 표기한 이유를 음운 변동과 관련지어 쓰시오.

> 〈보기〉
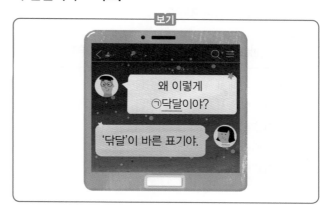
> 왜 이렇게 ㉠닥달이야?
> '닦달'이 바른 표기야.

12 밑줄 친 겹받침의 발음으로 적절하지 않은 것은?

① <u>값</u>[ㅂ]도 모르고 물건을 샀다.
② <u>넓</u>[ㄹ]고 기름진 평야를 보았다.
③ 그는 귀신이 <u>없</u>[ㅂ]다고 믿는다.
④ 장훈이가 발을 <u>밟</u>[ㄹ]고 지나갔다.
⑤ 달걀을 <u>삶</u>[ㅁ]고 윤서를 기다렸다.

13 〈보기〉의 ㉠과 ㉡에 들어갈 사례를 알맞게 짝 지은 것은?

> **보기**
>
> 음운과 음운이 만날 때 한 음운이 인접하는 다른 음운의 성질을 닮아 발음되는 현상을 음운 동화라고 한다.
>
> | 구분 | 사례 |
> |------|------|
> | 'ㄱ, ㄷ, ㅂ'이 비음 'ㄴ, ㅁ' 앞에서 비음 'ㅇ, ㄴ, ㅁ'으로 바뀌는 현상 | ㉠ |
> | 'ㄴ'이 유음 'ㄹ' 앞이나 뒤에서 'ㄹ'로 바뀌는 현상 | ㉡ |

	㉠	㉡			㉠	㉡
①	먹물	중력		②	담요	설날
③	입는	막내		④	닫는	권리
⑤	굳이	난리				

14 〈보기〉의 단어를 발음할 때, 공통적으로 일어나는 음운 변동으로 적절한 것은?

> **보기**
>
> 밥물[밤물]   업무[엄무]   잡무[잠무]

① 'ㅁ'이 'ㅂ' 뒤에서 'ㅂ'으로 바뀐다.
② 'ㅁ'이 'ㅂ' 앞에서 'ㅂ'으로 바뀐다.
③ 'ㅂ'이 'ㅁ' 뒤에서 'ㅁ'으로 바뀐다.
④ 'ㅂ'이 'ㅁ' 앞에서 'ㅁ'으로 바뀐다.
⑤ 'ㅂ'이 'ㅁ' 앞에서 'ㄷ'으로 바뀐다.

• 출제 지수 90%

15 〈보기〉와 같은 음운 변동이 일어나는 단어로 알맞은 것은?

> **보기**
>
>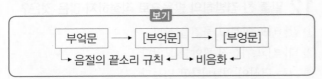
>
> 부엌문 → [부억문] → [부엉문]
> └ 음절의 끝소리 규칙 ┘ └ 비음화 ┘

① 솥뚜껑　　② 전람회　　③ 꽃망울
④ 휘발유　　⑤ 영업용

16 밑줄 친 단어의 발음으로 적절하지 <u>않은</u> 것은?

① 예리한 칼날[칼랄]
② 분리[불리]를 하다.
③ 겉문[건문] 닫고 와.
④ 선릉[선능]에 가자.
⑤ 연꽃[연꼳] 축제를 한다.

17 밑줄 친 부분 중, 〈보기〉의 밑줄 친 단어에서 공통적으로 일어나는 음운 변동이 일어나는 것은?

> **보기**
>
> 나는 내일 친구와 <u>같이</u> <u>해돋이</u>를 보러 간다.

① 밥을 <u>먹겠다</u>.　　② 눈을 <u>붙이다</u>.
③ 물을 <u>쏟는다</u>.　　④ 너는 <u>좋겠다</u>.
⑤ 돈을 <u>넣었다</u>.

18 〈보기〉의 밑줄 친 부분에서 구개음화가 일어나지 <u>않는</u> 이유를 쓰시오.

> **보기**
>
> <u>밭이랑</u>에 옥수수와 토마토를 심었다.

19 다음을 참고하여 〈보기〉의 A와 B에 들어갈 발음을 쓰시오.

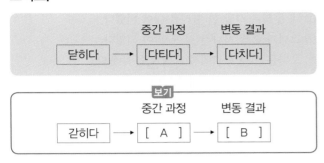

중간 과정　　변동 결과

닫히다 → [다티다] → [다치다]

보기

	중간 과정	변동 결과
갇히다 →	[A] →	[B]

20 〈보기〉에서 설명한 음운 변동과 관련 있는 질문이 아닌 것은?

보기

　음운 동화는 하나의 음운이 다른 음운으로 바뀌는 것이므로, 음운 변동 중 교체에 해당한다. 음운 동화에는 비음화, 유음화, 구개음화가 있다.

① '권력'은 왜 [궐력]으로 소리 날까?
② '먹는다'는 왜 [멍는다]로 소리 날까?
③ '미닫이'는 왜 [미:다지]로 소리 날까?
④ '한여름'은 왜 [한녀름]으로 소리 날까?
⑤ '가을걷이'는 왜 [가을거지]로 소리 날까?

• 출제 지수 90%

21 〈보기〉에서 밑줄 친 부분의 예에 해당하는 것은?

보기

　음운 변동에는 한 음운이 다른 음운으로 바뀌는 교체, 한 음운이 없어지는 탈락, 없던 음운이 새로 생기는 첨가, 두 음운이 합쳐져서 하나의 음운으로 줄어드는 축약 등이 있다.

① 솜 + 이불 → [솜니불]
② 가- + -아서 → [가서]
③ 보- + -이다 → [뵈:다]
④ 낳- + -아서 → [나아서]
⑤ 고프- + -아서 → [고파서]

22 자음 축약의 예로 적절하지 않은 것은?

① 많고 → [만:코]　　　② 그렇지요 → [그러치요]
③ 놓는구나 → [논는구나]　④ 좁히네요 → [조피네요]
⑤ 하얗더라 → [하:야터라]

• 출제 지수 80%

23 밑줄 친 부분 중, 'ㄹ' 탈락이 일어나지 않는 것은?

① 형은 뒷동산에 솔 + 나무를 심었다.
② 이제부터라도 행복하게 살- + -세요.
③ 장난감을 가지고 놀- + -는 아이가 있다.
④ 나는 여기에서 먹고살- + -려고 마음먹었다.
⑤ 그는 불 + 삽으로 아궁이에서 불씨를 퍼내었다.

24 〈보기〉와 같이 결합한 단어를 발음할 때 공통적으로 일어나는 음운 변동으로 적절한 것은?

보기

쓰- + -어　　　끄- + -어

① 'ㅡ'가 탈락된다.　　② 'ㅓ'가 탈락된다.
③ 'ㅇ'이 탈락된다.　　④ 'ㅡ'가 첨가된다.
⑤ 'ㅓ'가 첨가된다.

25 〈보기〉의 단어들을 발음할 때 공통적으로 첨가되는 음운을 쓰시오.

보기

두통약　　콩엿　　눈요기　　색연필

01 〈보기〉의 ㉠~㉢에 들어갈 말을 각각 2음절로 쓰시오.

> **보기**
>
> 단어를 ☐㉠☐의 변화 여부, 문장에서 주로 담당하는 ☐㉡☐, 나타내는 ☐㉢☐에 따라 공통된 것끼리 나누어 놓은 갈래를 품사라고 한다.

02 〈보기〉의 ㉠~㉤을 형태가 변하는 것과 변하지 않는 것으로 나누시오.

> **보기**
>
> 동수 철수가 ㉠영희한테 ㉡사귀자고 했대.
> 민혜 ㉢정말? 영희는 사귀는 사람이 ㉣있는데.
> 동수 ㉤그거 정말이야?

• 형태가 변하는 것: _____
• 형태가 변하지 않는 것: _____

• 출제 지수 80%

03 〈보기〉는 학생의 활동 답안이다. ㉠~㉤ 중 연결이 바르지 않은 것은?

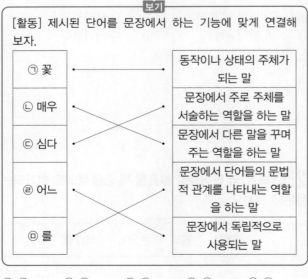

① ㉠ ② ㉡ ③ ㉢ ④ ㉣ ⑤ ㉤

04 밑줄 친 말 중, 앞에 꾸미는 말이 와야만 쓰일 수 있는 단어가 아닌 것은?

① 내 동생은 신발 한 켤레를 잃어 버렸다.
② 그녀가 훌쩍 떠나간 지 오 년이 되었다.
③ 오빠는 어제 학교에서 오백 원을 주웠다.
④ 다행히도 마음먹은 대로 일이 되어 간다.
⑤ 내가 좋아하는 사람은 바로 이 사람이다.

• 출제 지수 80%

05 〈보기〉의 ㉠~㉣이 가리키는 말을 바르게 짝 지은 것은?

> **보기**
>
> 영수 ㉠이것 먹어 봐. 어제 안성에서 사 온 포도야.
> 철수 ㉡거기 포도 맛있어. 우리 집이 안성이거든.
> 영수 ㉢너도 ㉣이거 좋아할 줄 알았어. 나도 참외 다음으로 포도를 좋아하거든.

	㉠	㉡	㉢	㉣
①	포도	우리 집	영수	포도
②	포도	안성	철수	참외
③	포도	안성	철수	포도
④	참외	안성	철수	참외
⑤	참외	우리 집	철수	포도

06 〈보기〉에서 밑줄 친 두 단어의 공통점과 차이점을 쓰시오.

> **보기**
>
> • 우리 할머니께서는 아들 둘을 낳으셨다.
> • 첫째, 나의 소원은 독립이다.

07 밑줄 친 용언의 성격이 나머지와 다른 것은?

① 오늘 하늘이 파랗다. ② 소년이 활짝 웃었다.
③ 형이 그림을 그렸다. ④ 나는 힘차게 달렸다.
⑤ 그는 노래를 들었다.

08 〈보기〉의 표현이 어법에 어긋나는 이유로 적절한 것은?

> **보기**
> • 여러분, 건강하세요.
> • 오늘 하루 모두 행복하세요.

① 형용사는 주체의 움직임을 나타낼 수 없기 때문이다.
② 형용사는 문장에서 쓰일 때 형태가 변하지 않기 때문이다.
③ 형용사는 용언이나 문장을 꾸며 주는 기능을 하기 때문이다.
④ 형용사는 청유형 어미, 명령형 어미와 결합하지 못하기 때문이다.
⑤ 형용사가 활용하면 품사가 바뀌어 주체를 서술할 수 없기 때문이다.

09 밑줄 친 용언의 활용형이 알맞지 않은 것은?

• 출제 지수 90%

① 그 녀석을 당장 잡아라.
② 오늘 날씨가 참 덥는다.
③ 친구가 집에 혼자 갔다.
④ 형은 밥을 먹을 것이다.
⑤ 누나가 정말 짐을 질까?

10 〈보기〉의 ㉠이나 ㉡에 들어갈 수 없는 것은?

> **보기**
> ㉠ 아이가 ㉡ 옷을 입는다.

① 저   ② 첫째   ③ 모든
④ 매우   ⑤ 다른

11 〈보기〉의 문장에서 밑줄 친 단어가 꾸미는 말로 알맞은 것은?

> **보기**
> 어제 본 지렁이는 <u>아주</u> 빨리 기어갔다.

① 어제   ② 본   ③ 지렁이는
④ 빨리   ⑤ 기어갔다

12 밑줄 친 부사가 문장 전체를 꾸미는 것은?

① 나는 아파서 학교에 <u>못</u> 갔다.
② 오빠는 역으로 <u>빨리</u> 달려갔다.
③ 누나는 하루 종일 <u>정말</u> 바빴다.
④ <u>다행히</u> 시험에 합격을 하였다.
⑤ 배에서 본 바다가 <u>참</u> 근사하다.

13 〈보기〉에서 밑줄 친 말의 기능을 설명한 것으로 적절한 것은?

① 수량이나 순서를 나타낸다.
② 구체적인 대상의 이름을 가리킨다.
③ 대상의 이름을 대신하여 가리킨다.
④ 체언 앞에 놓여서 체언, 주로 명사를 꾸며 준다.
⑤ 체언 뒤에 붙어 다른 말과의 문법적 관계를 나타낸다.

14 〈보기〉의 밑줄 친 부분과 같이 앞말에 특별한 뜻을 더해 주는 말을 무엇이라고 하는지 3음절로 쓰시오.

> **보기**
> 엄마가 막내 아이<u>도</u> 안았다. 엄마가 막내 아이<u>만</u> 안았다.

• 출제 지수 80%

15 〈보기〉와 같이 형태소로 나눌 때 '나무'를 나눌 수 <u>없는</u> 이유를 쓰시오.

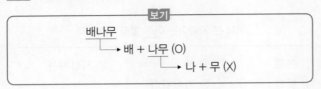

보기

배나무
→ 배 + 나무 (O)
→ 나 + 무 (X)

16 〈보기〉의 ㉠~㉣에 들어갈 말을 각각 2음절로 쓰시오.

보기

형태소 중에서 '해', '바다', '멋'과 같이 홀로 쓰일 수 있는 것을 ㉠ 형태소라고 하고, '-쟁이', '웃-', '-다'와 같이 다른 말에 기대어 쓰이는 것을 ㉡ 형태소라고 한다. 한편 '해', '바다', '넓-'과 같이 실질적인 의미를 가지고 있는 것을 ㉢ 형태소라고 하고, '에서', '을', '-다'와 같이 문법적인 기능을 하는 것을 ㉣ 형태소라고 한다.

• 출제 지수 90%

17 밑줄 친 말 중, 〈조건〉을 모두 충족하는 것은?

조건

• 반드시 다른 말에 기대어 쓰이는 형태소이다.
• 실질적 의미를 가진 형태소이다.

① 그 방에 <u>숨</u>다.   ② 바다가 <u>푸르</u>다.
③ <u>포부</u>를 가지다.   ④ <u>미래</u>를 점치다.
⑤ 창문을 <u>여닫</u>다.

18 〈보기〉를 바탕으로 단어의 짜임을 탐구한 내용으로 적절하지 <u>않은</u> 것은?

보기

단어에서 실질적인 의미를 나타내는 부분이 어근이고, 어근에 붙어 그 뜻을 제한하는 부분이 접사이다. 단어 중에는 하나의 어근으로 이루어진 단일어도 있고, 둘 이상의 어근 또는 어근과 접사로 이루어진 복합어도 있다. 이때 둘 이상의 어근으로 이루어진 단어를 합성어라고 하고, 어근과 접사로 이루어진 단어를 파생어라고 한다. 합성어에 접사가 붙어 새로운 단어로 파생되기도 하고, 파생어가 다른 어근과 결합하여 합성어가 되기도 한다.

① '하늘', '보다'는 하나의 어근으로 이루어진 단일어이다.
② '곁눈질'은 합성어 '곁눈'에 접미사 '-질'이 결합한 파생어이다.
③ '손발'은 '손'이라는 어근과 '발'이라는 어근이 결합한 합성어이다.
④ '욕심쟁이'는 어근 '욕'에 파생어 '심쟁이'가 결합한 합성어이다.
⑤ '지우개'는 어근 '지우-'에 접미사 '-개'가 붙어 명사가 된 파생어이다.

19 단어의 종류가 나머지와 <u>다른</u> 것은?

① 햇밤   ② 날개   ③ 소리
④ 늦잠   ⑤ 느낌

20 〈보기〉의 ㉠~㉣ 중, 합성어를 모두 골라 묶은 것은?

보기

㉠물고기가 그려진 ㉡지우개가 없어졌다. ㉢심술쟁이 친구가 ㉣책가방에 숨긴 것 같다.

① ㉠, ㉣   ② ㉡, ㉢   ③ ㉢, ㉣
④ ㉠, ㉡, ㉣   ⑤ ㉡, ㉢, ㉣

21 사람과 관련된 접미사가 쓰인 예시로 적절하지 않은 것은?

	접미사	결합 조건 및 의미	예시
①	-꾼	일부 명사 뒤에 붙어 '어떤 일을 전문적으로 하는 사람, 어떤 일을 잘하는 사람'의 뜻을 더함.	소리꾼
②	-보	일부 동사, 형용사 어간 뒤에 붙어 '그러한 행위를 특성으로 지닌 사람'의 뜻을 더하고 명사를 만듦.	울보
③	-쟁이	일부 명사 뒤에 붙어 '그것이 나타내는 속성을 많이 가진 사람'의 뜻을 더함.	겁쟁이
④	-둥이	일부 명사 뒤에 붙어 '그러한 성질이 있거나 그와 긴밀한 관련이 있는 사람'의 뜻을 더함.	귀염둥이
⑤	-내기	일부 명사 뒤에 붙어 '그 지역에서 태어나고 자라서 그 지역 특성을 지니고 있는 사람'의 뜻을 더함.	풋내기

22 〈보기〉에서 ㄱ~ㅁ의 밑줄 친 부분과 바꾸어 쓸 수 있는 한자어로 적절하지 않은 것은?

> **보기**
> ㄱ. 무너진 지붕을 <u>고치다</u>.
> ㄴ. 고장 난 시계를 <u>고치다</u>.
> ㄷ. 의사가 심장병을 <u>고치다</u>.
> ㄹ. 아버지가 구두를 <u>고치다</u>.
> ㅁ. 출판 예정인 원고를 <u>고치다</u>.

① ㄱ: 수리(修理)하다　　② ㄴ: 개선(改善)하다
③ ㄷ: 치료(治療)하다　　④ ㄹ: 수선(修繕)하다
⑤ ㅁ: 수정(修訂)하다

23 〈보기〉에서 ⓐ와 ⓑ의 단어 간 의미 관계가 같을 때 빈칸에 들어갈 단어로 가장 적절한 것은?

> **보기**
> ⓐ 열다 – 닫다　　ⓑ 가다 – ☐

① 앉다　　② 있다　　③ 오다
④ 이동하다　　⑤ 출발하다

• 출제 지수 85%

24 〈보기〉의 ㄱ~ㄹ 중, 반의 관계인 단어를 포함한 속담을 모두 골라 묶은 것은?

> **보기**
> ㄱ. 달면 삼키고 쓰면 뱉는다.
> ㄴ. 말만 잘하면 천 냥 빚도 가린다.
> ㄷ. 가는 말이 고와야 오는 말이 곱다.
> ㄹ. 천 길 물속은 알아도 한 길 사람의 속은 모른다.

① ㄱ, ㄷ　　　　② ㄴ, ㄷ
③ ㄱ, ㄴ, ㄹ　　　④ ㄱ, ㄷ, ㄹ
⑤ ㄴ, ㄷ, ㄹ

25 두 단어의 의미 관계가 나머지와 다른 것은?

① 운동 – 야구　　　② 직업 – 공무원
③ 연예인 – 가수　　④ 동물 – 원숭이
⑤ 윷놀이 – 널뛰기

26 〈보기〉의 밑줄 친 두 단어의 의미 관계를 쓰시오.

> **보기**
> <u>다리</u>가 아파서 <u>다리</u> 위에서 쉬었다 가기로 했다.

• 출제 지수 90%

01 〈보기〉를 참고할 때, 밑줄 친 부분이 주성분에 해당하지 않는 것은?

> **보기**
>
> 주성분은 문장을 구성하는 데 골격이 되는 필수적인 성분으로, 주어, 서술어, 목적어, 보어가 있다.

① <u>새가</u> 날아간다.
② <u>강아지가</u> 온다.
③ 그가 <u>물을</u> 마신다.
④ 나는 <u>학생이</u> 아니다.
⑤ 이것은 <u>차가운</u> 물이다.

04 〈보기〉의 밑줄 친 말의 공통점으로 적절한 것은?

> **보기**
>
> • 은행잎이 참 <u>노랗다</u>.
> • 친구가 <u>새</u> 신을 신었다.

① 문장이나 단어를 이어 주는 문장 성분이다.
② 서술어의 동작 대상이 되는 문장 성분이다.
③ 다른 문장 성분을 수식하는 문장 성분이다.
④ 문장에서 독립적으로 쓰이는 문장 성분이다.
⑤ 주어의 동작, 상태 따위를 풀이하는 문장 성분이다.

02 제시된 문장이 어색한 이유를 <u>잘못</u> 설명한 것은?

① 그는 샀다. : 목적어가 없다.
② 나는 아니다. : 주어가 없다.
③ 사랑이가 밥을. : 서술어가 없다.
④ 누나는 닮았다. : 부사어가 없다.
⑤ 우리는 기다렸다. : 목적어가 없다.

05 밑줄 친 부사어의 위치를 바꿀 수 <u>없는</u> 것은?

① 그녀가 <u>갑자기</u> 일어났다.
② 옷이 <u>꼭</u> 몸에 맞아 좋았다.
③ <u>과연</u> 그분은 위대한 정치가이다.
④ 그 유명한 영화를 <u>못</u> 봐서 아쉽다.
⑤ <u>제발</u> 비가 조금이라도 내리면 좋겠다.

06 〈보기〉의 문장을 두 개의 홑문장으로 만드시오.

> **보기**
>
> 나는 그가 착한 사람이라는 생각이 들었다.

03 〈보기〉의 ㄱ~ㅁ을 설명한 내용으로 적절하지 <u>않은</u> 것은?

> **보기**
>
> ㄱ. 물이 얼음이 되었다.
> ㄴ. 우정은 보석과 같다.
> ㄷ. 누나가 새 책을 샀다.
> ㄹ. 동수가 교가를 부른다.
> ㅁ. 민수가 편지 봉투에 우표를 붙였다.

① ㄱ: '되었다'는 주어, 보어를 반드시 필요로 한다.
② ㄴ: '같다'는 주어, 부사어를 반드시 필요로 한다.
③ ㄷ: '샀다'는 주어, 관형어, 목적어를 반드시 필요로 한다.
④ ㄹ: '부른다'는 주어, 목적어를 반드시 필요로 한다.
⑤ ㅁ: '붙였다'는 주어, 부사어, 목적어를 반드시 필요로 한다.

• 출제 지수 80%

07 이어진문장의 종류가 나머지와 <u>다른</u> 것은?

① 까마귀 날자 배 떨어진다.
② 윗물이 맑아야 아랫물이 맑다.
③ 사공이 많으면 배가 산으로 간다.
④ 가는 말이 고와야 오는 말이 곱다.
⑤ 낮말은 새가 듣고 밤말은 쥐가 듣는다.

08 〈보기〉와 같은 방식으로 만들어진 문장에 해당하는 것은?

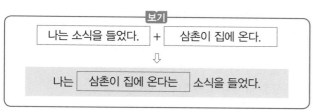

① 비가 와서 길이 질척질척하다.
② 우리는 그가 정당했음을 깨달았다.
③ 오빠는 밥을 먹으려고 식당에 갔다.
④ 함박눈이 내리지만 날씨가 따뜻하다.
⑤ 나는 형을 따랐고 그는 누나를 따랐다.

• 출제 지수 80%

09 〈보기〉의 ㄱ~ㄹ을 설명한 내용으로 적절하지 않은 것은?

┌─ 보기 ─────────────────────┐
ㄱ. 동생은 친구가 매우 많다.
ㄴ. 어제 집에 온 친구는 초등학교 동창이다.
ㄷ. 엄마는 가희가 공부를 열심히 하기를 바란다.
ㄹ. 내가 성수의 도움 없이 이 일을 할 수 있을까?
└──────────────────────────┘

① ㄱ과 ㄴ의 안긴문장에는 부사어가 1개 있다.
② ㄱ에는 서술어의 역할을 하는 안긴문장이 있다.
③ ㄴ에는 주어가 생략된 안긴문장이 있다.
④ ㄷ에는 목적어의 역할을 하는 안긴문장이 있다.
⑤ ㄹ에는 서술어를 꾸며 주는 안긴문장이 있다.

10 밑줄 친 부분의 문장 성분으로 적절하지 않은 것은?

① 그 코끼리는 <u>코가 길다.</u> → 보어
② 이 책은 <u>내가 읽던</u> 책이다. → 관형어
③ 그가 <u>예고도 없이</u> 나타났다. → 부사어
④ 우리는 <u>비가 오기를</u> 기다린다. → 목적어
⑤ <u>그가 요리에 소질이 있음이</u> 밝혀졌다. → 주어

11 다음 두 문장을 〈조건〉에 맞게 하나의 겹문장으로 만드시오.

┌──────────────────────────┐
│ 나는 뛰었다. 발에 땀이 났다. │
└──────────────────────────┘

┌─ 조건 ─────────────────────┐
뒤의 문장이 부사어의 역할을 하도록 안은문장을 만들 것.
└──────────────────────────┘

12 다음의 안긴문장 중, 〈보기〉의 안긴문장과 문장 성분이 같은 것은?

┌─ 보기 ─────────────────────┐
│ 어제 산 공책을 잃어버렸다. │
└──────────────────────────┘

① 비가 소리도 없이 내린다.
② 우리가 옳았음이 밝혀졌다.
③ 아름다운 꽃이 화단에 피었다.
④ 나는 손에 땀이 나게 긴장하였다.
⑤ 나는 그가 즐겁게 지내기를 바랐다.

13 〈보기〉의 ㄱ~ㅁ을 이해한 내용으로 적절하지 않은 것은?

┌─ 보기 ─────────────────────┐
ㄱ. 오빠가 이야기했던 사진을 찾았다.
ㄴ. 오빠가 이야기했던 사진을 찾았니?
ㄷ. 오빠가 이야기했던 사진을 찾아라.
ㄹ. 오빠가 이야기했던 사진을 찾자.
ㅁ. 오빠가 이야기했던 사진을 찾았구나!
└──────────────────────────┘

① ㄱ: 화자가 청자에게 사진을 찾았다는 사실을 객관적으로 전달하는 상황이다.
② ㄴ: 화자가 청자에게 사진을 찾았는지의 여부를 물어보는 상황이다.
③ ㄷ: 화자가 청자에게 사진을 찾는 행동을 하도록 요구하는 상황이다.
④ ㄹ: 화자가 청자에게 사진을 찾는 행동을 함께하기를 요청하는 상황이다.
⑤ ㅁ: 화자가 사진을 찾으려 하는 청자에게 그 사실에 대한 자신의 감정을 표현하는 상황이다.

14 〈보기〉의 ㉠~㉤을 설명한 내용으로 적절하지 <u>않은</u> 것은?

> ──── 보기 ────
> 점원 손님, 어떤 옷을 ㉠찾으십니까?
> 손님 셔츠를 좀 보려고요. ㉡저희 아버지께서 입으실 거거든요.
> 점원 이 셔츠는 어떠세요? 선물로 ㉢드리시면 무척 좋아하실 겁니다.
> 손님 저희 아버지께서는 ㉣어깨가 넓으신데 잘 맞을지 모르겠네요.
> 점원 그러면 ㉤어르신을 모시고 한번 들러 주세요.

① ㉠에서는 '-ㅂ니까'라는 종결 어미를 사용하여 상대를 높이고 있다.
② ㉡에서는 자신을 낮추는 어휘인 '저희'를 사용하여 '아버지'를 높이고 있다.
③ ㉢에서는 '-시-'를 사용해서 선물을 주는 사람을, '드리다'를 사용해서 선물을 받는 사람을 높이고 있다.
④ ㉣에서는 '아버지'가 높임의 대상이므로 그 신체의 일부에도 높임 표현을 쓰고 있다.
⑤ ㉤에서는 높임을 나타내는 어휘인 '어르신'과 '모시고'를 사용하여 높임의 의도를 표현하고 있다.

15 〈보기〉의 질문에 대한 답으로 적절한 것은?

> ──── 보기 ────
> 선생님 시간 표현은 '말하는 시점'과 '사건이 일어난 시점'의 관계에 따라 구분됩니다. 사건이 일어난 시점보다 말하는 시점이 나중인 상황을 나타낸 문장을 찾아볼까요?

① 그가 곧 올 것이다.
② 나는 내일 도서관에 갈 것이다.
③ 집에는 모든 가족이 모여 있었다.
④ 여기서 보는 풍경이 참 아름답구나.
⑤ 금요일이라 그런지 차가 많이 밀린다.

16 다음 밑줄 친 부분이 〈보기〉의 ㉠에 해당하는 것은?

> ──── 보기 ────
> 미래 시제를 나타내는 선어말 어미 '-겠-'은 용언의 어간에 붙어 화자의 추측이나 의지, ㉠가능성의 의미를 표현하기도 한다.

① 이걸 혼자 다 할 수 있겠니?
② 동생은 낚시하러 가겠다고 한다.
③ 지금 떠나면 새벽에 도착하겠구나.
④ 고향에서는 벌써 추수를 끝냈겠다.
⑤ 이번 달까지 목표치를 달성하겠다.

· 출제 지수 85%

17 〈보기〉의 ㄱ~ㄹ을 탐구한 결과로 적절하지 <u>않은</u> 것은?

> ──── 보기 ────
> ㄱ. 형은 지금 소설을 읽는다.
> ㄴ. 형은 내일 소설을 읽을 것이다.
> ㄷ. 어제 보니, 형이 소설을 읽더라.
> ㄹ. 선생님께서는 소설을 읽으셨다.

① ㄱ의 '-는-'은 현재를 나타낸다.
② ㄴ의 '-ㄹ 것'은 미래를 나타낸다.
③ ㄷ의 '-더-'는 과거의 일을 회상함을 나타낸다.
④ ㄹ의 '-으시-'는 문장의 주체를 높인다.
⑤ ㄹ에서는 시제를 나타내는 말이 높임을 나타내는 말보다 앞에 나온다.

· 출제 지수 90%

18 〈보기〉의 ㄱ~ㅁ 중, 어색한 피동 표현과 사동 표현을 적절하게 고치지 <u>못한</u> 것은?

> ──── 보기 ────
> ㄱ. 열려진(→ 열린) 창문으로 벌이 들어왔다.
> ㄴ. 그의 모습이 담겨진(→ 담긴) 사진을 보았다.
> ㄷ. 좋은 사람 있으면 소개시켜(→ 소개해) 주세요.
> ㄹ. 여기에 차를 주차시키면(→ 주차하면) 안 됩니다.
> ㅁ. 민원이 주민들에 의해 접수시켰다(→ 접수받았다).

① ㄱ ② ㄴ ③ ㄷ ④ ㄹ ⑤ ㅁ

· 출제 지수 80%

19 〈보기〉의 ㄱ~ㄹ 중, 능동 표현을 피동 표현으로 바꾼 내용을 모두 골라 묶은 것은?

> 보기
> ㄱ. '아이가 밥을 먹었다.'를 피동 접미사 '-이-'를 사용하여 '아이에게 밥을 먹였다.'로 바꾸었다.
> ㄴ. '그가 이 밥을 만들었다.'를 '-어지다'를 사용하여 '이 밥은 그에 의해 만들어졌다.'로 바꾸었다.
> ㄷ. '내가 토끼를 잡았다.'를 피동 접미사 '-히-'를 사용하여 '토끼가 나에게 잡혔다.'로 바꾸었다.
> ㄹ. '그들이 건물을 파괴하였다.'를 '-되다'를 사용하여 '건물이 그들에 의해 파괴되었다.'로 바꾸었다.

① ㄱ, ㄴ   ② ㄱ, ㄹ   ③ ㄴ, ㄷ
④ ㄱ, ㄷ, ㄹ   ⑤ ㄴ, ㄷ, ㄹ

20 〈보기〉의 ㄱ과 ㄴ을 비교하여 피동 표현을 사용하는 이유를 추측한 내용으로 적절한 것은?

> ㄱ. "엄마, 제가 그릇을 깼어요."
> ㄴ. "엄마, 그릇이 깨졌어요."

① 행동의 주체를 숨겨 책임을 회피하기 위해
② 행동의 주체를 밝혀 책임을 회피하기 위해
③ 행동의 주체를 숨겨 자신의 책임을 드러내기 위해
④ 행동의 주체를 밝혀 자신의 책임을 드러내기 위해
⑤ 행동의 주체를 밝히기 어려워 자신이 책임지기 위해

21 〈보기〉의 ㄱ~ㄷ을 통해 사동 표현을 탐구한 내용으로 적절하지 않은 것은?

> 보기
> ㄱ. 개가 밥을 먹다. → (내가) 개에게 밥을 먹이다.
> ㄴ. 그가 집에 가다. → (내가) 그를 집에 가게 하다.
> ㄷ. 동생이 졸업하다. → (내가) 동생을 졸업시키다.

① ㄱ~ㄷ 모두 주동 표현을 사동 표현으로 바꾸면 새로운 주어가 필요하군.
② ㄱ~ㄷ에서 주동 표현의 주어는 사동 표현에서 목적어나 부사어가 되는군.
③ ㄱ의 주동 표현은 ㄷ처럼 '-시키다'를 붙여 사동 표현으로 바꿀 수 없겠군.
④ ㄴ의 주동 표현을 사동 표현으로 바꾸면 집에 가는 주체가 달라지는군.
⑤ ㄴ의 주동 표현은 사동 접사를 붙여서 사동 표현으로 바꿀 수 없겠군.

22 〈보기〉의 빈칸에 들어갈 말을 2음절로 쓰시오.

> 보기
> '책을 안 읽는다.', '책을 읽지 않는다.'와 같이 '안' 부정문은 주어의 □□(으)로 행동을 하지 않음을 나타낼 때에 사용한다.

23 밑줄 친 말로 인해 중의성을 갖는 문장에 해당하는 것은?

① 이 컴퓨터는 전혀 새로운 제품이다.
② 친한 친구와 헤어지려니 여간 슬펐다.
③ 재미있는 친구의 삼촌과 영화를 보았다.
④ 기상청에서는 비가 올 것이라고 미리 예고했다.
⑤ 이 장면은 연출된 것이니 반드시 따라 하지 마세요.

01 〈보기〉에서 설명하는 언어의 본질로 적절한 것은?

보기

언어는 변한다. 'ㅿ'이나 'ㆍ'처럼 과거에 존재하던 자음이나 모음이 시간이 흐르면서 없어지기도 하고, [어듸]가 [어디]로 바뀐 것처럼 발음이 변하기도 한다.

① 언어의 창조성
② 언어의 규칙성
③ 언어의 역사성
④ 언어의 자의성
⑤ 언어의 사회성

02 〈보기〉의 ㄱ, ㄴ과 관련 있는 언어의 기능을 바르게 짝 지은 것은?

보기

ㄱ. 텔레비전 뉴스의 진행자가 오늘 포항에서 발생한 지진에 대한 정보를 제공하는 것
ㄴ. 군대의 지휘관이 "막사 앞으로 모여!"라고 말하며 군인들이 모일 것을 요구하는 것

	ㄱ	ㄴ
①	정보적 기능	명령적 기능
②	정보적 기능	친교적 기능
③	정보적 기능	지시적 기능
④	지시적 기능	정보적 기능
⑤	지시적 기능	명령적 기능

03 〈보기〉는 한글 맞춤법의 일부이다. ㉠, ㉡에 들어갈 말을 쓰시오.

보기

[제1장 제1항] 한글 맞춤법은 ㉠ 을/를 소리대로 적되, ㉡ 에 맞도록 함을 원칙으로 한다.

04 〈보기〉에서 틀린 내용을 찾아 바르게 고치시오.

보기

국어에서 띄어쓰기 단위는 형태소이다. 이것은 형태소가 독립적으로 쓰이는 말의 최소 단위이기 때문이다.

• 출제 지수 80%

05 〈보기〉의 문장을 바르게 띄어 쓴 것은?

보기

너를못본지한달이되었다.

① 너를∨못본지∨한달이∨되었다.
② 너를∨못∨본지∨한달이∨되었다.
③ 너를∨못본∨지∨한∨달이∨되었다.
④ 너를∨못∨본∨지∨한∨달이∨되었다.
⑤ 너∨를∨못∨본∨지∨한∨달∨이∨되∨었∨다.

06 〈보기〉에서 밑줄 친 부분이 맞춤법에 어긋나는 공통된 이유로 적절한 것은?

보기

• 날씨가 말금.
• 그러케 말하지 마라.
• 초고추장에 찌거 먹어라.
• 밥을 먹으려고 식당에 드러갔다.

① 소리 나는 대로 적지 않아서
② 표준어의 발음 형태로 적지 않아서
③ 어간과 어미를 구분해 적지 않아서
④ 용언의 활용 형태대로 적지 않아서
⑤ 어법에 맞게 형태를 밝혀 적지 않아서

• 출제 지수 90%

07 〈보기〉를 참고하여 표기를 수정한 내용으로 적절하지 않은 것은?

> **보기**
>
> **제14항** 체언은 조사와 구별하여 적는다.
> **제15항** 용언의 어간과 어미는 구별하여 적는다.
> [붙임 1] 두 개의 용언이 어울려 한 개의 용언이 될 적에, 앞말의 본뜻이 유지되고 있는 것은 그 원형을 밝히어 적고, 그 본뜻에서 멀어진 것은 밝히어 적지 아니한다.
> **제19항** 어간에 '-이'나 '-음/-ㅁ'이 붙어서 명사로 된 것과 '-이'나 '-히'가 붙어서 부사로 된 것은 그 어간의 원형을 밝히어 적는다.

① 바치 넓다.: 제14항에 따라 '밭이 넓다.'로 표기한다.
② 어름이 녹다.: 제19항에 따라 '얼음이 녹다.'로 표기한다.
③ 갯벌이 들어나다.: 제15항 [붙임 1]에 따라 '갯벌이 드러나다.'로 표기한다.
④ 나는 지블 떠났다.: 제15항 [붙임 1]에 따라 '나는 집을 떠났다.'로 표기한다.
⑤ 모퉁이를 도라가다.: 제15항 [붙임 1]에 따라 '모퉁이를 돌아가다.'로 표기한다.

09 〈보기〉를 탐구하여 도출한 내용으로 적절하지 않은 것은?

> **보기**
>
> **제12항** '웃-' 및 '윗-'은 명사 '위'에 맞추어 '윗-'으로 통일한다. **예** 윗몸, 윗입술, 윗도리
> 다만, 된소리나 거센소리 앞에서는 '위-'로 하며, '아래, 위'의 대립이 없는 단어는 '웃-'으로 발음되는 형태를 표준어로 삼는다. **예** 위짝, 위턱, 위층, 웃어른, 웃돈

① '맨 겉에 입는 옷'을 뜻하는 단어는 '아래, 위'의 대립이 없기 때문에 '웃옷'이 표준어이다.
② 방향을 가리키는 말인 '쪽'은 된소리로 시작하기 때문에 '윗-'과 결합할 때에는 '위쪽'이 표준어이다.
③ '자기보다 지위가 높은 사람'을 뜻하는 단어는 '아래, 위'의 대립이 있기 때문에 '윗사람'이 표준어이다.
④ '여러 채로 된 집에서 위에 있는 채'를 뜻하는 단어는 '윗-' 뒤에 거센소리가 오기 때문에 '위채'가 표준어이다.
⑤ '어깨에서 팔꿈치까지의 부분'을 뜻하는 단어는 명사 '위'에 맞추어 표기해야 하기 때문에 '윗팔'이 표준어이다.

10 〈보기〉의 빈칸에 들어갈 말을 5음절로 쓰시오.

> **보기**
>
> 담화의 의미는 의사소통이 이루어지는 구체적인 상황인 상황 맥락에 따라 달라진다. 또한 담화는 지역, 세대, 문화 등의 요인에 따라서도 의미가 달라질 수 있다. 이렇게 담화에 영향을 미치는 또 다른 요소를 □□·□□□ 맥락이라고 한다.

08 밑줄 친 부분의 표기가 올바른 것은?

① <u>숫소</u>가 수레를 끌고 간다.
② <u>숫염소</u> 한 마리가 우물로 다가왔다.
③ <u>숫닭</u>이 모여 모이를 쪼아 먹고 있다.
④ 우리 가족이 함께 살 <u>세방</u>을 구하고 있다.
⑤ 연습 <u>회수</u>가 늘어날수록 실력이 좋아진다.

11 〈보기〉의 상황에서 '아저씨'의 대답이 적절하지 않은 이유를 쓰시오.

> **보기**
>
> (영수는 우체국으로 가는 길을 찾고 있다.)
> **영수** 아저씨, 우체국이 어딘지 아세요?
> **아저씨** 응, 알아.

12 〈보기〉의 상황을 고려해 발화를 바르게 해석한 것은?

> **보기**
> [상황] 연승하고 있는 축구 대표 팀 감독이 기자 회견장에서 말하는 상황
> [발화] "우리는 아직 배가 고픕니다."

① 대표 팀이 연승한 것은 우연이었다는 의미이다.
② 식사량이 부족하니 먹을 것을 달라는 의미이다.
③ 대표 팀 선수들에게 간식을 보내 달라는 의미이다.
④ 대표 팀 선수들은 먹을 것을 싫어한다는 의미이다.
⑤ 앞으로도 우승을 하기 위해 노력하겠다는 의미이다.

13 〈보기〉에서 두 사람의 의사소통에 문제가 생긴 이유로 적절한 것은?

> **보기**
> 할머니 얘야, 고등어 먹자. 시장에서 한 손 사 왔어.
> 손녀 손을 사 오셨다고요? 무슨 손요?
> 할머니 고등어 두 마리를 한 손이라고 한단다.
> 손녀 제 친구들은 고등어를 셀 때 그런 말을 쓰지 않아요.

① 성별에 따라 사용하는 어휘가 다르기 때문이다.
② 지역에 따라 사용하는 어휘가 다르기 때문이다.
③ 세대에 따라 사용하는 어휘가 다르기 때문이다.
④ 직업에 따라 사용하는 어휘가 다르기 때문이다.
⑤ 나라에 따라 사용하는 어휘가 다르기 때문이다.

14 제시된 자음을 만들 때 본뜬 모양이 아닌 것은?

① ㄱ: 혀뿌리가 목구멍을 막는 모양
② ㄴ: 혀가 아랫잇몸에 닿는 모양
③ ㅁ: 입 모양
④ ㅅ: 이 모양
⑤ ㅇ: 목구멍 모양

15 〈보기〉의 설명에 해당하는 자음이 아닌 것은?

> **보기**
> 자음의 기본자에 획을 한 번 더하여 만든 글자

① ㅈ ② ㅍ ③ ㅂ ④ ㆆ ⑤ ㄷ

• 출제 지수 85%

16 글자의 관계가 〈보기〉와 같은 것은?

> **보기**
> 기본자 - 획을 더해 소리의 세기를 나타내는 글자

① ㄱ-ㅋ ② ㄴ-ㄹ ③ ㅎ-ㅌ ④ ㅅ-ㅿ ⑤ ㅇ-ㆁ

17 〈보기〉의 ⊙과 ⓒ에 들어갈 말을 바르게 짝 지은 것은?

> **보기**
> 모음의 제자 원리

본뜬 모양	기본자		초출자	재출자
⊙ 의 모양	·		ㅗ, ㅏ,	ㅛ, ㅑ,
땅의 모양	―	→	ㅜ, ㅓ	ㅠ, ㅕ
ⓒ 의 모양	ㅣ			

	⊙	ⓒ		⊙	ⓒ
①	사람	하늘	②	하늘	동물
③	하늘	사람	④	동물	하늘
⑤	동물	사람			

18 〈보기〉의 방법으로 만든 글자로 적절한 것은?

> **보기**
> 모음자는 '·'와 다른 기본자를 한 번 결합하여 초출자를 만들었다.

① ㅠ ② ㅢ ③ ㅗ ④ ㅖ ⑤ ㅟ

 빠작으로 내신과 수능을 한발 앞서 준비하세요.

빠른시작

빠작

정답과 해설

중학 국어
문법

동아출판

01 음운 체계
모음 체계

1단계 ✓ 개념 확인 문제
11쪽

1 (1) X (2) O (3) X (4) O
2 (1) ⓒ (2) ⓜ (3) ⓔ (4) ⓐ (5) ⓖ (6) ⓑ (7) ⓗ
3 (1) 자리 (2) 예의, 야유 (3) 관객

✓ 어휘로 개념 확인

1 음운 **2** 모음 **3** 앞쪽 **4** 입술 **5** 저모음 **6** 이중 모음

2단계 ✓ 내신 실전 문제
12~13쪽

01 ① **02** ⑤ **03** ② **04** 입술 모양 **05** ② **06** ① **07** ⑤
08 '내'를 발음할 때는 '네'를 발음할 때보다 입을 더 크게 벌리고 혀의 위치를 낮추어야 해. **09** ④ **10** ④ **11** ⑤ **12** ④

---

01 답 ①
말의 뜻을 구별해 주는 소리의 가장 작은 단위를 '음운'이라고 한다. 음운은 크게 분절 음운과 비분절 음운으로 나누는데, 분절 음운에는 자음과 모음이 있다.
| 오답 풀이 |
② 모음은 자음과 달리 홀로 소리 날 수 있다.
③ 발음 기관을 통해 만들어진 소리는 음성으로, 자음과 모음으로 나뉜다.
④ 모음은 공기의 흐름이 장애를 받지 않고 나는 소리이다.
⑤ 모음은 발음 기관의 변화 유무에 따라 단모음과 이중 모음으로 나뉜다.

02 답 ⑤
발음하는 도중에 입술 모양이나 혀의 위치가 달라지지 않는 단모음에는 'ㅏ, ㅐ, ㅓ, ㅔ, ㅗ, ㅚ, ㅜ, ㅟ, ㅡ, ㅣ'가 있다.

03 답 ②
발음할 때 혀의 최고점이 앞쪽에 놓이는 전설 모음은 'ㅣ, ㅔ, ㅐ, ㅟ, ㅚ'이다.
| 오답 풀이 |
① 'ㅓ' ③ 'ㅡ' ④ 'ㅗ' ⑤ 'ㅜ'는 후설 모음이다.

04 답 입술 모양
국어의 단모음은 입술 모양에 따라 입술을 둥글게 오므리지 않고 발음하는 평순 모음 'ㅣ, ㅔ, ㅐ, ㅡ, ㅓ, ㅏ'와 입술을 둥글게 오므려 발음하는 원순 모음 'ㅟ, ㅚ, ㅜ, ㅗ'로 나눈다.

05 답 ②
후설 모음(ㅡ, ㅓ, ㅏ, ㅜ, ㅗ)이면서 원순 모음(ㅟ, ㅚ, ㅜ, ㅗ)인 것은 'ㅜ', 'ㅗ'이다.

| 오답 풀이 |
① 'ㅓ'는 후설 모음이지만 평순 모음이다.
③ 'ㅐ'는 전설 모음이고 평순 모음이다.
④, ⑤ 'ㅚ', 'ㅟ'는 원순 모음이지만 전설 모음이다.

06 답 ①
국어의 단모음은 발음할 때 혀의 높이에 따라 혀의 위치가 높은 고모음(ㅣ, ㅟ, ㅡ, ㅜ), 혀의 위치가 중간 정도인 중모음(ㅔ, ㅚ, ㅓ, ㅗ), 혀의 위치가 낮은 저모음(ㅐ, ㅏ)으로 나눈다.
| 오답 풀이 |
② 이중 모음에 대한 설명이다. 'ㅣ, ㅟ, ㅡ, ㅜ'는 발음할 때 입술 모양이나 혀의 위치가 달라지지 않는 단모음이다.
③ 원순 모음에 대한 설명으로, 'ㅟ, ㅜ'만 해당한다. 'ㅣ, ㅡ'는 평순 모음이다.
④ 전설 모음에 대한 설명으로, 'ㅣ, ㅟ'만 해당한다. 'ㅡ, ㅜ'는 후설 모음이다.
⑤ 'ㅐ'는 저모음으로, 입을 가장 크게 벌려 발음한다. 고모음은 상대적으로 입을 조금 벌려 발음한다.

07 답 ⑤
'ㅔ, ㅚ, ㅓ, ㅗ'는 중모음으로, 혀의 위치를 중간으로 하여 발음한다. 'ㅏ'는 저모음으로, 혀의 위치를 낮게 하여 발음한다.

08 답 '내'를 발음할 때는 '네'를 발음할 때보다 입을 더 크게 벌리고 혀의 위치를 낮추어야 해.
지호는 '내'와 '네'를 구분하여 발음하는 것을 힘들어하는데, 이는 'ㅐ'와 'ㅔ'의 발음 때문이다. 'ㅔ'는 중모음이고, 'ㅐ'는 저모음이므로 'ㅐ'를 발음할 때는 'ㅔ'를 발음할 때보다 입을 더 크게 벌리고 혀의 위치를 낮추어 발음해야 한다.

09 답 ④
'ㅟ'에 쓰인 모음 'ㅟ'는 전설 모음, 고모음, 원순 모음이다. 표준 발음법에서 'ㅟ'를 이중 모음으로 발음하는 것도 허용하고는 있지만 'ㅟ'는 단모음이다.

10 답 ④
중모음 'ㅔ, ㅚ, ㅓ, ㅗ' 중 원순 모음은 'ㅚ, ㅗ'이다. 이 중 표준 발음법에서 [we]와 같이 이중 모음으로 발음하는 것을 인정하는 모음은 'ㅚ'이다.

11 답 ⑤
국어의 모음 중 발음하는 도중에 입술 모양이나 혀의 위치가 달라지는 이중 모음은 'ㅑ, ㅒ, ㅕ, ㅖ, ㅘ, ㅙ, ㅛ, ㅝ, ㅞ, ㅠ, ㅢ'이다.
| 오답 풀이 |
① 'ㅘ' ② 'ㅖ' ③ 'ㅢ' ④ 'ㅕ'는 이중 모음이다.

12 답 ④
입술을 둥글게 오므려 발음하는 모음은 원순 모음이고, 발음하는 도중에 입술 모양이나 혀의 위치가 달라지는 모음은 이중 모음이다. 'ㅜ'는 원순 모음이고, 'ㅕ'는 이중 모음이다.

> **더 알아두기**
> 초성은 음절의 구성에서 처음 소리인 자음이다. 음절의 구성에서 중간 소리인 모음은 중성이고, 마지막 소리인 자음은 종성이다.

02 자음 체계

1단계 개념 확인 문제

15쪽

1 (1) ○ (2) ○ (3) X (4) ○

2 (1) ㅁ, ㅂ, ㅃ, ㅍ (2) ㄴ, ㄷ, ㄸ, ㄹ, ㅅ, ㅆ, ㅌ
(3) ㅈ, ㅉ, ㅊ (4) ㄱ, ㄲ, ㅇ, ㅋ (5) ㅎ

3 (1) ㉡ (2) ㉠ (3) ㉢

✓ 어휘로 개념 확인

1 자음 **2** 코 **3** 유음 **4** 거센소리

2단계 내신 실전 문제

16~17쪽

01 ④ **02** ③ **03** ③ **04** ⑤ **05** ① **06** ③ **07** ④ **08** ③
09 ㅍ, ㅌ, ㅋ, ㅊ **10** ④ **11** ② **12** 똥

01 답 ④

자음은 공기의 흐름이 장애를 받으며 나는 소리로, 소리 나는 위치와 소리 내는 방법에 따라 나눌 수 있다.

| 오답 풀이 |
① 국어의 자음은 총 19개이다.
② 자음은 홀로 소리 날 수 없고, 반드시 모음과 결합해야 소리 날 수 있다.
③ 자음에는 소리 날 때 목청이 울리는 울림소리와 목청이 울리지 않는 안울림소리가 있다.
⑤ 공기의 흐름이 장애를 받지 않고 나는 소리는 모음이다.

02 답 ③

자음은 공기의 흐름이 방해를 받는 위치에서 소리가 난다. 즉 자음은 소리 나는 위치에 따라 입술소리, 잇몸소리, 센입천장소리, 여린입천장소리, 목청소리로 나눌 수 있다.

| 오답 풀이 |
② 소리의 세기에 따라 예사소리, 된소리, 거센소리로 나눌 수 있다.
④ 소리 내는 방법에 따라 파열음, 파찰음, 마찰음, 비음, 유음으로 나눌 수 있다.

03 답 ③

'ㅂ, ㅁ, ㅃ'은 모두 입술소리로, 두 입술이 맞닿았다가 떨어질 때 막혔던 공기의 흐름이 터지면서 소리가 난다. '왕밤빵'은 'ㅂ, ㅁ, ㅃ'이 연속해서 나오므로 두 입술을 닫았다가 여는 것을 반복해야 하기 때문에 발음이 어려울 수 있다.

04 답 ⑤

'ㄴ, ㄷ, ㄹ, ㅅ'은 윗잇몸과 혀끝이 닿아서 나는 잇몸소리이다. 'ㅈ'은 센입천장과 혓바닥 사이에서 나는 센입천장소리이다.

05 답 ①

공기의 흐름을 막았다가 터뜨리면서 내는 소리는 파열음으로, 'ㅂ, ㅃ, ㅍ, ㄷ, ㄸ, ㅌ, ㄱ, ㄲ, ㅋ'이 있다. 공기 통로를 좁히고 좁은 틈 사이로 공기를 내보내어 마찰을 일으키면서 내는 소리는 마찰음으로, 'ㅅ, ㅆ, ㅎ'이 있다.

06 답 ③

공기의 흐름을 막았다가 서서히 터뜨리면서 마찰을 일으켜 내는 소리는 파찰음으로, 'ㅈ, ㅉ, ㅊ'이 있다.

07 답 ④

혀끝을 잇몸에 가볍게 대었다가 떼거나 혀끝을 윗잇몸에 댄 채 공기를 그 양 옆으로 흘려보내면서 내는 소리는 유음으로, 'ㄹ'뿐이다.

08 답 ③

여린입천장과 혀의 뒷부분 사이에서 나는 여린입천장소리에는 'ㄱ, ㄲ, ㅋ, ㅇ'이 있다. 이 중 입안의 통로를 막고 코로 공기를 내보내면서 내는 비음은 'ㅇ'이다.

| 오답 풀이 |
① 'ㄱ'은 여린입천장소리이지만 파열음이다.
② 'ㅁ'은 비음이지만 입술소리이다.
④ 'ㅊ'은 센입천장소리이면서 파찰음이다.
⑤ 'ㅎ'은 목청소리이면서 마찰음이다.

09 답 ㅍ, ㅌ, ㅋ, ㅊ

파열음이나 파찰음은 소리 내는 과정에서 막혔던 공기의 흐름이 개방되는 순간 강한 기류가 빠져 나가면서 거친 느낌을 내는 소리가 난다. 이를 거센소리라고 하는데 파열음 중에서는 'ㅍ, ㅌ, ㅋ'이 있고 파찰음 중에서는 'ㅊ'이 있다.

10 답 ④

'ㄱ-ㄲ-ㅋ'은 '예사소리-된소리-거센소리'의 짝이다. 예사소리는 자연스럽게 나오는 소리이고, 된소리는 후두의 근육이 긴장된 상태에서 나오는, 강하고 단단한 느낌의 소리이며, 거센소리는 숨이 거세게 나오는, 크고 거친 느낌의 소리이다. 거센소리인 'ㅋ'은 예사소리인 'ㄱ'보다 소리의 세기가 거세다.

| 오답 풀이 |
① 'ㄱ', 'ㄲ', 'ㅋ'은 모두 여린입천장과 혀의 뒷부분 사이에서 나는 소리이다.
② 'ㄱ'보다 'ㄲ'을 발음할 때 발음 기관이 긴장된다.
③ 'ㄲ'과 'ㅋ' 모두 비음이 아닌 파열음이다.
⑤ 'ㄷ', 'ㅂ', 'ㅈ'은 각각 '예사소리-된소리-거센소리'의 짝을 이룬다. 하지만 'ㅅ'은 'ㅅ-ㅆ'과 같이 '예사소리-된소리'의 짝을 이룬다.

11 답 ②

'ㄸ, ㅆ'은 소리 나는 위치로 볼 때 윗잇몸과 혀끝이 닿아서 나는 소리인 잇몸소리에 해당하며, 소리의 세기로 봤을 때 강하고 단단한 느낌의 소리인 된소리에 해당한다.

| 오답 풀이 |
① 'ㅆ'만 마찰음이고, 'ㄸ'은 파열음이다. 'ㄸ, ㅆ'은 된소리이므로 강하고 단단한 느낌을 준다.
③ 'ㄸ'만 파열음이다.
④ 센입천장소리이면서 된소리인 것은 'ㅉ'이다.
⑤ 'ㄸ, ㅆ'은 비음도 아니고 파찰음도 아니다.

12 답 똥

㉠에는 잇몸소리, 파열음, 된소리라는 조건을 동시에 만족하는 자음이 들어가야 한다. 이에 해당하는 자음은 'ㄸ'이다. ㉡에는 여린입천장소리, 비음이라는 조건을 동시에 만족하는 자음이 들어가야 한다. 이에 해당하는 자음은 'ㅇ'이다.

3단계 실력 향상 문제   18~21쪽

01 ② 02 ① 03 ④ 04 ① 05 ③ 06 ② 07 ③ 08 ②
09 ④ 10 공기 통로를 좁히고 좁은 틈 사이로 공기를 내보내어
마찰을 일으키면서 내는 소리이다. 11 ① 12 ② 13 ② 14
⑤ 15 ② 16 다복다복 17 ③

01 답 ②

'물'과 '불', '산'과 '손'의 의미가 구별되는 것은 단어를 이루고 있는 음운이 하나씩 다르기 때문이다. 이를 바탕으로 음운은 단어의 뜻을 구별해 주는 역할을 한다는 것을 알 수 있다.

> **더 알아두기**
> '최소 대립쌍'은 하나의 소리가 달라서 뜻이 구별되는 단어의 짝을 말한다. 예를 들어 '국 : 궁 : 굴'은 'ㄱ', 'ㅇ', 'ㄹ' 때문에 뜻이 달라진다. 이러한 최소 대립쌍을 이용해 음운을 구분할 수 있다.

02 답 ①

탐구 내용과 사례를 보면 같은 자음과 모음으로 이루어진 단어가 길게 발음할 때와 짧게 발음할 때 의미가 달라지고 있다. 음운이란 말의 뜻을 구별해 주는 소리의 가장 작은 단위이므로, 단어의 의미를 구별해 주는 소리의 길이도 음운에 해당한다는 것을 알 수 있다.

03 답 ④

〈보기〉의 ㉠은 입천장의 중간점을 기준으로 앞쪽이다. 혀의 최고점이 앞쪽에 있을 때 발음되는 전설 모음은 'ㅣ, ㅔ, ㅐ, ㅟ, ㅚ'이다. 'ㅗ'는 혀의 최고점이 뒤쪽에 있을 때 발음되는 후설 모음이다.

04 답 ①

'ㅣ → ㅔ → ㅐ'는 '고모음 → 중모음 → 저모음'의 순서이므로 혀의 위치는 점점 낮아지고 입은 점점 크게 벌어진다.

05 답 ③

〈보기〉는 단모음을 발음할 때 입술의 모양에 따라 입술을 둥글게 오므리는 원순 모음과 입술을 평평하게 하는 평순 모음으로 구분한 것이다. 원순 모음에는 'ㅟ, ㅚ, ㅜ, ㅗ'가 있다.

| 오답 풀이 |

①, ②, ④, ⑤ 발음할 때 입술을 평평하게 하는 평순 모음이다.

06 답 ②

첫째 조건에 따라 고모음 'ㅣ, ㅟ, ㅡ, ㅜ'가 분류 대상이 된다. 이를 둘째 조건에 따라 분류하면 전설 모음 'ㅣ, ㅟ'와 후설 모음 'ㅡ, ㅜ'로 분류할 수 있다.

| 오답 풀이 |

① 첫째 조건은 만족하지만 둘째 조건을 만족하지 않는다.
③ 'ㅚ, ㅗ'는 고모음이 아니므로 첫째 조건을 만족하지 않는다.
④ 평순 모음을 전설 모음과 후설 모음으로 분류한 것이다.
⑤ 단모음을 고모음과 저모음으로 분류한 것이다.

07 답 ③

(A)에 들어갈 모음은 후설 모음 'ㅡ, ㅓ, ㅏ, ㅜ, ㅗ'와 중모음 'ㅔ, ㅚ, ㅓ, ㅗ'와 평순 모음 'ㅣ, ㅔ, ㅐ, ㅡ, ㅓ, ㅏ'에 공통으로 포함되는 모음인 'ㅓ'이다.

08 답 ②

〈보기〉의 ㉠에 따라 이중 모음을 포함하고 있는 단어를 고른다. '새벽'은 이중 모음 'ㅕ'를 포함한 단어이다.

| 오답 풀이 |

③ '뒷자취'의 'ㅟ'는 이중 모음으로 발음하는 것을 허용하고 있지만 단모음으로 구분한다.

09 답 ④

자음은 소리 나는 위치에 따라 입술소리, 잇몸소리, 센입천장소리, 여린입천장소리, 목청소리로 구분할 수 있다. 'ㄷ'은 윗잇몸과 혀끝이 닿아서 소리 나는 잇몸소리이다.

10 답 공기 통로를 좁히고 좁은 틈 사이로 공기를 내보내어 마찰을 일으키면서 내는 소리이다.

소리 내는 방법에 따라 분류하면 'ㅅ, ㅆ, ㅎ'은 모두 '마찰음'에 속한다. 즉 공기 통로를 좁히고 좁은 틈 사이로 공기를 내보내어 마찰을 일으키면서 내는 소리이다.

11 답 ①

입안의 통로를 막고 코로 공기를 내보내면서 내는 비음에는 'ㅁ, ㄴ, ㅇ'이 있다. '라일락'의 'ㅇ'처럼 초성 자리에 쓰인 'ㅇ'은 소릿값이 없는 형식적인 존재로, 비음 'ㅇ'이 아니다.

12 답 ②

된소리는 예사소리에 비해 단단하고 된 인상을 주는 소리이고, 거센소리는 예사소리에 비해 거친 느낌을 주는 소리이다. ①과 ③은 '예사소리-거센소리'의 짝이고 ④와 ⑤는 '예사소리-된소리'의 짝이다. 그러나 'ㅎ'은 예사소리나 거센소리로 분류하지 않으므로 ②는 '예사소리-거센소리'의 짝으로 볼 수 없다.

13 답 ②

'ㅁ'과 'ㅃ'은 모두 입술소리로, 두 입술 사이에서 소리 난다.

| 오답 풀이 |

①, ③ 'ㅁ'은 비음이고, 'ㅃ'은 파열음이다.
④ 'ㅃ'은 긴장된 상태에서 나오는 된소리이다.
⑤ 'ㅁ'과 'ㅃ'은 모두 자음으로, 공기의 흐름이 장애를 받으며 나는 소리이다.

14 답 ⑤

소리 나는 위치와 소리 내는 방법을 바탕으로 'ㅂ'의 발음 방법을 조언하면 된다. '불'의 'ㅂ'은 입술소리이자 파열음으로, 두 입술이 맞닿게 하여 공기의 흐름을 막았다가 입술을 떨어뜨리면서 공기를 터뜨려 소리 내야 한다.

| 오답 풀이 |

①, ② 'ㅂ'은 두 입술 사이에서 소리 난다.
③ 'ㄴ'은 입안의 통로를 막고 코로 공기를 내보내면서 내는 소리이지만, 'ㅂ, ㄷ'은 공기의 흐름을 막았다가 터뜨리면서 내는 소리이다.
④ 'ㅂ, ㄷ, ㄱ'은 모두 마찰음이 아니라 파열음으로, 공기의 흐름을 막았다가 터뜨리면서 내는 소리이다.

15 답 ②

우리말에서 초성 자리에 쓰인 'ㅇ'은 소릿값이 없다. 따라서 초성에 쓰인 'ㅇ'은 '말의 뜻을 구별해 주는 소리의 가장 작은 단위'인 '음운'으로 볼 수 없다.

16 답 다복다복

자음은 잇몸소리이면서 파열음이면서 예사소리이어야 하므로 'ㄷ'이다. 모음은 후설 모음이면서 평순 모음이면서 저모음이어야 하므로 'ㅏ'이다. 이 둘을 결합한 음절은 '다'이다.

17 답 ③

[A]에서 최소 대립쌍을 찾으면 '쉬리:소리', '마루:머루', '구실:구슬'이다. 여기에서 추출할 수 있는 음운은 'ㅟ, ㅗ', 'ㅏ, ㅓ', 'ㅣ, ㅡ'이다. 여기서 평순 모음은 'ㅣ, ㅡ, ㅓ, ㅏ' 4개이다.

| 오답 풀이 |

① 전설 모음인 'ㅣ, ㅟ'를 확인할 수 있다.
② 중모음인 'ㅓ, ㅗ'를 확인할 수 있다.
④ 고모음인 'ㅣ, ㅟ, ㅡ'를 확인할 수 있다.
⑤ 후설 모음인 'ㅡ, ㅓ, ㅏ, ㅗ'를 확인할 수 있다.

03 음운 변동 음절의 끝소리 규칙

1단계 개념 확인 문제
23쪽

1 (1) ○ (2) ○ (3) ✕
2 (1) ㄱ, ㄲ, ㅋ (2) ㄷ, ㅅ, ㅆ, ㅈ, ㅊ, ㅌ (3) ㅂ, ㅍ
3 (1) ㉡ (2) ㉠ (3) ㉢
4 (1) 목 (2) 안 (3) 널 (4) 업: (5) 할 (6) 익 (7) 담:

✓ 어휘로 개념 확인

1 변동 2 끝소리 3 홑 4 겹

2단계 내신 실전 문제
24~25쪽

01 ⑤ 02 ② 03 ① 04 ② 05 음절의 끝에서 'ㅅ, ㅈ, ㅊ'은 모두 [ㄷ]으로 바뀌어 발음되기 때문이란다. 06 ③ 07 ② 08 ⑤ 09 앞 10 ③ 11 ③

01 답 ⑤

겹받침은 겹받침을 이루는 두 개의 자음 중 하나로 발음되는데 이때 선택된 자음이 'ㄱ, ㄴ, ㄷ, ㄹ, ㅁ, ㅂ, ㅇ'에 해당하지 않을 경우에는 이 일곱 개의 자음 중 하나로 바뀌어 발음된다.

| 오답 풀이 |

① 음절의 끝에서 'ㅈ, ㅊ'은 대표음 [ㄷ]으로 바뀌어 발음된다.
②, ④ 받침 'ㄱ, ㄴ, ㄷ, ㄹ, ㅁ, ㅂ, ㅇ'은 제 소릿값대로 발음되고, 그 외의 자음은 대표음 [ㄱ, ㄷ, ㅂ]으로 바뀌어 발음되므로 음운 교체에 해당한다.
③ 받침이 모음으로 시작하는 조사나 어미와 결합하는 경우에는 받침을 제 소릿값대로 뒤 음절의 첫소리로 옮겨 발음하고, 겹받침의 경우에는 뒤엣것만을 뒤 음절의 첫소리로 옮겨 발음한다.

02 답 ②

음절의 끝에서 'ㅌ, ㅅ, ㅆ, ㅈ, ㅊ'은 [ㄷ]으로 바뀌어 발음된다. 따라서 '돛'은 'ㅊ'이 [ㄷ]으로 바뀌어 [돋]으로 발음된다.

03 답 ①

받침으로 오는 'ㄱ, ㄴ, ㄷ, ㄹ, ㅁ, ㅂ, ㅇ'은 제 소릿값대로 발음되므로 표기와 발음이 일치한다.

| 오답 풀이 |

② 짚신[집씬] ③ 맞들면[맏뜰면] ④ 옷[옫] ⑤ 팥[판]으로, 표기와 발음이 일치하지 않는다.

04 답 ②

'ㅌ, ㅊ, ㄷ, ㅅ'은 모두 음절의 끝에서 [ㄷ]으로 발음된다. 'ㅍ'은 음절의 끝에서 [ㅂ]으로 발음된다.

| 오답 풀이 |

① 밭[받] ③ 꽃[꼳] ④ 돋[돋] ⑤ 붓[붇]으로, 음절의 끝소리가 모두 [ㄷ]으로 발음된다.

05 답 음절의 끝에서 'ㅅ, ㅈ, ㅊ'은 모두 [ㄷ]으로 바뀌어 발음되기 때문이란다.

음절의 끝에 'ㄱ, ㄴ, ㄷ, ㄹ, ㅁ, ㅂ, ㅇ' 이외의 자음이 오면 이 일곱 개의 자음 중 하나로 바뀌어 발음된다. 'ㅅ, ㅈ, ㅊ'은 모두 대표음 [ㄷ]으로 바뀌어 발음되므로 '낫, 낮, 낯' 모두 [낟]으로 발음되는 것이다.

06 답 ③

홑받침이나 쌍받침은 음절의 끝에서 'ㄱ, ㄴ, ㄷ, ㄹ, ㅁ, ㅂ, ㅇ' 중 하나로 발음되는데, 모음으로 시작하는 조사나 어미와 결합하는 경우에는 이러한 음절의 끝소리 규칙이 적용되지 않고 받침을 제 소릿값대로 뒤 음절 첫소리로 옮겨 발음한다.

| 오답 풀이 |

① 돗자리[돋짜리] ② 팥죽을[팓쭈글]
④ 부엌에서[부어케서] ⑤ 윷을[유:츨]

더 알아두기

음절의 끝소리 규칙은 뒤에 아무런 형태소가 오지 않거나 자음으로 시작하는 형태소가 올 때 적용되는 것이 일반적이다.

07 답 ②

음절의 끝에 오는 겹받침은 겹받침을 이루는 두 개의 자음 중 하나로 발음된다. 'ㄵ'은 앞 자음인 [ㄴ]으로 발음된다.

| 오답 풀이 |
① 'ㄶ'은 앞 자음인 [ㄴ]으로 발음된다.
③ '�'과 'ㄾ'은 모두 앞 자음인 [ㄹ]로 발음된다.
④ 겹받침은 겹받침을 이루는 두 개의 자음 중 앞 자음 또는 뒤 자음으로 발음된다.
⑤ 겹받침이 모음으로 시작하는 조사나 어미와 결합하면 겹받침 중 앞엣것은 음절의 끝에서 발음되고 뒤엣것은 뒤 음절 첫소리로 옮겨 발음되므로 두 개의 자음이 모두 발음된다.

08 답 ⑤
겹받침 'ㄼ'은 음절의 끝에서 [ㄹ]로 발음되는 것이 원칙이지만 '밟-'은 자음 앞에서 [밥]으로 발음된다. 따라서 '밟지'는 [밥:찌]로 발음된다.
| 오답 풀이 |
① [떨:찌나] ② [여덜] ③ [짤꼬] ④ [널꼬]

09 답 앎
[암:], [암:과]에서 받침이 음절의 끝에서 [ㅁ]으로 발음되는 단어임을 알 수 있고, [알:미], [알:믈]에서 이 단어 뒤에 모음으로 시작하는 조사가 오면 받침은 [ㄹ]로 발음되고 'ㅁ'이 뒤 음절 첫소리로 옮겨 발음됨을 알 수 있다. 이를 통해 이 단어는 받침이 'ㄻ'인 '앎'임을 알 수 있다.

10 답 ③
'맑고'는 '맑- + -고'이므로 용언의 어간 끝 'ㄺ'이 'ㄱ'을 만나서 [말꼬]로 발음된다. '맑지만', '맑다가'의 경우 'ㄺ'이 용언의 어간 끝이지만 'ㄱ' 앞이 아니므로 원칙대로 'ㄺ'은 [ㄱ]으로 발음된다.

11 답 ③
'낱'의 'ㅌ'은 [ㄷ]으로 발음되지만 '핥'의 'ㄾ'은 [ㄹ]로 발음된다.
| 오답 풀이 |
① [낙씨], [목] ② [언따], [만:타]
④ [외골/웨골], [달타] ⑤ [압치마], [읍따]

[**04**] 음운 변동
음운 동화

1단계 **개념 확인 문제**   27쪽

1 (1) ○ (2) ✕ (3) ✕ (4) ○
2 (1) 궁물 (2) 건:는 (3) 달림 (4) 중:녁 (5) 해도지
3 (1) ㉠, ㉢, ㉤ (2) ㉡, ㉣
4 (1) 솥이 (2) 굳이 (3) 볕이 (4) 샅샅이

✓ 어휘로 개념 확인

1 동화 **2** 비음 **3** 유음 **4** ㄷ, ㅌ, ㅣ

2단계 **내신 실전 문제**   28~29쪽

01 ③ **02** ③ **03** ① **04** ③ **05** ① **06** ⑤ **07** ③ **08** 'ㄷ, ㅌ'이 소리 나는 위치보다 'ㅈ, ㅊ'이 소리 나는 위치가 모음 'ㅣ'가 소리 나는 위치에 더 가깝기 때문에 'ㄷ, ㅌ'이 'ㅣ'를 만나면 'ㅈ, ㅊ'으로 바뀌어 소리 나는 것이다. **09** 여닫이, 가을걷이 **10** ④

01 답 ③
음운 동화는 한 음운이 인접하는 다른 음운의 소리 성질을 닮아 발음되는 현상이다.
| 오답 풀이 |
① 음운 동화 중 구개음화에만 해당하는 설명이다.
② 음운 동화는 발음에만 나타날 뿐 표기에 영향을 주지 않는다.
④ 구개음화와 같이 자음과 모음이 만나 동화가 일어나기도 한다.
⑤ '된소리 되기' 현상이 있지만 한 음운의 소리 세기가 다른 음운에 영향을 주는 것은 아니다.

02 답 ③
'ㄱ, ㄷ, ㅂ'은 비음 'ㄴ, ㅁ' 앞에서 비음 'ㅇ, ㄴ, ㅁ'으로 바뀌고, 'ㄹ'은 'ㄹ' 이외의 자음 뒤에서 'ㄴ'으로 바뀐다. 이에 따라 종로는 [종노], 백록담은 [뱅녹땀]으로 발음한다. 또한 'ㄴ'이 'ㄹ'의 앞이나 뒤에서 'ㄹ'로 바뀌는데, 이에 따라 광한루는 [광:할루]로 발음한다.
| 오답 풀이 |
㉠ 관광[관광] ㉢ 독립문[동님문] ㉤ 한라산[할:라산]

03 답 ①
'섭리'는 섭리 → [섭니] → [섬니]와 같이 동화가 일어난다. 즉 'ㄹ'이 'ㄴ'으로 바뀌는 비음화, 'ㅂ'이 'ㄴ'의 영향을 받아 'ㅁ'으로 바뀌는 비음화가 일어난다. 음절의 끝소리 규칙에 의한 자음 교체는 일어나지 않는다.
| 오답 풀이 |
② 첫눈 → [첟눈] → [천눈]   ③ 꽃망울 → [꼳망울] → [꼰망울]
④ 벚나무 → [벋나무] → [번나무]   ⑤ 부엌문 → [부억문] → [부엉문]

04 답 ③
'밟는'은 음절의 끝소리 규칙에 따라 [밥는]으로 바뀐 후, 'ㅂ'이 'ㄴ' 앞에서 'ㅁ'으로 바뀌는 비음화 현상에 따라 [밤:는]으로 발음된다. '줄넘기'는 'ㄴ'이 'ㄹ' 뒤에서 'ㄹ'로 바뀌는 유음화 현상에 따라 [줄럼끼]로 발음된다.
| 오답 풀이 |
① '궁리[궁니]'는 비음화의 예시이지만, '임금님[임:금님]'은 유음화의 예시가 아니다.
② '담력[담:녁]'은 비음화의 예시이지만, '준비물[준:비물]'은 유음화의 예시가 아니다.
④ '찰나[찰라]'는 유음화의 예시이지만, '손가락[손까락]'은 비음화의 예시가 아니다.
⑤ '옷맵시[온맵씨]', '백로[뱅노]'는 모두 비음화의 예시이다.

05 답 ①
실내[실래]는 'ㄹ'의 영향으로 'ㄴ'이 'ㄹ'로 바뀌어 소리 나므로 순행 동화이다.

| 오답 풀이 |

② 닭는다 → [닥는다] → [당는다]: 'ㄴ'의 영향으로 'ㄱ'이 'ㅇ'으로 바뀌어 소리 나므로 역행 동화이다.

③ 미닫이 → [미:다지]: 'ㅣ'의 영향으로 'ㄷ'이 'ㅈ'으로 바뀌어 소리 나므로 역행 동화이다.

④ 편리 → [펼리]: 'ㄹ'의 영향으로 'ㄴ'이 'ㄹ'로 바뀌어 소리 나므로 역행 동화이다.

⑤ 옆문 → [엽문] → [염문]: 'ㅁ'의 영향으로 'ㅂ'이 'ㅁ'으로 바뀌어 소리 나므로 역행 동화이다.

06 답 ⑤

'거짓말'은 음절의 끝소리 규칙에 따라 [거진말]이 된 후, 비음화에 따라 [거:진말]로 발음된다.

| 오답 풀이 |

① 끝을[끄틀]: 홑받침이 모음으로 시작하는 조사나 어미와 결합하면, 홑받침을 제 소릿값대로 뒤 음절 첫소리로 옮겨 발음한다.

② 항로[항:노]: 'ㄹ'은 'ㄹ'이 아닌 자음 뒤에서 비음 'ㄴ'으로 바뀌어 소리 난다.

③ 마디[마디]: 하나의 형태소 안에서는 구개음화가 일어나지 않는다.

④ 머리숱이[머리수치]: 실질 형태소의 끝 자음 'ㅌ'이 형식 형태소의 'ㅣ'와 만나 구개음화가 일어난다.

07 답 ③

구개음화는 실질 형태소의 끝 자음 'ㄷ, ㅌ'이 형식 형태소의 모음 'ㅣ' 앞에서 센입천장소리 'ㅈ, ㅊ'으로 바뀌는 현상이다. '봄맞이'는 [봄마지]로 발음되는데, 이는 어간의 끝 'ㅈ'이 모음으로 시작하는 접사와 결합하여 제 소릿값대로 뒤 음절 첫소리에서 발음되는 것이므로 구개음화로 볼 수 없다.

| 오답 풀이 |

① 붙이면[부치면] ② 낱낱이[난:나치]

④ 굳이[구지] ⑤ 샅샅이[삳싸치]

08 답 답

'ㄷ, ㅌ'이 소리 나는 위치보다 'ㅈ, ㅊ'이 소리 나는 위치가 모음 'ㅣ'가 소리 나는 위치에 더 가깝기 때문에 'ㄷ, ㅌ'이 'ㅣ'를 만나면 'ㅈ, ㅊ'으로 바뀌어 소리 나는 것이다.

두 개의 음운이 소리 나는 위치가 가깝거나, 소리 내는 방법이 비슷하면 발음하기가 쉽다. 모음 'ㅣ'가 소리 나는 위치는 센입천장소리 'ㅈ, ㅊ'이 소리 나는 위치와 비슷하기 때문에 'ㄷ, ㅌ'이 'ㅣ'와 만나면 'ㅣ'의 영향으로 센입천장소리 'ㅈ, ㅊ'으로 바뀌어 소리 나는 것이다.

09 답 여닫이, 가을걷이

'여닫이'와 '가을걷이'는 실질 형태소의 끝에 오는 'ㄷ' 또는 'ㅌ'이 형식 형태소의 모음 'ㅣ'와 만나 [여:다지], [가을거지]로 발음된다.

| 오답 풀이 |

• '잔디', '부디', '티끌': 'ㄷ' 또는 'ㅌ'과 'ㅣ'가 하나의 형태소 안에서 결합하고 있으므로 구개음화가 일어나지 않는다.

• '밭이랑', '홑이불': 'ㅌ'과 결합한 'ㅣ'가 실질 형태소이므로 구개음화가 일어나지 않는다.

10 답 ④

ⓐ는 실질 형태소의 끝에 오는 'ㅌ'이 형식 형태소의 모음 'ㅣ'와 만나 'ㅊ'으로 바뀌어 소리 나는 구개음화가 일어나므로 [거치]로 발

음된다. ⓑ는 음절의 끝 'ㅌ'이 대표음 'ㄷ'으로 바뀐 후, 'ㄷ'이 비음 'ㅁ'의 영향을 받아 'ㄴ'으로 바뀌어 소리 나는 비음화가 일어나므로 [건만]으로 발음된다.

| 오답 풀이 |

① ⓐ는 'ㅌ'이 'ㅊ'으로 바뀌어 소리 나고, ⓑ는 'ㅌ'이 'ㄷ'으로 바뀐 후 다시 'ㄴ'으로 바뀌어 소리 난다.

② ⓐ는 자음과 모음이, ⓑ는 자음과 자음이 만나서 음운 변동이 일어난다.

③ ⓐ는 구개음화가, ⓑ는 비음화가 일어난다.

⑤ ⓐ는 [거치]로, ⓑ는 [건만]으로 소리 난다.

05 음운 변동 음운 축약, 탈락, 첨가

1단계 개념 확인 문제 31쪽

1 (1) X (2) O (3) X (4) O (5) O (6) X

2 (1) ㉠, ㉢ (2) ㉡, ㉥ (3) ㉣, ㉦

3 (1) 옳지[올치] (2) 빨갛고[빨:가코] (3) 바느질[바느질]
(4) 닳으면[다으면] (5) 자라서[자라서] (6) 꺼서[꺼서]
(7) 맨입[맨닙]

✅ 어휘로 개념 확인

1 축약 **2** 거센소리 **3** 모음 **4** 탈락 **5** 첨가

2단계 내신 실전 문제 32~33쪽

01 ③ **02** ③ **03** 세 → 새, 쐐어 → 쐬어(쏘여) **04** ② **05** ④
06 ① **07** ② **08** ㄴ **09** ④ **10** ④ **11** ④

01 답 ③

'고향'은 [고향]으로 발음되므로 음운 축약이 일어나지 않는다.

| 오답 풀이 |

① 파랗고[파:라코] ② 꽃혀[꼬쳐]

④ 입학[이팍] ⑤ 목화씨[모콰씨]

02 답 ③

'좁히다 → [조피다]'는 두 음운이 합쳐져 하나의 음운으로 줄어 소리 나는 음운 축약이 일어난다.

| 오답 풀이 |

①, ② 표기상 음운은 'ㅈ, ㅗ, ㅂ, ㅎ, ㅣ, ㄷ, ㅏ' 7개이지만 발음상 음운은 'ㅈ, ㅗ, ㅍ, ㅣ, ㄷ, ㅏ' 6개이다.

④ 'ㅂ'과 'ㅎ'이 만나 'ㅍ'으로 발음된다.

⑤ '놓고 → [노코]' 역시 'ㅎ'과 'ㄱ'이 합쳐져 'ㅋ'으로 소리 나는 음운 축약이 일어난다.

03 답 세 → 새, 쐐어 → 쐬어(쏘여)

'ㅏ'와 'ㅣ'가 만나 줄어들 경우 'ㅐ'가 되므로 '사이'는 '새'로 줄어든다. 'ㅗ'와 'ㅣ'가 만나 줄어들 경우 'ㅚ'가 되므로 '쏘이어'는 '쐬어'로 줄어든다. '쏘이어'는 '쏘여'로 줄어들 수도 있다.

04 답 ②

'보이어서 → 뵈어서[뵈어서]'는 모음 'ㅗ'와 'ㅣ'가 만나서 'ㅚ'로 축약된 것이다. '누이었다 → 뉘었다[뉘얻따]' 역시 모음 'ㅜ'와 'ㅣ'가 만나 'ㅟ'로 축약된 것이다.

| 오답 풀이 |
① 예쁘- + -었- + -다 → [예:뻗따]: 'ㅡ' 탈락이 일어난다.
③ 솔 + 나무 → [소나무]: 'ㄹ' 탈락이 일어난다.
④ 바늘 + -질 → [바느질]: 'ㄹ' 탈락이 일어난다.
⑤ 울- + -는 → [우:는]: 'ㄹ' 탈락이 일어난다.

05 답 ④

'넣-'과 '-어서'가 결합하면 [너어서]라고 발음되므로 탈락한 음운은 'ㅎ'이다.

06 답 ①

'낳- + -았- + -다 → [나알따]'는 'ㅎ'이 탈락하여 음운의 수가 줄어든다. 그러나 '낳았다'로 표기하여 'ㅎ' 탈락이 표기에는 반영되지 않는다.

| 오답 풀이 |
② 젖- + -히- + -고 → [저치고]: 'ㅈ'이 'ㅎ'과 합쳐져 'ㅊ'으로 소리 나는 음운 축약이 일어난다.
③ 자라- + -아라 → [자라라]: 'ㅏ' 탈락이 표기에도 반영된다.
④ 버들 + 나무 → [버드나무]: 'ㄹ' 탈락이 표기에도 반영된다.
⑤ '둥글- + -ㅂ니다 → [둥급니다] → [둥금니다]: 'ㄹ' 탈락이 표기에도 반영된다.

07 답 ②

'담그- + -아 → [담가]'는 어간의 'ㅡ'가 어미의 'ㅏ'를 만나 탈락하는 음운 탈락이 일어난다.

| 오답 풀이 |
① 맏-+형 → [마텽]: 음운 축약이 일어난다.
③ 싫- + -지 → [실치]: 음운 축약이 일어난다.
④ 꼬- + -이- + -어 →[꾀어/꼬여]: 음운 축약이 일어난다.
⑤ 좁- + -히- + -고 → [조피고]: 음운 축약이 일어난다.

08 답 ㄴ

한여름 → [한녀름], 솜이불 → [솜:니불]로 'ㄴ'이 첨가되어 소리 난다.

09 답 ④

'손으로[소느로]'는 받침 'ㄴ'이 모음으로 시작하는 조사와 만나 조사의 첫소리로 옮겨 발음된 것으로, 음운 첨가가 일어난 것이 아니다.

| 오답 풀이 |
① 교육열 → [교:융녈] ② 꽃잎 → [꼰닙] ③ 색연필 → [생년필]
⑤ 소독약 → [소동냑]으로, 'ㄴ' 첨가가 일어난다.

10 답 ④

㉠은 음운 축약(a와 b가 c로 줄어듦.), ㉡은 음운 탈락(b가 사라짐.), ㉢은 음운 첨가(c가 첨가됨.)를 나타낸다. '좋- + -아서 →

[조:아서]'는 'ㅎ'이 탈락되므로 ㉡에 해당하지만 '좋- + -고 → [조:코]'는 'ㅎ'과 'ㄱ'이 만나서 'ㅋ'으로 축약되므로 ㉠에 해당한다.

11 답 ④

'울- + -니 → [우:니]'는 'ㄹ' 탈락, '국화 → [구콰]'는 자음 축약, '꽃잎 → [꼰닙]'은 'ㄴ' 첨가가 일어난다. '우니'는 음운 변동이 표기에도 반영되어 발음과 표기가 일치하지만, '국화, 꽃잎'은 음운 변동이 표기에 반영되지 않아 발음과 표기가 일치하지 않는다.

| 오답 풀이 |
①, ③ '울- + -니 → [우:니]'는 'ㄹ'이 탈락하고, '꽃잎 → [꼰닙]'은 'ㄴ'이 첨가된다.
② '국화 → [구콰]'는 'ㄱ'과 'ㅎ' 두 개의 음운이 'ㅋ' 한 개의 음운으로 축약되어 음운의 수가 줄어든다. '꽃잎 → [꼰닙]'은 소릿값이 없던 'ㅇ' 자리에 'ㄴ'이 첨가되어 음운의 수가 늘어난다.
⑤ 음운 변동은 발음하기 쉽게 소리가 달라지는 것이다.

> **더 알아두기**
> 초성의 'ㅇ'은 소릿값이 없으므로 음운의 수로 세지 않는다. 예를 들어 '아가[아가]'의 음운 수는 'ㅏ, ㄱ, ㅏ' 3개이다.

3단계 실력 향상 문제 34~37쪽

01 ① **02** ③ **03** ① **04** ② **05** ① **06** ⑤ **07** ㉠: 자음 축약 ㉡: 구개음화 **08** ④ **09** ④ **10** ① **11** ④ **12** ⑤ **13** ㉠은 두 음운이 만나서 하나의 음운으로 줄어드는 음운 축약이 일어났고, ㉡은 두 음운이 만나서 하나의 음운이 사라지는 음운 탈락이 일어났다. **14** ① **15** ⑤ **16** ④ **17** ②

01 답 ①

음운이 놓인 환경에 따라 발음이 달라지는 현상을 음운 변동이라고 한다. 모음 축약, 모음 탈락 등 모음과 모음 사이에서도 음운 변동이 일어난다.

| 오답 풀이 |
② 구개음화의 경우 모음 'ㅣ'의 영향으로 앞말의 자음 'ㄷ, ㅌ'이 'ㅈ, ㅊ'으로 바뀌어 소리 난다.
③ 합성어나 파생어에서 앞말이 자음으로 끝나고 뒷말의 첫 음절이 'ㅣ, ㅑ, ㅕ, ㅛ, ㅠ'일 때 뒷말의 초성 자리에 'ㄴ'이 첨가된다.
④ 'ㄱ, ㄷ, ㅂ, ㅈ'이 'ㅎ'과 만나 'ㅋ, ㅌ, ㅍ, ㅊ'으로 줄어들어 소리 난다.
⑤ 음운 변동은 발음을 쉽게 하기 위해 일어난다.

02 답 ③

풀잎 → [풀입]{음절의 끝소리 규칙(㉠)} → [풀닙] {'ㄴ' 첨가(㉣)} → [풀립]{유음화(㉢)}으로 발음된다.

| 오답 풀이 |
① 알약 → [알냑]{'ㄴ' 첨가(㉣)} → [알략]{유음화(㉢)}
② 꽃망울 → [꼳망울]{음절의 끝소리 규칙(㉠)} → [꼰망울]{비음화(㉢)}
④ 노랗다 → [노:라타]{자음 축약(㉡)}
⑤ 박하사탕 → [바카사탕]{자음 축약(㉡)}

축약이 일어나고 음절의 끝소리 규칙이 적용된다.

03 답 ①

음절의 끝소리 규칙에 따라 음절의 끝에 오는 'ㅋ'은 [ㄱ]으로 바뀌어 발음되므로 '부엌'은 [부억]으로 발음된다.

| 오답 풀이 |

ⓒ: '낫, 낮, 낯'의 받침 'ㅅ, ㅈ, ㅊ'은 모두 음절의 끝에서 [ㄷ]으로 교체되어 [낟]으로 발음된다.

ⓒ, ⓔ: 홑받침이나 쌍받침 뒤에 모음으로 시작하는 조사나 어미가 이어지는 경우 받침이 제 소릿값대로 뒤 음절의 첫 소리로 옮겨져 발음된다. 따라서 '깎아서[까까서]', '무릎이[무르피]'로 발음된다.

ⓜ: 겹받침은 음절의 끝에서 겹받침을 이루는 두 개의 자음 중 하나로 발음된다. 겹받침 'ㄺ'은 [ㄱ]으로 발음되므로 '닭발[닥빨]'로 발음된다.

04 답 ②

음절의 끝소리 규칙에 따라 음절의 끝에 오는 'ㅌ'은 [ㄷ]으로 바뀌어 [바깓문]으로 발음된다. 그리고 'ㄱ, ㄷ, ㅂ'이 비음 'ㄴ, ㅁ' 앞에서 비음 'ㅇ, ㄴ, ㅁ'으로 바뀌는 비음화가 일어나 [바깓문]→[바깐문]이 된다.

05 답 ①

〈보기〉는 'ㄴ'이 뒤에 오는 'ㄹ'의 영향을 받아 'ㄹ'로 바뀌는 유음화를 설명한 것이다. '진리'는 유음화가 일어나 [질리]로 발음한다.

| 오답 풀이 |

② 협력 → [혐력](비음화) → [혐녁](비음화)

③ 항로 → [항:노](비음화)

④ 백로 → [백노](비음화) → [뱅노](비음화)

⑤ 남루 → [남:누](비음화)

06 답 ⑤

'눈요기 → [눈뇨기]'는 합성어에서 앞말이 자음으로 끝나고 뒷말의 첫 음절이 'ㅛ'이므로 뒷말 초성 자리에 'ㄴ'이 첨가된다.

| 오답 풀이 |

① 궁리 → [궁니]: 'ㄹ'이 비음 'ㄴ'으로 바뀌는 비음화

② 담력 → [담:녁]: 'ㄹ'이 비음 'ㄴ'으로 바뀌는 비음화

③ 국물 → [궁물]: 'ㄱ'이 비음 'ㅇ'으로 바뀌는 비음화

④ 늠름 → [늠:늠]: 'ㄹ'이 비음 'ㄴ'으로 바뀌는 비음화

07 답 ⑦: 자음 축약 ⓒ: 구개음화

⑦: 'ㄷ'과 'ㅎ'이 만나서 'ㅌ'으로 줄어드는 자음 축약이 일어난다.

ⓒ: 'ㅌ'이 모음 'ㅣ' 앞에서 'ㅊ'으로 바뀌는 구개음화가 일어난다.

08 답 ④

〈보기〉는 센입천장 근처에서 발음되는 'ㅣ'의 영향으로 잇몸소리 'ㄷ, ㅌ'이 센입천장소리 'ㅈ, ㅊ'으로 바뀌어 소리 나는 구개음화를 보여 주고 있다. '샅샅이 → [삳싸치]'는 실질 형태소의 끝 자음 'ㅌ'이 형식 형태소의 모음 'ㅣ' 앞에서 'ㅊ'으로 바뀌는 구개음화가 일어난다.

| 오답 풀이 |

① 밭이랑 → [반니랑]: 구개음화는 실질 형태소와 형식 형태소가 결합할 때 일어난다. '밭'과 '이랑' 모두 실질 형태소이므로 구개음화가 일어나지 않는다.

②, ⑤ 구개음화는 하나의 형태소 안에서는 일어나지 않는다.

③ 늪혔다 → [누편따]: 'ㅂ'과 'ㅎ'이 만나 'ㅍ'으로 줄어드는 음운

축약이 일어나고 음절의 끝소리 규칙이 적용된다.

09 답 ④

구개음화는 'ㅌ'으로 끝나는 실질 형태소 뒤에 모음 'ㅣ'로 시작하는 형식 형태소가 올 때만 일어난다. 따라서 〈보기〉의 사례처럼 'ㅌ'으로 끝나는 실질 형태소 뒤에 'ㅡ'로 시작하는 형식 형태소가 오면 구개음화가 일어나지 않는다. 이러한 상황에 구개음화를 잘못 적용하여 잘못된 발음을 하는 것이다.

10 답 ①

자음 축약을 '끊기지'에 적용하면 겹받침 'ㄶ'에서 뒤의 자음 'ㅎ'과 이어지는 'ㄱ'이 만나서 'ㅋ'으로 줄어든다. 그러므로 [끈키지]로 발음된다.

11 답 ④

'솔 + 나무 → 소나무'에서 'ㄹ' 탈락이 일어났고 '쓰- + -었- + -다 → 썼다'에서 'ㅡ' 탈락이 일어났다.

12 답 ⑤

〈보기〉는 두 형태소가 결합하면서 'ㄹ', 'ㅎ', 'ㅡ' 등 하나의 음운이 사라지는 음운 탈락을 보여 주고 있다. '크-+-어→커[커]', '쓰-+-어서 → 써서[써서]'에서 'ㅡ'로 끝나는 어간이 'ㅓ'로 시작하는 어미와 결합하면서 어간의 'ㅡ'가 탈락한다.

13 답 ⑦은 두 음운이 만나서 하나의 음운으로 줄어드는 음운 축약이 일어났고, ⓒ은 두 음운이 만나서 하나의 음운이 사라지는 음운 탈락이 일어났다.

⑦과 ⓒ은 음운 변동 후에 음운의 수가 줄었으므로 음운 축약 혹은 음운 탈락이 일어났음을 알 수 있다. 〈보기〉의 공식을 적용하였을 때, ⑦은 'ㅗ'와 'ㅣ'가 만나서 'ㅚ'로 줄어드는 음운 축약이, ⓒ은 'ㅡ'와 'ㅏ'가 만나 'ㅡ'가 사라지는 음운 탈락이 일어났다.

14 답 ①

홑이불 → [홑이불]: 음절 끝 'ㅌ'이 [ㄷ]으로 바뀌는 음절의 끝소리 규칙이 적용된다.

[홑이불] → [혼이불]: 파생어에서 앞말이 자음 'ㄷ'으로 끝나고 뒷말의 첫 음절이 'ㅣ'이므로 뒷말의 초성 자리에 'ㄴ'이 첨가되는 음운 첨가가 일어난다.

[혼이불] → [혼니불]: 'ㄷ'이 'ㄴ'의 영향으로 'ㄴ'으로 바뀌어 소리 나는 비음화가 일어난다.

15 답 ⑤

ⓒ은 'ㅏ' 탈락이 발음과 표기에 모두 적용되고 ⑦, ⓒ, ⓔ, ⓜ은 음운 변동이 발음에만 나타나고 표기에는 적용되지 않는다.

16 답 ④

'색연필 → [색년필] → [생년필]'은 합성어에서 앞말이 자음으로 끝나고 뒷말의 첫 음절이 'ㅕ'일 때 'ㄴ'이 덧붙는 음운 첨가가 일어나고, 'ㄱ'이 'ㄴ'의 영향을 받아 'ㅇ'으로 바뀌는 음운 교체가 일어난다.

| 오답 풀이 |

① 'ㅂ'과 'ㅎ'이 만나 'ㅍ'으로 줄어드는 음운 축약이 일어난다.

② 합성어에서 앞말이 자음으로 끝나고 뒷말의 첫 음절이 'ㅛ'일 때 'ㄴ'이 첨가되어 [뇨]로 발음되는 음운 첨가가 일어난다.

③ 'ㄹ'이 다른 자음 뒤에서 비음 'ㄴ'으로 교체되고, 다시 'ㄴ'의 영향을 받아 'ㄱ'이 'ㅇ'으로 교체되는 비음화가 일어나 '국론 → [국논] → [궁논]'으로 발음된다.
⑤ 파생어에서 앞말이 자음으로 끝나고 뒷말의 첫 음절이 'ㅕ'일 때 'ㄴ'이 첨가되어 [녀]로 발음되는 음운 첨가가 일어난다.

17 답 ②
㉠ 흙일 → [흑일](음절의 끝소리 규칙-음운 탈락) → [흑닐]('ㄴ' 첨가-음운 첨가) → [흥닐](비음화-음운 교체)
㉡ 닳는 → [달는](음절의 끝소리 규칙-음운 탈락) → [달른](유음화-음운 교체)
㉢ 발야구 → [발냐구]('ㄴ' 첨가-음운 첨가) → [발랴구](유음화-음운 교체)
㉡에는 첨가가 일어나지 않았다. ㉠~㉢에 공통으로 일어난 음운 변동은 교체이다.

| 오답 풀이 |
①, ④ ㉠은 3회, ㉡과 ㉢은 2회의 음운 변동이 일어났다.
③ 음운의 개수를 셀 때, 겹받침은 두 개의 자음을 각각 세고, 음절의 첫소리에 오는 'ㅇ'은 소릿값이 없으므로 세지 않는다. '흙일'의 음운 개수는 음운 변동 전 'ㅎ, ㅡ, ㄹ, ㄱ, ㅣ, ㄹ' 6개, 음운 변동 후 'ㅎ, ㅡ, ㅇ, ㄴ, ㅣ, ㄹ' 6개로 변화가 없다.
⑤ ㉠과 ㉢에는 모두 'ㄴ'이 첨가되었다.

06 품사 체언

1단계 개념 확인 문제
41쪽

1 (1) X (2) O (3) X
2 (1) ㉣ (2) ㉠, ㉡, ㉢ (3) ㉠, ㉢, ㉣ (4) ㉡
3 (1) 너희, 그분, 나, 아무 (2) 어디, 저것, 여기
4 하나

✔ **어휘로 개념 확인**

1 품사 **2** 체언 **3** 고유 명사 **4** 의존 명사 **5** 수량, 순서

2단계 내신 실전 문제
42~43쪽

01 ① **02** ③ **03** ③ **04** ③ **05** ② **06** 화단, 꽃, 송이, 따름
07 ⑤ **08** ③ **09** (1) 그대, 너, 저 (2) 나무꾼 **10** ③ **11** ④
12 ③

01 답 ①
단어를 성질이 공통된 것끼리 모아 갈래를 지어 놓은 것을 '품사'라고 한다. 단어가 어떤 의미적 특성을 지니느냐를 기준으로 명사,

대명사, 수사, 동사, 형용사, 관형사, 부사, 조사, 감탄사의 9개 품사로 나눌 수 있다.

| 오답 풀이 |
② 문장에서 쓰일 때 형태가 변하는지 아닌지에 따라 가변어와 불변어로 나눌 수 있다.
③ 국어의 품사는 문장에서 쓰일 때 형태가 변하느냐, 문장에서 어떤 기능을 하느냐, 어떤 의미적 특성을 지니느냐의 세 가지 기준에 따라 나눈다.

02 답 ③
단어는 문장에서 쓰일 때 형태가 변하는지 여부에 따라 가변어와 불변어로 나눌 수 있다. 동사와 형용사는 문장에서 쓰일 때 형태가 변하는 가변어이고, 명사, 관형사, 감탄사는 문장에서 쓰일 때 형태가 변하지 않는 불변어이다.

03 답 ③
체언은 문장에서 쓰일 때 형태가 변하지 않는다.

04 답 ③
'모자', '백두산', '우유', '사랑'은 모두 명사이다. 명사는 문장에서 주로 주어, 목적어, 보어로 쓰이는 체언에 해당한다.

| 오답 풀이 |
① 〈보기〉의 단어는 모두 자립 명사이다.
② 고유 명사에 대한 설명으로, '백두산'만 고유 명사이다.
④ 대명사에 대한 설명으로, 〈보기〉에는 대명사가 없다.
⑤ 체언을 꾸며 주는 역할을 하는 품사는 관형사이다.

05 답 ②
명사 중에서 꾸미는 말 없이 홀로 쓰일 수 있는 명사를 자립 명사라고 하는데, ㉠, ㉡, ㉢, ㉣이 이에 해당한다. 고유 명사는 특정하거나 유일한 대상의 이름을 나타내는 명사로, ㉡, ㉢이 이에 해당한다.

| 오답 풀이 |
㉠, ㉣ 자립 명사이지만 보통 명사이다.
㉤ 의존 명사이면서 보통 명사이다.

> **더 알아두기**
> 고유 명사는 유일한 대상을 나타내는 말이므로 하나 이상을 나타내는 수사나, 복수를 나타내는 '들'과 함께 쓰일 수 없다.
> 예 세 프랑스(X), 프랑스들(X)

06 답 화단, 꽃, 송이, 따름
〈보기〉에서 사람이나 사물의 이름을 나타내는 명사에 해당하는 단어는 '화단', '꽃', '송이', '따름'으로, 모두 보통 명사이다. '화단', '꽃', '송이'는 자립 명사에 해당하고, '따름'은 의존 명사에 해당한다.

| 오답 풀이 |
'에', '가', '입니다'('이다'의 활용형)는 조사이고 '한'은 '송이'를 꾸며 주는 관형사이다. '피었을'은 동사 '피다'가 활용한 것이다.

07 답 ⑤
〈보기〉에서 설명하는 품사는 대명사이다. '어느'는 의존 명사인 '것'을 꾸며 주는 지시 관형사에 해당한다.

① '여러분'은 듣는 이가 여러 사람일 때 그 사람들을 높여 이르는 2인칭 대명사이다.

② '여기'는 말하는 이에게 가까운 곳을 가리키는 지시 대명사이다.

③ '아무'는 어떤 사람을 특별히 정하지 않고 이르는 인칭 대명사이다.

④ '저희'는 '우리'의 낮춤말로, 말하는 이가 자기와 듣는 이, 또는 자기와 듣는 이를 포함한 여러 사람을 가리키는 1인칭 대명사이다.

08 답 ③

'무엇'은 모르는 사실이나 사물을 가리키는 지시 대명사이고 '그것'은 앞에서 이미 이야기한 대상을 가리키는 지시 대명사이다. '당신'은 듣는 이를 가리키는 2인칭 대명사이다. 따라서 밑줄 친 단어들은 모두 사람이나 사물, 장소의 이름을 대신하여 가리키는 말인 대명사이다.

09 답 (1) 그대, 너, 저 (2) 나무꾼

'그대'는 듣는 이가 친구나 아랫사람인 경우, 그 사람을 높여 이르는 2인칭 대명사이다. '너'는 듣는 이가 친구나 아랫사람일 때, 그 사람을 가리키는 2인칭 대명사이다. '저'는 말하는 이가 윗사람이나 그다지 가깝지 아니한 사람을 상대하여 자기를 낮추어 가리키는 1인칭 대명사이다. 산신령과 나무꾼의 대화 상황에서 '그대', '너', '저'는 모두 나무꾼을 가리킨다.

오답 풀이

'이', '그'는 '도끼'를 꾸며 주는 관형사에 해당한다.

10 답 ③

'셋'은 수사이다. 체언인 수사는 조사와 결합할 수 있다.

오답 풀이

① 수사는 명사, 대명사와 함께 체언에 해당한다.

② 수사는 문장에서 동작이나 상태의 주체가 되는 말인 체언에 해당한다.

④ 수사는 수량이나 순서를 나타내는 품사이다.

⑤ 수사는 문장에서 사용될 때 형태가 변하지 않는 불변어이다.

11 답 ④

'두'는 그 수량이 둘임을 나타내는 수 관형사이다. 여기서는 길게 생긴 필기도구나 연장, 무기 따위를 세는 단위인, 의존 명사 '자루'를 꾸며 주는 역할을 한다.

오답 풀이

①, ②, ⑤ '하나', '사'(4), '둘'은 수량을 나타내는 양수사이다.

③ '첫째'는 순서를 나타내는 서수사이다.

12 답 ③

'사랑'과 '연필'은 어떤 속성을 지닌 대상의 이름에 두루 쓰이는 보통 명사이다.

오답 풀이

① ⓐ '그'는 말하는 이와 듣는 이가 아닌 사람을 가리키는 3인칭 대명사이고, ⓑ '그'는 듣는 이에게 가까이 있거나 듣는 이가 생각하고 있는 대상을 가리키는 지시 관형사이다.

② ⓒ '둘'은 수량을 나타내는 수사이고, ④ '다섯'은 의존 명사 '개'를 꾸며 주는 수 관형사이다.

④ ⓐ~ⓕ 중에서 특정하거나 유일한 대상의 이름을 나타내는 고유 명사는 없다.

⑤ ⓐ~ⓕ 중에서 반드시 꾸미는 말이 와야만 쓰일 수 있는 의존 명사는 없다.

07 품사 용언

1단계 개념 확인 문제
45쪽

1 (1) X (2) O (3) X (4) O

2 (1) ⓑ (2) ⓑ (3) ⓐ (4) ⓑ (5) ⓐ

3 (1) 읽다, 주다, 뛰다, 먹다 (2) 피곤하다, 그러하다, 빨갛다

4 되면, 피는데, 좋아요

✔ 어휘로 개념 확인

1 용언 **2** 동사 **3** 형용사 **4** 활용 **5** 자동사

2단계 내신 실전 문제
46~47쪽

01 ⑤ **02** ④ **03** ⓐ: 활용 ⓑ: 어간 ⓒ: 어미 **04** (1) 태어나다, 보내다 (2) 어리다 **05** ④ **06** ② **07** ② **08** ④ **09** ③ **10** ③ **11** ④ **12** ①

01 답 ⑤

'준다(주다)'는 동사, '어둡다'와 '짧고(짧다)'는 형용사이다. 동사와 형용사는 용언으로, 문장에서의 쓰임에 따라 형태가 변한다.

오답 풀이

① 체언 뒤에 붙어서 쓰이는 것은 조사이다.

② 용언은 문장에서 주로 서술어로 쓰인다.

③ 용언은 조사 없이 홀로 쓰일 수 있다.

④ 관형사에 대한 설명이다.

02 답 ④

〈보기〉의 빈칸에 들어갈 수 있는 말의 품사는 주체의 움직임이나 상태를 서술하는 역할을 하는 용언이다.

오답 풀이

① 용언은 문장에서 쓰일 때 형태가 변하는 가변어에 해당한다.

② 명사 ③ 부사 ⑤ 독립언(감탄사)에 대한 설명이다.

03 답 ⓐ: 활용 ⓑ: 어간 ⓒ: 어미

문장에서 용언이 쓰임에 따라 형태가 변하는 것을 '활용'이라고 한다. 이때 어간의 형태는 변하지 않고 어미의 형태가 변한다.

04 답 (1) 태어나다, 보내다 (2) 어리다

제시된 문장에서 '태어난', '어린', '보냈다'가 용언에 해당한다. 각 어간에 어미 '-다'를 결합한 기본형은 각각 '태어나다', '어리다', '보내다'이다. 이 중에서 '태어나다'와 '보내다'는 사람이나 사물의 움직임, 작용을 나타내는 동사이고 '어리다'는 사람이나 사물의 성질이나 상태를 나타내는 형용사이다.

05 답 ④

'밝다'는 동사로도 쓰이고 형용사로도 쓰인다. ④의 '밝은'은 불빛 따위가 환하다는 뜻의 형용사로, 명령형 어미, 현재 시제를 나타내는 어미, 청유형 어미와 함께 쓰일 수 없다. '마르고', '보전하세', '두른', '다하여'는 모두 동사이다.

06 답 ②

ⓐ에 쓰인 용언은 '받은', '읽었다'로, 이들은 둘 다 동사이다. 동사는 명령형 어미와 결합할 수 있다.

| 오답 풀이 |
① ⓐ에는 동사 '받은'과 '읽었다'가 쓰였다.
③ ⓑ에 쓰인 용언은 형용사인 '아팠습니다' 1개이다.
④ ⓑ에서 용언인 '아팠습니다'는 부사 '몹시'의 꾸밈을 받고 있다.
⑤ ⓒ에 쓰인 용언은 '자상하고', '친절한'으로, 둘 다 형용사이다.

07 답 ②

〈보기〉는 동사에 대한 설명이다. ②의 문장은 '그녀(대명사)/의(조사)/미소(명사)/는(조사)/정말(부사)/예뻤다(형용사)'로, 이 문장에는 동사가 쓰이지 않았다.

| 오답 풀이 |
① '타고', '가자' ③ '산' ④ '쉬는', '만날까' ⑤ '따라왔다'가 동사이다.

08 답 ④

동사는 명령형 어미 '-어라/-아라', 현재 시제를 나타내는 어미 '-는-/-ㄴ-', 청유형 어미 '-자'와 결합할 수 있다. '갈아입다'는 동사이므로, '갈아입어라', '갈아입는다', '갈아입자'와 같이 명령형 어미, 현재 시제를 나타내는 어미, 청유형 어미와 결합할 수 있다.

> 더 알아두기
> 동사와 형용사를 구분할 때 진행의 의미를 지닌 '-고 있다'의 형태가 가능한지의 여부를 기준으로 삼을 수도 있다. '먹다'의 경우 '먹고 있다'가 가능하므로 동사이다. 반면 '귀엽다'는 '귀엽고 있다'가 불가능하므로 형용사이다.

09 답 ③

용언의 기본형은 어간에 어미 '-다'를 붙인 것이다. ㉡의 어간은 '고치-'이므로, 여기에 어미 '-다'를 붙인 '고치다'가 기본형이다.

| 오답 풀이 |
① ㉠의 어간은 '잃-'이므로 기본형은 '잃다'이다.
② 활용할 때 형태가 변하는 부분이 어미이다. ㉠은 어간 '잃-'과 어미 '-고'로 나눌 수 있다.
④ ㉡은 '고치자'와 같이 명령형 어미 '-자'와 결합할 수 있다.
⑤ ㉠과 ㉡은 둘 다 사물이나 사람의 움직임이나 작용을 나타내는 동사에 해당한다.

10 답 ③

자동사는 서술어의 움직임이나 작용이 주어에만 관련되는 동사로,

목적어가 필요하지 않다. '피다', '솟다', '눕다', '졸다'가 자동사에 해당한다. 타동사는 서술어의 움직임이나 작용이 주어가 아닌 다른 대상(목적어)에도 미치는 동사이다. 따라서 타동사는 목적어를 필요로 하는데, '먹다', '잡다', '보다'가 이에 해당한다.

| 오답 풀이 |
④의 '춥다' ⑤의 '많다', '싫다'는 사람이나 사물의 성질이나 상태를 나타내는 형용사이다.

11 답 ④

형용사는 사람이나 사물의 성질이나 상태를 나타내는 단어이다. 활용을 하므로 문장에서 쓰임에 따라 형태가 변하지만, 청유형 어미, 명령형 어미, 현재 시제를 나타내는 어미와는 결합할 수 없다. 그러나 과거 시제를 나타내는 어미 '-았-/-었-'과는 결합할 수 있다.

| 오답 풀이 |
㉠은 타동사 ㉢은 동사에 대한 설명이다.

12 답 ①

노래에 쓰인 형용사는 '깊고', '작은', '맑은', '예쁜'으로 모두 4개이다.

| 오답 풀이 |
'흐르는', '숨겨진', '먹고', '피어난'은 모두 동사이다.

---

08 품사 **수식언**

1단계 ✔ 개념 확인 문제
49쪽

1 (1) ○ (2) × (3) ○
2 (1) 부사 (2) 관형사 (3) 부사
3 (1) 사용되었다　　(2) 사용되었다
　(3) 사용되지 않았다 (4) 사용되었다
4 (1) ㉠ (2) ㉡ (3) ㉠ (4) ㉠

✪ 어휘로 개념 확인

1 수식언 2 관형사 3 부사 4 수 관형사 5 접속 부사

2단계 ✔ 내신 실전 문제
50~51쪽

01 ③ 02 ③ 03 ⑤ 04 ② 05 ① 06 ⑤ 07 혹시 08 ③
09 ① 10 ④ 11 ① 12 (1) ㉠, ㉤ (2) ㉢, ㉣, ㉥

01 답 ③

문장에서 다른 말을 꾸며 주는 역할을 하는 말을 수식언이라고 한다. 수식언은 문장에서 쓰일 때 형태가 변하지 않는 불변어로, 관형사와 부사가 이에 해당한다.

| 오답 풀이 |
① 체언은 문장에서 동작이나 상태의 주체가 되는 말이다.
② 용언은 문장에서 주체를 서술하는 역할을 하는 말이다.
④ 관계언은 문장에서 단어들의 문법적 관계를 나타내는 역할을 하는 말이다.
⑤ 독립언은 문장에서 독립적으로 사용되는 말이다.

02 답 ③
관형사에는 성상 관형사, 지시 관형사, 수 관형사가 있다. '서'는 그 수량이 셋임을 나타내는 수 관형사이다.

03 답 ⑤
㉠'한'과 ㉢'세'는 각각 뒤에 있는 '조각(명사)'과 '벌(의존 명사)'을 꾸며 주면서 수량을 나타내는 수 관형사이므로 수식언에 해당한다. ㉡'둘'은 수량이나 순서를 나타내는 수사로, 체언에 해당한다. 체언에 해당하는 수사는 조사와 결합할 수 있지만, 수식언에 해당하는 수 관형사는 조사와 결합할 수 없다.

04 답 ②
〈보기〉에서 설명하는 품사는 지시 관형사이다. '이것'은 사물이나 장소의 이름을 대신하여 가리키는 지시 대명사이다.
| 오답 풀이 |
① '어느'는 명사 '곳'을 꾸며 주는 지시 관형사이다.
③ '저'는 명사 '책상'을 꾸며 주는 지시 관형사이다.
④ '무슨'은 명사 '말씀'을 꾸며 주는 지시 관형사이다.
⑤ '그런'은 명사 '이야기'를 꾸며 주는 지시 관형사이다.

05 답 ①
㉠에 들어갈 수 있는 단어는 성상 관형사이다. '헌', '옛'은 둘 다 성상 관형사에 해당한다.
| 오답 풀이 |
② '한', '두'는 수량이나 순서를 나타내는 수 관형사이다.
③ '외딴'은 성상 관형사이나, '모든'은 수 관형사이다.
④ '무척', '매우'는 뒷말의 모양, 상태, 정도를 꾸며 주는 성상 부사이다.
⑤ '과연'은 말하는 이의 심리적 태도를 나타내는 양태 부사, '그리고'는 앞말과 뒷말, 앞 문장과 뒤 문장을 이어 주는 접속 부사이다.

06 답 ⑤
'부디'는 남에게 청하거나 부탁할 때 바라는 마음이 간절함을 나타내는 양태 부사로, 뒤에 오는 문장 전체를 꾸며 주는 문장 부사이다.
| 오답 풀이 |
① '못'은 뒤 용언의 내용을 부정하는 부정 부사이자 문장의 한 성분을 꾸며 주는 성분 부사이다.
② '이리'는 '이곳으로' 또는 '이쪽으로'라는 뜻을 가진 지시 부사이자 문장의 한 성분을 꾸며 주는 성분 부사이다.
③ '천천히'는 '동작이나 태도가 느리게'라는 뜻을 가진 성상 부사이자 문장의 한 성분을 꾸며 주는 성분 부사이다.
④ '잘'은 '익숙하고 능란하게'라는 뜻을 가진 성상 부사이자 문장의 한 성분을 꾸며 주는 성분 부사이다.

07 답 혹시

문장 부사는 뒤에 오는 문장 전체를 꾸며 주는 부사이다. '혹시'는 '그러할 리는 없지만 만일에'라는 뜻의 문장 부사로 '내일 지구가 멸망하더라도'를 꾸며 준다.
| 오답 풀이 |
'내일'은 '오늘의 바로 다음 날에'라는 뜻의 지시 부사, '반드시'는 '틀림없이 꼭'이라는 뜻의 성상 부사이다.

08 답 ③
'안'은 용언의 앞에 위치하여 그 용언의 내용을 부정하는 부사이다.
| 오답 풀이 |
① '안'은 부사이고, '모든', '온갖'은 관형사이다.
② 접속 부사에 대한 설명이다.
④ 양태 부사에 대한 설명이다.
⑤ 성상 관형사에 대한 설명이다.

09 답 ①
부사는 용언, 다른 부사, 문장 전체 등을 꾸며 준다. 〈보기〉 문장에서 '매우'는 '많이'라는 부사를 꾸며 주는 성상 부사이다.

10 답 ④
'이'는 '책'을 가리키는 지시 관형사이고, '너무'는 용언 '바빠'를 꾸며 주는 성상 부사이다. 관형사는 조사와 결합할 수 없지만 부사는 '너무도 바빠.'와 같이 보조사와 결합할 수 있다.
| 오답 풀이 |
① ⓐ는 체언을 꾸며 준다.
② 관형사와 부사는 수식언으로, 둘 다 문장에서 쓰일 때 형태가 변하지 않는 불변어이다.
③ ⓐ와 ⓑ 모두 문장의 한 성분을 꾸며 준다.
⑤ 부사는 부사의 꾸밈을 받을 수 있다.

> **더 알아두기**
> 일반적으로 관형사는 체언을 꾸며 주고, 부사는 용언, 다른 부사, 문장 전체를 꾸며 준다. 그런데 부사가 체언 앞에 와서 체언을 꾸며 주기도 한다.
> 예 범인은 <u>바로</u> 너
>   └────┘
>   부사 '바로'가 체언 '너'를 꾸밈.

11 답 ①
'설마'는 부정적인 추측을 강조할 때 쓰는 양태 부사이다. '그런'은 특정한 대상을 가리키는 지시 관형사이다.
| 오답 풀이 |
② 부사 '너무', '잘', '안'이 쓰였다.
③ 관형사 '다섯', '세'가 쓰였다.
④ 부사 '얼른', '이리'가 쓰였다.
⑤ 관형사 '그', '일곱'이 쓰였다.

12 답 (1) ㉠, ㉦ (2) ㉢, ㉣, ㉤
㉠'삼십'은 수량을 나타내는 수 관형사이다. ㉢'안'은 용언의 앞에 위치하여 용언의 내용을 부정하는 부정 부사이다. ㉣'혼자'와 ㉤'아주'는 뒷말의 모양, 상태, 정도를 꾸며 주는 성상 부사이다. ㉦'그'는 특정한 대상을 가리키는 지시 관형사이다.

| 오답 풀이 |
ⓛ '간'은 동사 '가다'의 활용형이다.

> **더 알아두기**
>
> 명사 '혼자'와 부사 '혼자': 조사와 결합할 수 있으면 명사, 그렇지 않으면 부사이다.
>
> **예** 혼자는 외롭다. → 명사 　　혼자 있다. → 부사
>
> 대명사 '그'와 지시 관형사 '그': 조사와 결합할 수 있으면 대명사, 그렇지 않으면 지시 관형사이다.
>
> **예** 그는 사람이다. → 대명사 　　그 사람은 착하다. → 지시 관형사

09 품사 관계언과 독립언

1단계 개념 확인 문제

53쪽

1 (1) ○ (2) ✕ (3) ○ (4) ○

2 (1) 조사 (2) 있다 (3) 하는

3 (1) ⓛ (2) ⓒ (3) ⓐ

4 (1) 앗, 저런 (2) 여보게, 이봐요 (3) 오냐

> **☑ 어휘로 개념 확인**
>
> 1 관계언　2 체언　3 보조사　4 접속 조사　5 감탄사

2단계 내신 실전 문제

54~55쪽

01 ⑤　02 ③　03 ④　04 ⑤　05 ②　06 ⑤　07 ②　08 ⑤
09 4개　10 ⑤　11 ⑤　12 ②

01 | 답 | ⑤
서술격 조사 '이다'를 제외한 나머지 조사는 문장에서 쓰일 때 형태가 변하지 않는 불변어이다.
| 오답 풀이 |
① 조사는 주로 체언에 붙어 쓰인다.
② 조사는 관계언에 해당한다.
③, ④ 체언에 대한 설명이다.

02 | 답 | ③
띄어쓰기로 조사 '만큼'과 의존 명사 '만큼'을 구별할 수 있다. 앞말에 붙여 쓴 '만큼'은 조사이며, 이때 앞말은 체언에 해당한다. 반면 앞말과 띄어 쓴 '만큼'은 의존 명사이며, 이때 앞말은 용언에 해당한다. '녀석만큼은'에서 앞말에 붙여 쓴 '만큼'은 조사이다.
| 오답 풀이 |
①, ② '궁궐만큼', '배만큼'의 '만큼'은 조사이므로 ⓛ에 해당한다.
④, ⑤ '들릴 만큼', '검사하는 만큼'의 '만큼'은 의존 명사이므로 ⓐ에 해당한다.

03 | 답 | ④
〈보기〉는 격 조사에 대한 설명이다. ④ '만'은 '한정'의 뜻을 더하는 보조사이다.
| 오답 풀이 |
① '이다'는 '과일'이 서술어임을 나타내는 서술격 조사이다.
② '을'은 '빛'이 목적어임을 나타내는 목적격 조사이다.
③ '이'는 '감독'이 보어임을 나타내는 보격 조사이다.
⑤ '가'는 '강아지'가 주어임을 나타내는 주격 조사이다.

04 | 답 | ⑤
'주었다'는 동사 '주다'가 활용한 것으로, 어간 '주-'에 과거 시제를 나타내는 어미 '-었-'과 종결 어미 '-다'가 결합한 형태이다. 따라서 〈보기〉의 밑줄 친 '다'는 조사가 아니다.

05 | 답 | ②
'돈이 없어요.'에서 '요'는 존대의 뜻을 나타내는 보조사이다.
| 오답 풀이 |
① '의'는 '원탁'이 관형어임을 나타내는 관형격 조사이다.
③ '가'는 '바보'가 보어임을 나타내는 보격 조사이다.
④ '께서'는 '아버지'가 주어임을 나타내는 주격 조사이다.
⑤ '와'는 두 단어를 같은 자격으로 이어 주는 접속 조사이다.

06 | 답 | ⑤
'만'은 '한정'의 뜻을 더하는 보조사이며, '도'는 '역시'의 뜻을 더하는 보조사이다. 보조사는 앞말에 특별한 뜻을 더해 준다.
| 오답 풀이 |
① 조사는 홀로 쓰일 수 없으며, 반드시 다른 말에 붙어 쓰인다.
② 접속 조사에 대한 설명이다.
③ 조사는 체언의 뒤에 붙어서 문법적 관계를 나타내거나 특별한 뜻을 더해 준다.
④ 독립언(감탄사)에 대한 설명이다.

07 | 답 | ②
두 단어를 같은 자격으로 이어 주는 조사를 접속 조사라고 한다. 접속 조사에는 '과/와', '하고', '(이)랑' 등이 있다. '및'은 '그리고', '그 밖에', '또'의 뜻으로, 문장에서 같은 종류의 성분을 연결할 때 쓰는 접속 부사이다.
| 오답 풀이 |
① '하고' ③ '랑' ④ '과' ⑤ '와'는 앞말에 붙여 쓰는 접속 조사이다.

> **더 알아두기**
>
> 띄어쓰기를 통해 접속 조사와 접속 부사를 구별할 수 있다. 접속 조사는 홀로 쓰일 수 없고 다른 말에 붙어 쓰이므로 앞말에 붙여 쓴다. 반면, 접속 부사는 앞말과 띄어 쓴다.
>
> **예** 사과와 배 → 접속 조사 　　사과 및 배 → 접속 부사

08 | 답 | ⑤
'즐겁게'는 마음에 거슬림이 없이 흐뭇하고 기쁘다는 뜻을 가진 형용사 '즐겁다'의 활용형이다.
| 오답 풀이 |
① '몸이'에서 '이'는 주격 조사이다.

② '아무것도'에서 '도'는 '역시'의 뜻을 더하는 보조사이다.
③ '여름에는'에서 '에는'은 격 조사 '에'에 보조사 '는'이 결합한 말이다.
④ '바닷가에'에서 '에'는 부사격 조사이다.

09 답 4개
〈보기〉의 문장에 쓰인 조사는 부사격 조사 '에', 보조사 '는', 접속 조사 '와', 목적격 조사 '를'이다. 따라서 이 문장에는 모두 4개의 조사가 쓰였다.

10 답 ⑤
감탄사는 문장에서 쓰이는 위치가 비교적 자유로운 편이다.
| 오답 풀이 |
① 감탄사는 독립언에 해당한다. 독립언은 문장에서 다른 문장 성분들과 관계를 맺지 않고 독립적으로 사용된다.
② '음, 아, 뭐, 그, 저, 에'와 같이 실질적인 뜻이 없는 감탄사도 있다.
③ "네."와 같이 단독으로 문장을 이루는 것이 가능하다.
④ 감탄사는 형태가 변하지 않는 불변어이다.

11 답 ⑤
'아이코'는 놀람이나 느낌을 나타내는 감탄사이다.
| 오답 풀이 |
① '예'는 대답을 나타내는 감탄사이다.
② '여보게'는 부름을 나타내는 감탄사이다.
③ '음'은 별 뜻 없이 입버릇처럼 사용하는 무의미한 감탄사이다.
④ '야'는 부름을 나타내는 감탄사이다.

12 답 ②
우리말에서는 감탄사만 독립언에 해당한다. 체언에 호격 조사 '아', '야', '(이)여'가 붙은 경우에는 단독으로 사용될지라도 감탄사로 인정하지 않는다. 따라서 '그대여'는 대명사 '그대'에 호격 조사 '여'가 결합한 것이므로, 감탄사로 볼 수 없다.
| 오답 풀이 |
① '글쎄'는 자신의 뜻을 다시 강조하거나 고집할 때 쓰는 감탄사이다.
③ '여보세요'는 전화 통화를 할 때 상대편을 부르는 감탄사이다.
④ '어머'는 놀랐을 때 내는 감탄사이다.
⑤ '아뿔싸'는 일이 잘못되었거나 미처 생각하지 못했던 것을 깨닫고 뉘우칠 때 내는 감탄사이다.

3단계 실력 향상 문제
56~59쪽

> 01 ③ 02 ⑤ 03 ② 04 ① 05 ③ 06 공통점은 ⓐ와 ⓑ 둘 다 대명사라는 것이고, 차이점은 ⓐ는 인칭 대명사이고 ⓑ는 지시 대명사라는 것이다. 07 ③ 08 ③ 09 ⑤ 10 문장에서 체언을 꾸며 주는 역할을 하며, 형태가 변하지 않는다. 11 ① 12 ⑤ 13 ③ 14 ③ 15 ② 16 ④ 17 ③ 18 ⑤

01 답 ③
'두'는 '팔'을 꾸며 주는 수 관형사이고, '하나'는 수량이나 순서를 나타내는 수사이다. 문장 안에서 수식의 기능을 하는 단어는 수식언인데, 관형사는 수식언에 해당하지만, 수사는 체언에 해당한다.
| 오답 풀이 |
① '도'와 '만'은 보조사로, 형태가 변하지 않는 불변어이다.
② '이루었다'와 '그린'은 동사로, 형태가 변하는 가변어이다.
④ '나무'와 '꽃'은 사물의 이름을 나타내는 명사이다.
⑤ '넓게'와 '희미하다'는 사람이나 사물의 성질이나 상태를 나타내는 형용사이다.

02 답 ⑤
〈보기〉 문장에서 체언을 꾸며 주는 역할을 하는 관형사는 '새'이다.
| 오답 풀이 |
① 명사: '신발', '도서관', '것', '민수' / '나'는 대명사이다.
② 대명사: '나', '거기' / '것'은 의존 명사이다.
③ 동사: '신고(신은)', '갔다', '만났다' / '가까운'은 형용사이다.
④ 형용사: '가까운', '같은' / '신은'은 동사이다.

03 답 ②
체언은 문장에서 동작이나 상태의 주체가 되는 말로, '명사', '대명사', '수사'가 이에 해당한다. 체언은 문장에서 형태가 변하지 않으며, 조사와 결합할 수 있다. 의존 명사는 앞에 꾸미는 말이 와야만 쓰일 수 있는 명사로, 자립성이 없다.
| 오답 풀이 |
지안: 부사가 일부 체언을 꾸며 주기도 하지만 모든 체언을 꾸미지는 않는다. 부사는 주로 용언을 꾸미고 관형사가 주로 체언을 꾸민다.
시은: 서술격 조사 '이다'는 관계언이다.

04 답 ①
제시된 문장에서 체언에 해당하는 단어는 '사과', '개', '너'이다. 그런데 자립성이 있어야 하므로, 의존 명사인 '개'는 ㉠에 들어갈 수 없다.
| 오답 풀이 |
②, ④ '함께'는 부사로, 수식언에 해당한다.
③ '먹겠다'는 동사로, 용언에 해당한다.
⑤ '한'은 관형사로, 수식언에 해당하고, '개'는 의존 명사이다.

05 답 ③
체언은 문장에서 동작이나 상태의 주체가 되는 단어로, '명사', '대명사', '수사'가 이에 해당한다. ③에 사용된 체언은 '국어', '선생님', '명수', '책', '권'으로 모두 5개이다.
| 오답 풀이 |
① '여기', '이', '중', '명' 4개이다.
② '이곳', '음식물', '쓰레기' 3개이다.
④ '아무', '바람', '언덕', '꽃' 4개이다.
⑤ '저희', '그것', '따름' 3개이다.

06 답 공통점은 ⓐ와 ⓑ 둘 다 대명사라는 것이고, 차이점은 ⓐ는 인칭 대명사이고 ⓑ는 지시 대명사라는 것이다.
'그대'는 듣는 이가 친구나 아랫사람인 경우, 그 사람을 높여 이르는 2인칭 대명사이다. ⓐ는 '텔'을 가리킨다. '그것'은 듣는 이에게 가까이 있거나 듣는 이가 생각하고 있는 사물을 가리키는 지시 대명사이다. ⓑ는 '빌헬름 텔이 처음으로 쏜 화살'을 가리킨다.

07 답 ③

'떨어져'는 위에서 아래로 내려진다는 뜻의 동사 '떨어지다'의 활용형이다. '섭섭해'는 서운하고 아쉽다는 뜻의 형용사 '섭섭하다'의 활용형이다. 두 단어는 모두 용언에 해당하며, 용언은 문장에서 부사의 꾸밈을 받을 수 있다.

| 오답 풀이 |
② 독립언(감탄사) ④ 형용사 ⑤ 부사에 대한 설명이다.

08 답 ③

동사와 형용사는 둘 다 문장에서 쓰일 때 형태가 변하는 활용을 한다. 그런데 동사와 달리 형용사는 현재 시제를 나타내는 어미, 명령형 어미, 청유형 어미와 결합할 수 없다. '어둡다'는 형용사이다.

09 답 ⑤

동사인 '달리다'는 명령형 어미와 결합할 수 있으나, 형용사인 '아름답다'는 명령형 어미와 결합할 수 없다.

| 오답 풀이 |
① '무척'은 형용사 '맑다'를 꾸며 주는 부사이다. 용언은 부사의 꾸밈을 받을 수 있다.
② (A)의 '맑다'는 주어인 '날씨'가 어떠한지 서술하는 역할을 한다.
③ (A)의 '맑다'는 어간 '맑-'에 종결 어미 '-다'가 붙은 기본형이고, (B)의 '맑은'은 어간 '맑-'에 어미 '-은'이 붙은 활용형이다.
④ 형용사인 '맑다'는 청유형 어미와 결합할 수 없다.

10 답 문장에서 체언을 꾸며 주는 역할을 하며, 형태가 변하지 않는다.

빈칸은 둘 다 체언 앞에 위치하여 체언을 꾸며 주는 역할을 하므로 관형사가 들어갈 수 있다. 관형사는 문장에서 체언을 꾸며 주는 역할을 하는 단어로, 형태가 변하지 않는다.

11 답 ①

'모든'은 '빠짐이나 남김이 없이 전부의'라는 뜻의 수 관형사이다.

| 오답 풀이 |
② '헌'은 '오래되어 성하지 아니하고 낡은'이라는 뜻의 성상 관형사이다.
③ '저'는 말하는 이와 듣는 이로부터 멀리 있는 대상을 가리키는 지시 관형사이다.
④ '세'는 그 수량이 셋임을 나타내는 수 관형사이다.
⑤ '여러'는 수효가 한둘이 아니고 많음을 나타내는 수 관형사이다.

12 답 ⑤

'항상'은 '언제나 변함없이'라는 뜻을 가진 부사이다. 부사는 주로 용언을 꾸며 주는 역할을 하는 수식언에 해당하며, 문장에서 쓰일 때 형태가 변하지 않는 불변어이다. '바로'는 '시간적인 간격을 두지 아니하고 곧'이라는 뜻의 부사로, 용언 '떠났다'를 꾸며 주는 역할을 하는 수식언에 해당한다.

| 오답 풀이 |
① '새'는 관형사로, 형태가 변하지 않지만, 문장에서 체언을 꾸며 주는 역할을 한다.
② '따뜻한'은 형용사 '따뜻하다'의 활용형으로, 형태가 변하며, 문장에서 주로 주체를 서술하는 역할을 한다.

③ '놀고'는 동사 '놀다'의 활용형으로, 형태가 변하며, 문장에서 주로 주체를 서술하는 역할을 한다.
④ '모자'는 명사로, 형태가 변하지 않지만, 문장에서 동작이나 상태의 주체가 된다.

13 답 ③

ⓒ의 '과연'은 화자의 심리적 태도를 나타내는 양태 부사이다.

14 답 ③

'만'은 앞의 체언 '물'에 '한정'의 뜻을 더하는 보조사, '도'는 앞의 체언 '물'에 '역시'의 뜻을 더하는 보조사이다. 두 조사 모두 앞의 체언을 다른 품사로 만들어 주지는 않는다.

| 오답 풀이 |
① '이'는 '동생'이 주어가 되게 하는 주격 조사이고, '가'는 '여기'가 주어가 되게 하는 주격 조사이다.
② '와'는 '엄마', '나' 두 체언을, '랑'은 '나', '동생' 두 체언을 같은 자격으로 이어 주는 접속 조사이다.
④ '도'는 용언 '예쁘게' 뒤에 붙어 '역시'의 뜻을 더하는 보조사, '만'은 부사 '천천히' 뒤에 붙어 '한정'의 뜻을 더하는 보조사이다.
⑤ '이'는 '이것'이 주어가 되게 하는 주격 조사이다. '이것 좋다.'는 주격 조사 '이'가 생략된 형태로, 이를 통해 주격 조사는 생략이 가능함을 알 수 있다. '이것만으로도'는 대명사 '이것'에 보조사 '만', 부사격 조사 '으로', 보조사 '도'가 붙은 것이다. 이를 통해 조사는 둘 이상 겹쳐 쓰이기도 함을 알 수 있다.

15 답 ②

ⓐ는 격 조사, ⓑ는 보조사, ⓒ는 접속 조사에 대한 설명이다. ②의 '도'는 '역시'의 뜻을 더하는 보조사이므로 ⓑ의 예시로 적절하다.

| 오답 풀이 |
① '와'는 접속 조사이므로 ⓒ의 예시로 적절하다.
③ '랑'은 접속 조사이므로 ⓒ의 예시로 적절하다.
④ '이'는 '물'이 보어임을 나타내는 보격 조사이므로 ⓐ의 예시로 적절하다.
⑤ '부터'는 '시작'의 뜻을 더하는 보조사이므로 ⓑ의 예시로 적절하다.

16 답 ④

'어머나'는 감탄사이다. 감탄사는 독립언에 해당하는 품사로, 말하는 이의 놀람, 느낌, 부름이나 응답 등을 나타내는 단어이다. '오냐', '응'도 감탄사에 해당한다.

| 오답 풀이 |
① 감탄사는 문장에서 쓰일 때 형태가 변하지 않는 불변어이다.
② 감탄사는 단독으로 문장을 이룰 수 있다.
③ 감탄사는 생략해도 문장이 성립한다.
⑤ 조사(관계언)에 대한 설명이다.

17 답 ③

③의 '개'는 낱으로 된 물건을 세는 단위인 의존 명사이다. '따름'은 오로지 그것뿐이고 그 이상은 아님을 나타내는 의존 명사이다. 의존 명사는 앞에 꾸미는 말이 와야만 쓰일 수 있는 명사로, 자립성이 없다.

| 오답 풀이 |
① '참을 만큼'의 '만큼'은 앞의 내용에 상당한 수량이나 정도임을

나타내는 의존 명사이다. '너만큼'의 '만큼'은 앞말과 비슷한 정도나 한도임을 나타내는 조사이다.
② '설마'는 '그럴 리는 없겠지만'의 뜻을 가진 부사이다. '옛'은 '지나간 때의'라는 뜻을 가진 관형사이다.
④ '부드러운'은 형용사 '부드럽다'의 활용형이다. '누워'는 동사 '눕다'의 활용형이다.
⑤ '이런'은 '상태, 성질, 모양 따위가 이러한'을 의미하는 관형사이다. '이렇게'는 형용사 '이렇다'의 활용형이다.

18 답 ⑤

'저희'는 말하는 이가 자기를 포함한 사람을 가리키는 1인칭 대명사이기도 하지만 ⓜ에서는 앞에서 이미 말하였거나 나온 바 있는 사람들을 도로 가리키는 3인칭 대명사로 쓰였다. 즉 ⓜ은 앞에서 말한 '우리 아이들'을 가리키는 재귀 대명사이므로 3인칭으로 사용된 것이다.

| 오답 풀이 |
① ㉠은 학생이 손에 들고 있는 책으로, 중생대 공룡에 관한 책을 가리킨다.
② ㉡은 학생이 앞서 언급한 대상인, 할아버지께서 생일마다 사 주셨던 책들을 가리킨다.
③ ㉢은 앞에서 말한 '할아버지'를 가리키는 재귀 대명사이다.
④ ㉣은 말하는 이인 '선생님'을 포함한 집안 사람들을 가리킨다.

10 단어의 짜임
형태소, 어근과 접사

1단계 ✓ 개념 확인 문제
61쪽

1 (1) X (2) O (3) X
2 (1) 바다, 매우 (2) 먹-, -었-, -다, 예쁘-, -답다
　　(3) 바다, 먹-, 매우, 예쁘- (4) -었-, -다, -답다
3 (1) 배나무, 하늘, 돌다리 (2) 햇배, 치솟다
4 (1) ㉠ (2) ㉡ (3) ㉠ (4) ㉡

✓ 어휘로 개념 확인

1 형태소 **2** 자립, 의존 **3** 어근 **4** 접미사

2단계 ✓ 내신 실전 문제
62~63쪽

01 ② **02** ③ **03** ④ **04** 구름, 눈물, 나팔꽃 **05** ④ **06** 그, 집, 떡 **07** ① **08** ④ **09** ① **10** ⑤ **11** ② **12** ④ **13** ③

01 답 ②

실질 형태소 중 용언의 어간은 자립할 수 없으므로 단어에 포함되지 않는다.

| 오답 풀이 |
① 형태소는 일정한 뜻을 가진 가장 작은 말의 단위로, 더 이상 나눌 수 없는 최소 의미 단위이다.
③ 단어는 자립할 수 있는 말이므로 자립 형태소는 그대로 하나의 단어가 된다.
④ 용언의 어간은 모두 의존 형태소로, 뒤에 어미가 붙는다.
⑤ 용언의 어미는 모두 문법적 의미를 나타내는 형식 형태소에 해당한다.

02 답 ③

〈보기〉 문장에서 '나', '겨울', '매우'는 실질 형태소이면서 자립 형태소이고, '는', '이', '-다'는 형식 형태소이면서 의존 형태소이다. 용언의 어간 '싫-'은 실질 형태소이면서 의존 형태소이다. 따라서 이 문장을 형태소로 나누면 '나/는/겨울/이/매우/싫-/-다'가 된다.

03 답 ④

'풋사과'는 '풋-'과 '사과'로 이루어진 단어이다. '소나무'는 '솔'과 '나무'로 이루어진 단어이다. 따라서 '풋사과'와 '소나무'는 둘 다 2개의 형태소로 이루어진 단어이다.

| 오답 풀이 |
① 하늘: 1개의 형태소 / 슬픔: 실질 형태소 '슬프-' + 형식 형태소 '-ㅁ' → 2개의 형태소
② 멋쟁이: 실질 형태소 '멋' + 형식 형태소 '-쟁이' → 2개의 형태소 / 이야기: 1개의 형태소
③ 던지기: 실질 형태소 '던지-' + 형식 형태소 '-기' → 2개의 형태소 / 뛰놀다: 실질 형태소 '뛰-' + 실질 형태소 '놀-' + 형식 형태소 '-다' → 3개의 형태소
⑤ 우리말: 실질 형태소 '우리' + 실질 형태소 '말' → 2개의 형태소 / 새하얗다: 형식 형태소 '새-' + 실질 형태소 '하얗-' + 형식 형태소 '-다' → 3개의 형태소

> **더 알아두기**
> '새하얗다'에서 '새-'는 '매우 짙고 선명하게'의 뜻을 더하는 접두사로, 형식 형태소에 해당한다. 이와 달리 '새 기분'에서 '새'는 '이미 있던 것이 아니라 처음 마련하거나 다시 생겨난'의 의미를 가진 관형사로, 실질 형태소에 해당한다.

04 답 구름, 눈물, 나팔꽃

'구름'은 실질 형태소 하나로 이루어진 단어이다. '눈물'은 실질 형태소 '눈'과 실질 형태소 '물'로 이루어진 단어이다. '나팔꽃' 역시 실질 형태소 '나팔'과 실질 형태소 '꽃'으로 이루어진 단어이다.

| 오답 풀이 |
'꿈'은 어근 '꾸-'와 명사를 만드는 접사 '-ㅁ'으로 이루어진 단어이다. '먹이'도 어근 '먹-'과 명사를 만드는 접사 '-이'로 이루어진 단어이다.

05 답 ④

〈보기〉의 속담을 형태소로 나누면 '가-/-는/말/에/채찍/-질'이다. 이 중에서 의존 형태소는 '가-', '-는', '에', '-질' 4개이다.

06 답 그, 집, 떡

〈보기〉의 문장을 형태소로 나누면 아래와 같다.

05 답 ③

'어제 안성에서 사 온 포도야.'를 고려할 때, '이것'은 '포도'이고, '거기'는 '안성'이다. 영수와 철수의 대화임을 고려할 때, 영수가 말한 '너'는 '철수'이다. 영수와 철수가 포도에 관해 이야기를 나누고 있음을 고려할 때, '이거'는 '포도'이다.

06 답 두 단어는 모두 불변어, 체언, 수사라는 공통점이 있다. 한편, '둘'은 수량을 나타내는 양수사이고, '첫째'는 순서를 나타내는 서수사라는 차이점이 있다.

불변어이자 체언인 수사에는 수량을 나타내는 양수사와 순서를 나타내는 서수사가 있다.

07 답 ①

'파랗다'는 사람이나 사물의 성질이나 상태를 나타내는 형용사이다. 나머지는 사람이나 사물의 움직임이나 작용을 나타내는 동사이다.

08 답 ④

형용사는 활용할 때 청유형, 명령형 어미와 결합하지 못한다. 그런데 '건강하세요', '행복하세요'는 형용사에 설명, 의문, 명령, 요청의 뜻을 나타내는 어미 '-세요'가 결합한 것이어서 어법에 어긋난다.

| 오답 풀이 |
① 맞는 내용이지만 〈보기〉 문장이 어법에 어긋나는 것과 관련이 없다.
② 형용사는 문장에서 쓰일 때 활용을 하는 가변어이다.
③ 용언이나 문장을 꾸며 주는 것은 부사이다.
⑤ 활용을 해도 품사가 바뀌지는 않는다.

09 답 ②

'덥다'는 형용사이므로 현재 시제를 나타내는 어미 '-는-'과 결합할 수 없다.

10 답 ④

㉠과 ㉡은 체언 앞이므로 관형사가 들어가 체언을 꾸며 주는 것이 적절하다. '매우'는 용언, 다른 부사를 꾸며 주는 부사이다.

11 답 ④

'아주'는 다른 부사인 '빨리'를 꾸며 주고 있다. 이처럼 부사는 용언이나 문장 전체 그리고 다른 부사를 꾸민다.

12 답 ④

④에서 '다행히'는 뒤에 오는 문장 전체를 수식하는 문장 부사이다.

| 오답 풀이 |
① '못'은 '갔다' ② '빨리'는 '달려갔다' ③ '정말'은 '바빴다' ⑤ '참'은 '근사하다'를 꾸며 주고 있다.

13 답 ⑤

'가', '를'은 조사로, '철수'나 '영희'와 같은 체언에 붙어 그 말과 다른 말의 문법적 관계를 나타낸다.

| 오답 풀이 |
① 수사 ② 명사 ③ 대명사 ④ 관형사에 대한 설명이다.

14 답 보조사

보조사는 체언, 부사, 용언, 다른 조사 등과 결합하여 앞말에 특별한 뜻을 더해 주는 조사이다. '은/는', '도', '만', '까지', '마저', '조차', '부터' 따위가 있다.

15 답 '나무'를 '나'와 '무'로 나누면 뜻을 가지지 않기 때문이다.

형태소는 뜻을 가진 가장 작은 말의 단위이다. '나무'를 '나'와 '무'로 나누게 되면 더 이상 뜻을 가지지 않게 된다.

16 답 ㉠: 자립 ㉡: 의존 ㉢: 실질 ㉣: 형식

형태소는 자립성 여부에 따라 자립 형태소와 의존 형태소로 나눌 수 있고, 의미의 유무에 따라 실질 형태소와 형식 형태소로 나눌 수 있다.

17 답 ②

'푸르-'는 혼자 쓰이지 못하고 다른 말에 기대어 쓰이는 의존 형태소이면서, 실질적인 의미를 가지고 있는 실질 형태소이다.

| 오답 풀이 |
① '그'는 자립 형태소이면서 실질 형태소이다.
③ '를'은 의존 형태소이면서 형식 형태소이다.
④ '미래'는 자립 형태소이면서 실질 형태소이다.
⑤ '-다'는 의존 형태소이면서 형식 형태소이다.

18 답 ④

'욕심쟁이'는 어근 '욕심'에 '그것이 나타내는 속성을 많이 가진 사람'의 뜻을 더하는 접미사 '-쟁이'가 결합한 파생어이다.

19 답 ③

단어에는 하나의 어근으로 이루어진 단일어와 둘 이상의 어근이나 어근과 접사가 결합한 복합어가 있다. '소리'는 하나의 어근으로 이루어진 단일어이다.

| 오답 풀이 |
① 햇- + 밤 ② 날 + -개 ④ 늦- + 잠 ⑤ 느끼- + -ㅁ으로, 어근과 접사가 결합한 복합어(파생어)이다.

20 답 ①

'물고기'는 어근 '물'과 어근 '고기'가 결합한 합성어, '책가방'은 어근 '책'과 어근 '가방'이 결합한 합성어이다.

| 오답 풀이 |
㉡ '지우개'는 접사 '-개' ㉢ '심술쟁이'는 접사 '-쟁이'가 붙어 만들어진 파생어이다.

21 답 ⑤

'풋내기'는 접두사 '풋-'과 접미사 '-내기'가 결합한 것인데, 이때 '-내기'는 접두사 뒤에 붙어 '그런 특성을 지닌 사람'의 뜻을 더한다. ⑤에 적합한 예시에는 '서울내기, 시골내기' 등이 있다.

22 답 ②

'개선하다'는 '잘못된 것이나 부족한 것, 나쁜 것 따위를 고쳐 더 좋게 만들다.'라는 의미이므로 해당 문맥에는 어울리지 않는다. ㄴ의 '고치다'는 '수리(修理)하다'로 바꾸어 쓸 수 있다.

| 오답 풀이 |
① '수리(修理)하다'는 '고장 나거나 허름한 데를 손보아 고치다.'라는 의미이다.
③ '치료(治療)하다'는 '병이나 상처 따위를 잘 다스려 낫게 하다.'라는 의미이다.
④ '수선(修繕)하다'는 '낡거나 헌 물건을 고치다.'라는 의미이다.
⑤ '수정(修訂)하다'는 '글이나 글자의 잘못된 점을 고치다.'라는 의미이다.

23 답 ③
'열다'와 '닫다'의 의미 관계는 반의 관계이다. '가다'와 반의 관계에 있는 말은 '오다'이다.

| 오답 풀이 |
① '앉다'와 반의 관계인 말은 '서다'이다.
② '있다'와 반의 관계인 말은 '없다'이다.
④, ⑤ '이동하다', '출발하다'는 '가다'와 유의 관계인 말이다.

24 답 ④
ㄱ의 '삼키다–뱉다', ㄷ의 '가다–오다', ㄹ의 '알다–모르다'가 반의 관계이다.

25 답 ⑤
'윷놀이'와 '널뛰기'는 '민속놀이'의 하의어로, 둘은 상하 관계가 아니다. 나머지는 상하 관계이다.

26 답 동음이의 관계
신체의 부분인 '다리'와 건너다닐 수 있도록 만든 시설물인 '다리'는 소리는 같지만 의미는 서로 다른 동음이의 관계이다.

실력 완성 문제 3회
154~157쪽

01 ⑤ 02 ② 03 ③ 04 ③ 05 ④ 06 나는 생각이 들었다. 그가 착한 사람이다. 07 ⑤ 08 ② 09 ① 10 ① 11 나는 발에 땀이 나도록 뛰었다. 12 ③ 13 ⑤ 14 ② 15 ③ 16 ① 17 ⑤ 18 ⑤ 19 ⑤ 20 ① 21 ④ 22 의지 23 ③

01 답 ⑤
'차가운'은 관형어로, 주성분의 내용을 수식하는 부속 성분이다.

| 오답 풀이 |
① '새가'는 주어 ② '온다'는 서술어 ③ '물을'은 목적어 ④ '학생이'는 보어로, 주성분이다.

02 답 ②
'나는 아니다'에서 주어는 '나는'이다. '아니다'는 보어를 필수적으로 요구하는 서술어인데 보어가 없기 때문에 문장이 어색한 것이다.

03 답 ③
'누나가 새 책을 샀다.'라는 문장은 주어, 관형어, 목적어, 서술어로 이루어져 있다. 이 중 관형어 '새'는 서술어 '샀다'가 필수적으로 요구하는 문장 성분이 아니다.

04 답 ③
'참'은 부사어, '새'는 관형어이다. 두 문장 성분은 문장에서 주로 주성분을 수식하는 부속 성분에 해당한다.

| 오답 풀이 |
① 부사어 ② 목적어 ④ 독립어 ⑤ 서술어에 대한 설명이다.

05 답 ④
부사어는 문장에서 위치 이동이 비교적 자유로운 편이지만 자리를 바꿀 수 없는 경우도 있다. '못'은 용언 앞에서 용언의 내용을 부정하는 부사어이므로 문장에서 위치 이동이 자유롭지 않다.

| 오답 풀이 |
① '갑자기 그녀가 일어났다.'
② '옷이 몸에 꼭 맞아 좋았다.'
③ '그분은 과연 위대한 정치가이다.'
⑤ '비가 제발 조금이라도 내리면 좋겠다.'
이와 같이 부사어의 위치를 바꿀 수 있다.

06 답 나는 생각이 들었다. 그가 착한 사람이다.
〈보기〉의 문장은 관형절을 안은 문장이다. 문장에서 관형어 역할을 하여 '생각'을 꾸며 주는 '그가 착한 사람이라는'이 안긴문장이다.

07 답 ⑤
'낮말은 새가 듣고 밤말은 쥐가 듣는다.'는 '낮말은 새가 듣다.'와 '밤말은 쥐가 듣다.'가 연결 어미 '–고'로 대등하게 이어진 문장이다.

| 오답 풀이 |
① '–자' ② '–아야' ③ '–으면' ④ '–아야'에 의해 종속적으로 이어진 문장이다.

08 답 ②
〈보기〉는 한 문장이 다른 문장 속에 한 문장 성분으로 안겨 안은문장이 만들어진 것이다. '우리는 그가 정당했음을 깨달았다.' 역시 '그가 정당했음'이라는 문장이 목적어로 안겨 만들어진 안은문장이다.

| 오답 풀이 |
①, ③ 종속적으로 이어진 문장
④, ⑤ 대등하게 이어진 문장

09 답 ①
ㄱ의 안긴문장 '친구가 매우 많다.'에서 부사어는 '매우'로 1개 있지만, ㄴ의 안긴문장 '친구가 어제 집에 왔다.'에서 부사어는 '어제', '집에'로 2개 있다.

| 오답 풀이 |
② '친구가 매우 많다.'가 서술어의 역할을 한다.
③ '친구가 어제 집에 왔다.'와 '친구는 초등학교 동창이다.' 두 문장의 주어가 동일하여 안긴문장의 주어가 생략되었다.

④ 안긴문장 '가희가 공부를 열심히 하기'가 목적어의 역할을 한다.
⑤ '성수의 도움 없이'는 서술어를 꾸며 주는 부사어의 역할을 한다.

10 답 ①
'그 코끼리는 코가 길다.'는 서술절을 안은 문장으로, '코가 길다.'는 서술어의 역할을 하고 있다.
| 오답 풀이 |
② '내가 읽던'은 '책'을 꾸며 주는 관형어의 역할을 하고 있다.
③ '예고도 없이'는 '나타났다'를 꾸며 주는 부사어의 역할을 하고 있다.
④ '비가 오기'는 목적격 조사 '를'이 붙어 목적어의 역할을 하고 있다.
⑤ '그가 요리에 소질이 있음'은 주격 조사 '이'가 붙어 주어의 역할을 하고 있다.

11 답 나는 발에 땀이 나도록 뛰었다.
'발에 땀이 났다.'가 부사어의 역할을 하도록 만들어야 하므로, '나는 발에 땀이 나도록 뛰었다.'와 같이 부사절을 안은 문장으로 만들 수 있다.

12 답 ③
〈보기〉에서 관형절로 안긴 문장 '어제 산'은 '공책'을 꾸며 주는 관형어의 역할을 한다. ③에서 '아름다운' 역시 '꽃'을 꾸며 주는 관형어의 역할을 한다
| 오답 풀이 |
① '소리도 없이'는 '내린다'를 꾸며 주는 부사어의 역할을 하고 있다.
② '우리가 옳았음'은 주격 조사 '이'가 붙어 주어의 역할을 하고 있다.
④ '손에 땀이 나게'는 '긴장하였다'를 꾸며 주는 부사어의 역할을 하고 있다.
⑤ '그가 즐겁게 지내기'는 목적격 조사 '를'이 붙어 목적어의 역할을 하고 있다.

13 답 ⑤
ㅁ은 화자가 사진을 찾은 청자에게 그 사실에 대한 자신의 감정을 표현하는 상황이다.
| 오답 풀이 |
① ㄱ은 평서문 ② ㄴ은 의문문 ③ ㄷ은 명령문 ④ ㄹ은 청유문이다.

14 답 ②
'저희'는 상대방을 고려하여 자신을 낮추는 표현에 해당한다. '아버지'를 높이고 있는 것은 아니다.

15 답 ③
사건이 일어난 시점보다 말하는 시점이 나중인 상황을 나타낸 시간 표현은 과거 시제이다. '집에는 모든 가족이 모여 있었다.'는 '-었-'을 통해 과거 시제를 나타내고 있다.
| 오답 풀이 |
①, ② 미래 시제 ④, ⑤ 현재 시제이다.

16 답 ①
'있겠니'에 쓰인 '-겠-'은 가능성을 표현한 것이다.
| 오답 풀이 |
②, ⑤ 화자의 의지 ③, ④ 추측을 표현한 것이다.

17 답 ⑤
'-으셨-'은 '-으시-'와 '-었-'이 축약된 것이다. '-으시-'가 '높임'을, '-었-'이 '시제'를 나타내므로 '높임 - 시제' 순으로 배열되었다.

18 답 ⑤
'접수시켰다'는 사동 표현이다. 문맥상 피동 표현이 와야 하므로 '접수되었다'로 고치는 것이 적절하다.
| 오답 풀이 |
①, ② 이중 피동 표현을 바르게 고쳤다.
③, ④ 불필요한 사동 표현을 바르게 고쳤다.

19 답 ⑤
ㄴ, ㄷ, ㄹ은 능동 표현을 피동 표현으로 바꾼 것이고, ㄱ은 주동 표현을 사동 표현으로 바꾼 것이다.
| 오답 풀이 |
ㄱ에서 '아이가 밥을 먹었다.'를 피동 표현으로 바꾸면 '밥이 아이에게 먹혔다.'가 된다.

20 답 ①
피동 표현은 행동의 주체를 감추어 책임을 피하고 싶은 경우에 사용하기도 한다. 〈보기〉의 ㄴ에서도 그릇을 깬 주체인 자신을 숨겨 책임을 회피하고 있음을 알 수 있다.

21 답 ④
ㄴ의 주동 표현 '그가 집에 가다.'에서 집에 가는 주체는 '그'이며, 이 문장의 사동 표현인 '(내가) 그를 집에 가게 하다.'에서도 집에 가는 주체는 '그'이므로 동작의 주체는 달라지지 않는다.

22 답 의지
'안', '아니하다(않다)'는 단순한 부정을 나타내거나 주어의 의지에 의한 부정을 나타낸다.

23 답 ③
③은 '재미있는'이 꾸미는 말이 '친구'인지 '친구의 삼촌'인지 정확하지 않은 중의적 표현이다.
| 오답 풀이 |
①, ②, ⑤ 밑줄 친 부사어와 서술어가 호응하지 않는 문장이다.
④ 밑줄 친 부사어와 서술어의 의미가 중복된다.

01 ③　02 ①　03 ⊙: 표준어 ⓒ:어법　04 형태소 → 단어
05 ④　06 ⑤　07 ④　08 ②　09 ⑤　10 사회 문화적　11 길을
알려 달라는 질문의 의도를 파악하지 못한 대답이기 때문이다.
12 ⑤　13 ③　14 ②　15 ②　16 ①　17 ③　18 ③

01 답 ③
언어의 역사성은 시간의 흐름에 따라 새로운 말이 생기거나, 소리
나 의미가 변하거나, 있던 말이 사라지기도 하는 언어의 특성이다.

02 답 ①
ㄱ은 사실이나 정보를 전달하는 정보적 기능과 관련 있고, ㄴ은 듣
는 사람이 행동을 하도록 요구하는 명령적 기능과 관련 있다.

03 답 ⊙: 표준어 ⓒ: 어법
한글 맞춤법 제1장 제1항은 '표준어를 소리대로 적는다.', '어법에
맞도록 적는다.'라는 올바른 표기의 두 가지 원칙을 밝히고 있다.

04 답 형태소 → 단어
국어에서 띄어쓰기의 단위는 단어이다. 조사를 제외한 문장의 각
단어는 띄어 쓰는 것이 원칙이다.

05 답 ④
문장의 각 단어는 띄어 쓰는 것이 원칙이지만 조사는 독립성이 없
어서 앞말에 붙여 쓴다.

06 답 ⑤
표기할 때에는 뜻을 파악하기 쉽도록 '맑음, 그렇게, 찍어, 들어갔
다'와 같이 어법에 맞게 형태를 밝혀 적어야 한다.

07 답 ④
'집'은 체언, '을'은 조사이기 때문에 제14항에 따라 체언과 조사를
구별하여 '지블'을 '집을'로 표기하는 것이 옳다.

08 답 ②
수컷을 이르는 접두사는 '수-'로 통일하는 것이 원칙이지만 '숫양,
숫염소, 숫쥐'는 예외적으로 '숫'으로 쓴다.
| 오답 풀이 |
① 수소 ③ 수탉이 바른 표기이다. '수탉'의 경우 '수-' 다음에서
나는 거센소리를 표준어로 인정한다.
④ 셋방 ⑤ 횟수가 바른 표기이다. 두 음절로 된 한자어 '곳간, 셋
방, 숫자, 찻간, 툇간, 횟수'는 사이시옷을 받치어 적는다.

09 답 ⑤
제12항에서 다만의 규정에 의하면, 된소리나 거센소리 앞에서는
'위-'로 표기함을 알 수 있다. '팔'은 거센소리 'ㅍ'으로 시작하므로
'위팔'로 적는 것이 표준어이다.

10 답 사회 문화적
담화의 의미에 영향을 미치는 지역, 세대, 문화 등과 관련한 사회·
문화적 배경을 사회·문화적 맥락이라고 한다.

11 답 길을 알려 달라는 질문의 의도를 파악하지 못한 대답이기 때문이다.
영수는 우체국까지 가는 길을 알려 달라는 의도로 질문한 것이다.
'아저씨'는 이러한 상황 맥락을 파악하지 못하고, 자신이 길을 안
다는 사실만을 말했기 때문에 적절한 대답이 아니다.

12 답 ⑤
같은 발화라도 상황에 따라서 다르게 해석될 수 있다. 제시된 상황
을 고려할 때 '우리는 아직 배가 고픕니다.'라는 발화는 지금까지
연승한 것에 만족하지 않고 앞으로도 우승을 하기 위해 노력하겠다
는 의미로 해석할 수 있다.

13 답 ③
〈보기〉에서 '손녀'는 '할머니'가 말한 '손'의 의미를 이해하지 못
했다. '할머니' 세대에서는 분량을 세는 단위인 '손'이라는 어휘를
사용하지만 '손녀' 세대에서는 이 말을 잘 사용하지 않아 의사소통
에 문제가 생긴 것이다.

14 답 ②
상형의 원리로 만든 자음의 기본자는 'ㄱ, ㄴ, ㅁ, ㅅ, ㅇ'이다. 이
중 'ㄴ'은 혀가 윗잇몸에 닿는 모양을 본떠 만든 글자이다.

15 답 ②
'ㅍ'은 'ㅁ'에 획을 한 번 더하여 만든 글자 'ㅂ'에 다시 획을 더하여
만든 글자이다.
| 오답 풀이 |
① 'ㅈ'은 'ㅅ'에 ③ 'ㅂ'은 'ㅁ'에 ④ 'ㅎ'은 'ㅇ'에 ⑤ 'ㄷ'은 'ㄴ'에 획을
한 번만 더하여 만든 글자이다.

16 답 ①
자음자는 기본자에 획을 더하여 소리의 세기를 나타내는데 'ㅋ'은
기본자 'ㄱ'에 획을 더한 가획자이다.
| 오답 풀이 |
②, ④, ⑤ 'ㄹ', 'ㅿ', 'ㆁ'은 소리의 세기와 상관없는 이체자이다.
③ 'ㅎ', 'ㅌ'은 각각 기본자 'ㅇ', 'ㄴ'에 획을 더한 글자이다.

17 답 ③
모음의 기본자는 '·, ㅡ, ㅣ'인데 이것은 각각 '하늘, 땅, 사람'의
모양을 본떠 만들었다. '·'는 하늘의 둥근 모양을 본뜨고, 'ㅡ'는 땅
의 평평한 모양을 본뜨고, 'ㅣ'는 사람이 서 있는 모양을 본떴다.

18 답 ③
〈보기〉는 초출자에 대한 설명이다. 'ㅗ'는 '·'와 기본자 'ㅡ'를 한
번 결합하여 합성의 원리로 만든 초출자이다.
| 오답 풀이 |
① 초출자에 '·'를 더한 재출자이다.
②, ④, ⑤ 모음자를 어울려 쓴 글자로, 훈민정음 창제 당시 새로
만든 모음 11자에 포함되지 않는다.